통합과학
30일 달성
학습 계획표

빠작

초등 비문학 독해

통합과학 4학년

“『빠작 초등 비문학 독해 통합사회·통합과학』은 교과서 중심의 비문학 학습이 어떠해야 하는지를 아주 쉽게, 효과적으로 제시하고 있습니다.”

흔히 교과서를 읽는 것이 중요하다고 말합니다. 그런데 교과서를 어떻게 읽고 학습해야 하는지 올바로 가르치는 경우는 적습니다.

이번 『빠작 초등 비문학 독해 통합사회·통합과학』은 교과서 중심의 비문학 학습이 어떠해야 하는지를 아주 쉽게, 효과적으로 제시하고 있습니다. 특히 지문을 읽고 내용을 독해한 뒤 이어지는 교과 개념 학습이 아이들에게는 교과 개념을 반복 학습시키는 데 매우 도움이 될 것으로 기대됩니다. 그뿐만 아니라 기존의 독해 파트 역시 내용 이해, 추론, 적용의 단계를 구분하여 체계적으로 독해력을 훈련 시키고 있어 학습 효과 향상이 기대됩니다.

최성호
에이프로 아카데미

“비문학은 단계별 독법이 중요한데, 내용 독해에서 이해, 적용, 추론으로 진행되는 배움의 과정이 매우 체계적입니다.”

저는 비문학 교재를 볼 때 스스로 몇 가지 질문을 던지곤 합니다. '좋은 제시문을 선정했는가?' '학생들의 배경지식을 활성화하고 의미 있는 지식과 정보를 제공하는가?', '비문학을 읽어내는 독법, 즉 읽는 역량을 키워 주는가?'

『빠작 초등 비문학 독해 통합사회·통합과학』은 이러한 저의 질문에 고개를 끄덕이게 해 주었습니다. 사회, 과학의 세부 영역에서 좋은 제시문을 선정했을 뿐 아니라 내용 독해에서도 이해, 추론, 적용으로 진행되는 탄탄한 구성과 글에 블록 조각이 결합되는 것처럼 깔끔하게 구성된 어휘, 표현과 해제까지도 모두 체계적입니다.

무엇보다 구조 분석을 통해 단락에서 전체 글을 한눈에 보게 하는 과정이 좋았습니다. 이 교재를 한번 공부한 학생들이 나중에 각각의 글을 '한 판 구조도'로 다시 만들어 복습한다면, 더욱 큰 효과가 있을 것으로 예상합니다.

비문학 공부는 때로 인내심과 끈기가 필요합니다. 하지만 그만큼 배움의 효과를 크게 돌려주는 공부라는 점을 잊지 말았으면 합니다.

강용철
EBS 국어 대표 강사

“독해력은 교과 내용을 이해하는 데 필수적이고, 배경지식은 이해를 돕고 학습의 흥미를 높이는 데 결정적인 역할을 합니다.”

초등학교 3학년부터는 사회, 과학 교과 공부가 시작됩니다. 그런데 생각보다 많은 아이들이 사회, 과학 교과를 어려워합니다. 이야기책보다 흥미 요소가 적고 내용이 어렵기 때문입니다. 학년이 올라갈수록 어려워지는 교과 내용을 이해하려면 두 가지가 필요합니다. 바로 독해력과 배경지식입니다. 독해력은 교과 내용을 이해하는 데 필수적이고, 배경지식은 이해를 돕고 학습의 흥미를 높이는 데 결정적인 역할을 합니다. '아는 만큼 보인다'고 하듯이 배경지식이 풍부한 아이일수록 사회, 과학 과목을 더 재미있게 받아들일 수 있습니다.

이번에 출간된 『빠작 초등 비문학 독해 통합사회·통합과학』은 양질의 비문학 지문을 통해 국어 독해력을 향상 시키는 것은 물론이고 사회, 과학 공부에 필요한 배경지식을 쌓아갈 수 있도록 구성되었습니다. 이렇게 국어 독해력과 교과 배경지식 두 마리 토끼를 잡은 책이 출시되어 반갑습니다. 각 학년 별, 과목 별 교육과정이 체계적이고 충실하게 반영된 것도 눈에 띕니다. 매일 일정 분량을 학습하며 교과 개념 지식과 배경지식을 쌓아 나간다면 어느새 사회, 과학이 재미있게 느껴질 것입니다.

최선민
초등교사, 『오늘부터 초등 어휘왕』 저자

❝ 과학과 사회 과목 학습이 탄탄한 학생이 비문학 독해에 강하다는 것은 누구도 부정할 수 없는 현실입니다. ❞

고등학생들을 지도하고 수능 대비를 하면서 가장 크게 절감하는 것이 학생들의 비문학 독해 능력 격차입니다. 단기간의 학습으로 극복이 어려운 비문학 독해 및 문제 풀이 능력은 학생들의 개인적 역량에 의존하는 경향이 크기 때문입니다.

그리고 정말 불편한 진실은, 비문학 독해의 성패는 국어 능력에 의해서라기보다는 여러 과목 공부를 잘하는 학생인가 그렇지 않은가에 따라 좌우된다는 점입니다. 특히 '과학'과 '사회' 과목 학습이 탄탄한 학생이 비문학 독해에 강하다는 것은 누구도 부정할 수 없는 현실입니다. 그러나 지금은 독해법으로 문제를 푸는 시대가 아닙니다. 어찌 보면 수능의 취지에 가장 부합한, 충실한 범교과적 학습이 필요한 시대입니다.

그래서 초등학교 때부터 미리 '과학'과 '사회' 과목의 배경지식을 기르고, 교과 개념과 연계된 문제 풀이를 통해 수능과 고등 교과 학습의 기초를 다지는 것이 중요합니다.

『빠작 초등 비문학 독해 통합사회·통합과학』은 그런 길을 열어가는 기준이 될 학습서입니다. 교과 개념을 충실하게 반영하면서도 우리 아이들이 흥미를 갖고 도전하고 싶은 지문들로 구성되어 있기 때문입니다. 아이들뿐만 아니라 학부모님들도 지문을 함께 읽다 보면, 배경지식이 쌓이는 느낌을 받을 수 있을 것입니다.

이석호
이석호국어학원 원장

❝ 국어 또한 난도가 계속 올라가고 있으며, 여러 분야의 텍스트 독해력이 미치는 영향이 절대적입니다. ❞

『빠작 초등 비문학 독해 통합사회·통합과학』은 모든 초등학생에게 권하고 싶을 정도로 꼭 필요한 것과 심화 내용이 흥미롭게 구성되어 있습니다. 교과 연계 개념이기 때문에 친숙하면서도 깊이가 있고, 내용이 재미있어 지식을 확장하는 데에도 크게 도움이 될 듯합니다.

국어의 독서 과목에도 사회, 과학 지문이 어려운 난이도로 출제되어 힘들어하는 고등학생들이 많은데, 초등학생 때부터 이렇게 공부하면 중고등 내신과 수능까지 매우 든든할 것입니다.

중·고등과 수능까지 2022개정 교육 과정을 배우게 되어 시험을 치르게 될 초등학생들에게는 통합사회, 통합과학이 사·과탐 영역에서 최대 비중이 됩니다. 국어 또한 난도가 계속 올라가고 있으며, 여러 분야의 텍스트 독해력이 미치는 영향이 절대적입니다.

『빠작 초등 비문학 독해 통합사회·통합과학』을 통해 최신 사회 현상과 과학 원리를 공부해 추론하고 적용하는 힘을 기르면 국어, 사회, 과학은 물론이고 범교과적인 성적과 사고력 향상을 기대할 수 있을 것입니다.

김소희
한올국어학원 원장

❝ 『빠작 초등 비문학 독해 통합사회·통합과학』은 최신 사회 현상과 과학 원리를 접목한 교과 연계 독해 학습으로 학생들에게 흥미를 더해 줍니다. ❞

사회와 과학을 암기 과목이라고 생각하고 달달 외우는 경우가 많습니다. 하지만 그 많은 개념을 외우기란 쉬운 일이 아닐뿐더러 재미없는 과목으로 인식하게 되는 지름길이 됩니다. 사회와 과학 교과서를 제대로 읽고 이해하지 못하는 학생들의 어려움은 결국 '어휘'에 있습니다. 낯선 어휘를 익숙하게 만들면 교과 개념을 쉽게 이해할 수 있습니다.

『빠작 초등 비문학 독해 통합사회·통합과학』은 최신 사회 현상과 과학 원리를 접목한 교과 연계 독해 학습으로 학생들에게 흥미를 더해 줍니다.

'다음에는 또 어떤 이야기가 나올까?'라는 생각이 들며 궁금해지는 지문과 문제, 비주얼 개념이 한데 어우러져 '어휘-개념-독해'를 한 번에 해결할 수 있도록 돕습니다. 문항 구성에 있어 내용 이해에만 국한하지 않고 목적, 추론, 어휘·어법, 요약, 적용 등 다양한 문제를 접할 수 있게 만들어 폭넓은 독해 능력 향상에도 도움을 줍니다. 초등학생의 사회와 과학 공부에 도움을 줄만한 학습서를 찾기 어려웠는데 좋은 교재가 나와 기쁜 마음입니다.

정예슬
교육인플루언서, 전직 초등 교사

『빠작』을 소개합니다

독해

초등 국어 문학 독해

- 지문 독해–지문 분석–어휘 학습 3단계로 학습하는 초등 독해 기본서
- 소설, 시, 수필 등 문학 작품의 갈래별 지문 감상 훈련으로 바른 독해 학습

초등 국어 비문학 독해

- 지문 독해–지문 분석–어휘 학습 3단계로 학습하는 초등 독해 기본서
- 언어, 역사, 사회, 문화, 경제, 과학, 기술, 예술, 인물, 환경 등 10개 영역별 지문으로 배경지식 습득 및 어휘력 향상

초등 비문학 독해 통합사회

- 사회 현상과 관련 있는 비문학 지문 독해 훈련
- 3~6학년이 꼭 알아야 하는 사회 교과 개념 연계

초등 비문학 독해 통합과학

- 과학 원리와 관련 있는 비문학 지문 독해 훈련
- 3~6학년이 꼭 알아야 하는 과학 교과 개념 연계

어휘

초등 국어 어휘X독해

- 독해 학습을 통해 학년별 필수 어휘 이해
- 핵심어 중심의 비문학 지문 독해 학습
- 핵심어의 뜻과 주제로 어휘 확장 학습

문법

초등 국어 문법

- 문법의 기초 개념을 탄탄하게 학습
- 풍부한 예시로 정확하게 문법 이해
- 다양한 문제로 폭넓게 적용하여 문법 학습

다음 내용을 보고 우리 아이에게 어떤 학습 순서가 알맞을지 살펴보세요.

A 타입 기본부터 차근차근 공부하고 싶어요!

기초부터 천천히 학습하여 문해력을 키우고 싶은 친구, 적은 분량이라도 매일 꾸준히 독해 공부를 해서 실력을 탄탄하게 다지고 싶은 친구는 A타입의 순서로 학습하는 것을 추천합니다. 매일 정한 분량을 꾸준히 학습하고 마지막으로 문해력을 완성하는 문법까지 전 권을 학습하고 나면 국어 실력이 한층 향상됩니다.

추천 학습

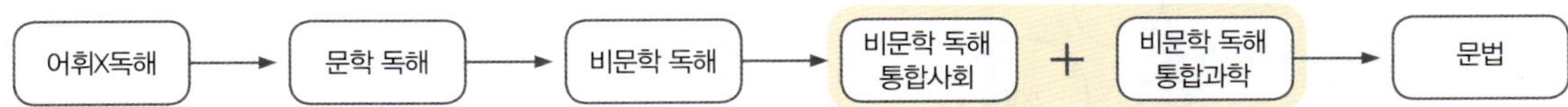

B 타입 비문학보다 문학이 어려워요!

비문학 글의 핵심 주제 파악이나 글쓴이의 관점을 파악하는 것은 쉽지만 문학 작품에서 숨겨진 작가의 의도를 파악하고, 작품의 중요 내용을 정리하는 것이 어려운 친구에게는 B타입을 추천합니다. 빠작 문학은 문학 작품의 갈래별 지문 감상 훈련 위주로 구성되어 있어서 문학 독해가 쉬워집니다.

추천 학습

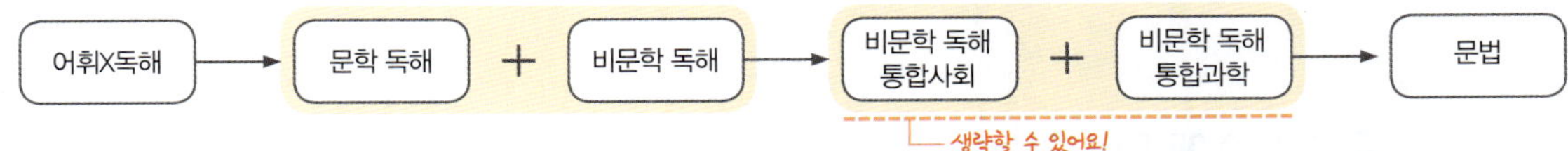

C 타입 문학보다 비문학이 어려워요!

문학 작품을 읽으며 작가의 의도를 파악하는 것은 쉽지만, 비문학의 핵심 주제 파악이나 글쓴이의 관점 이해가 어려운 친구에게는 C타입을 추천합니다. 어휘로 기본을 다진 뒤, 비문학으로 세분화된 지문을 공부하고, 특화된 통합사회·통합과학 지문을 이어서 차례대로 학습하면 글의 중심 내용을 파악하고, 글쓴이의 생각을 이해하는 것이 쉬워집니다.

추천 학습

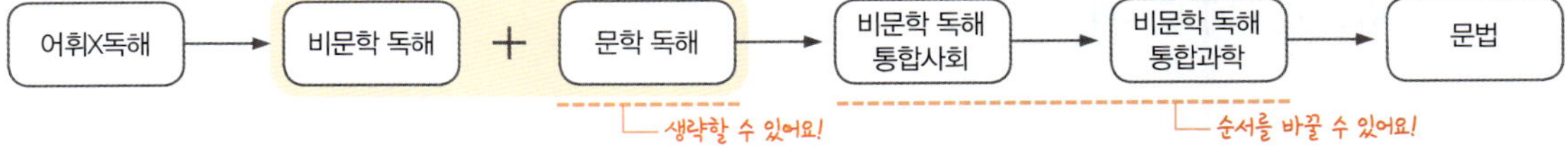

D 타입 좋아하는 영역만 집중해서 공부해요!

지문을 독해하는 데는 문제가 없지만 사회나 과학 중 자신이 좋아하는 한 영역만 집중해서 책을 읽는 친구나, 교과와 관련 있는 지문이 어렵게 느껴지는 친구에게는 D타입을 추천합니다. 빠작 비문학 독해를 공부하며 먼저 비문학 전 영역을 두루 살펴보고, 비문학 독해 통합사회와 통합과학을 함께 공부하면 특정한 영역에 치우치지 않고 학습하며 교과 배경지식도 쌓을 수 있습니다.

추천 학습

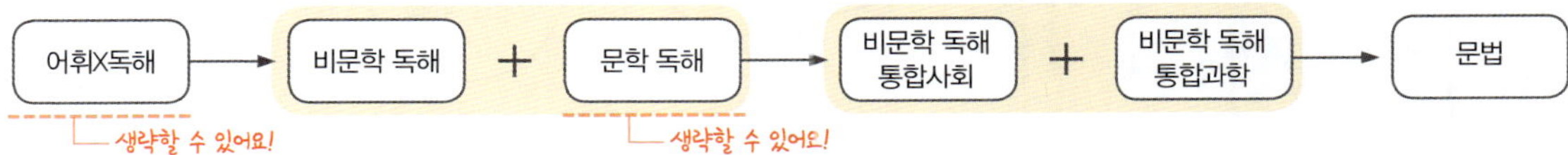

독해력 형성, 수월한 교과 학습의 지름길입니다.

교과 지식은 글을 통해 전달됩니다. 지식을 전달하는 글은 핵심 개념과 그에 대한 부연 설명을 압축적으로 제시하기 때문에 글의 수준이 높습니다. 또한 이해를 돕는 예시들이 한데 모여 있지 않고 다양한 활동이나 문제들 곳곳에 흩어져 있기도 합니다. 따라서 글을 정확하고 바르게 읽어내는 능력, 즉 독해력이 형성되어 있어야 수월한 교과 학습이 가능해집니다.

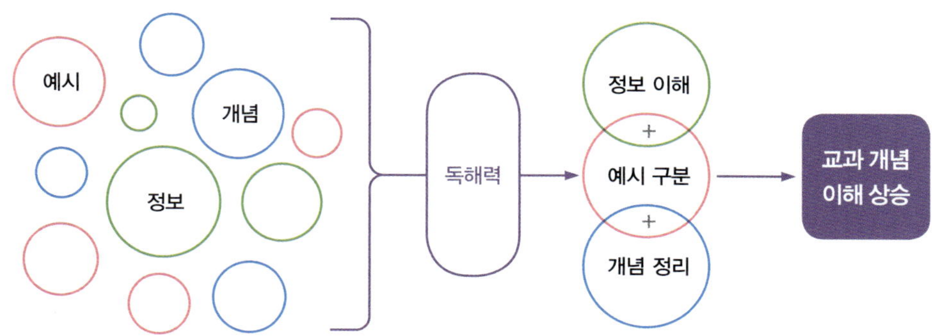

교과 학습에 대비하는 바른 독해 훈련이 필요합니다

01 교과와 관련된 글을 독해하며 배경지식을 쌓습니다

교과와 관련된 글을 읽는 것만으로도 교과 학습을 돕는 배경지식을 자연스럽게 쌓을 수 있습니다. 교과 지식은 관련 맥락을 풀어 쓴 글을 읽으면 보다 쉽고 흥미있게 학습할 수 있기 때문입니다. 그리고 글을 읽는 것에서 그치지 않고 문제를 통해 내용을 정확하게 이해하고, 드러나지 않은 정보를 찾아낸 뒤, 글의 주제와 관련하여 사고를 확장시키는 단계까지 가야 합니다. 이러한 과정을 거치고 나면 비로소 글을 바르고 정확하게 소화하는 능력을 갖추게 됩니다.

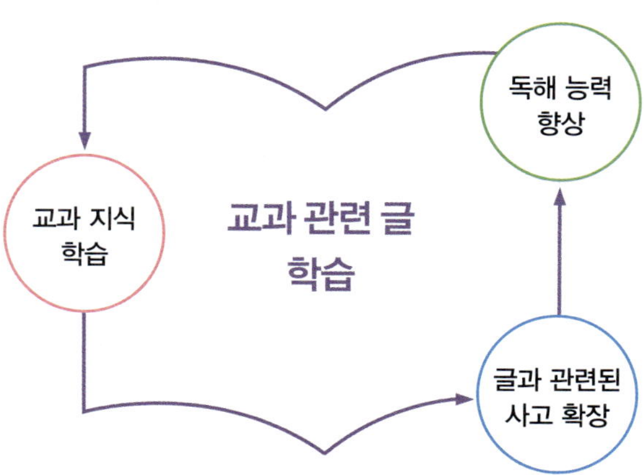

02 학습 도구어가 되는 어휘를 익힙니다

교과 학습을 어렵게 하는 가장 큰 원인은 어려운 어휘입니다. 개념을 설명하는 어휘는 주로 추상적인 뜻을 나타내는 한자어로 이루어져 있지만, 개념어로 사용될 때에는 구체적이고 명확한 뜻으로 한정하여 쓰입니다. 따라서 독해하며 글에 나온 어휘의 뜻을 정확하게 확인하고, 다시 다른 맥락에서 그 어휘를 활용해 볼 수 있어야 합니다.

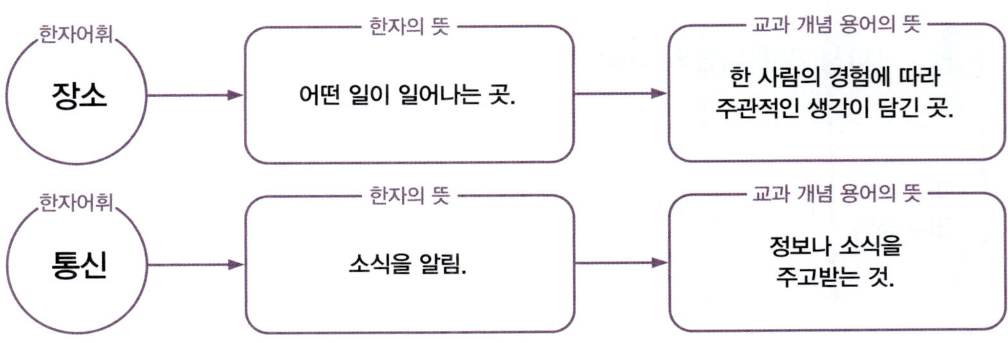

03 글과 교과 개념을 연결하여 이해의 폭을 넓힙니다

글을 독해한 뒤에는 글에 담긴 교과 핵심 용어를 확인하고, 그 속에 담긴 개념을 정리해야 합니다. 글의 내용과 교과 개념을 유기적으로 연결하여 이해해야 교과 학습을 할 때 학습한 배경지식을 활성화하여 떠올릴 수 있습니다.

이렇게 글 속에 숨어 있던 교과 개념을 확인하고, 글과 교과 개념을 연결하여 쉽고 자연스럽게 익히는 것은 교과 개념에 대한 이해도와 글에 대한 이해도를 동시에 높이는 길입니다.

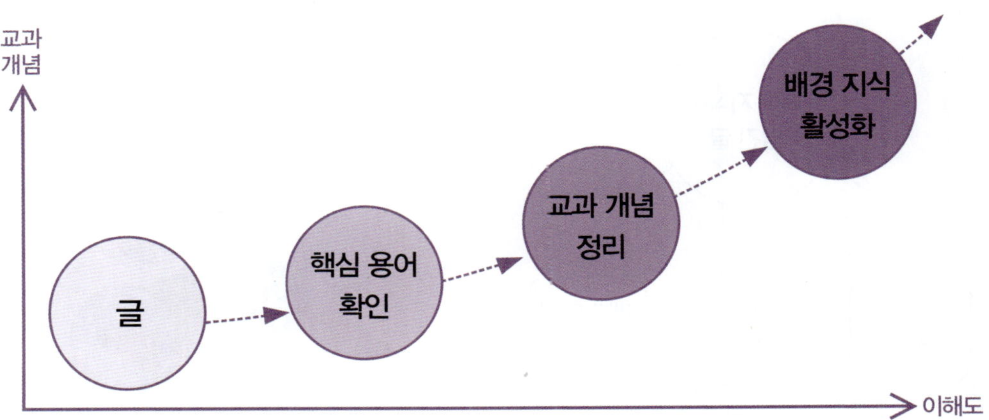

빠작 초등 비문학 독해 통합과학은 초등 4학년 학생들이 비문학 과학 지문을 읽고 내용을 이해한 뒤, 연결된 교과 개념을 파악하는 훈련 중심으로 구성하였습니다. 설명문, 논설문 등 정보 글의 구조 분석 훈련을 통해 글에 담긴 배경지식을 이해하고, 그 내용이 교과 개념과 어떻게 연결되는지 파악하며 깊이 있는 독해 학습이 가능하도록 구성하였습니다.

1 교과서 개념 바탕의 과학 독해 지문

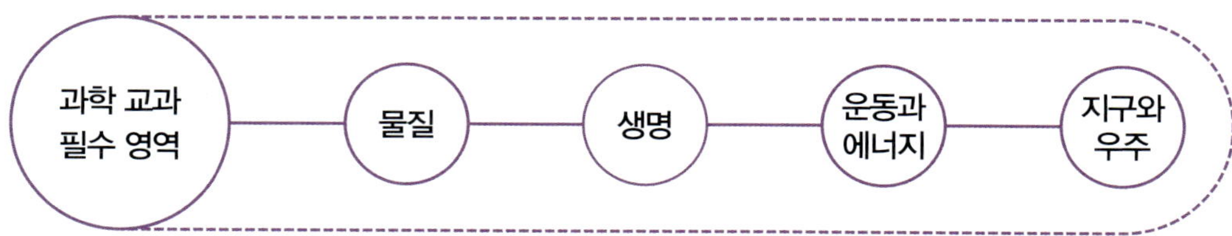

2 유기적으로 연결된 학습 구성

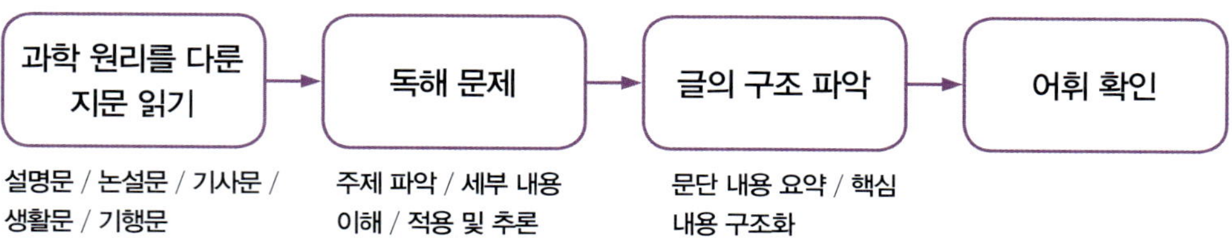

3 교과 배경지식 확대

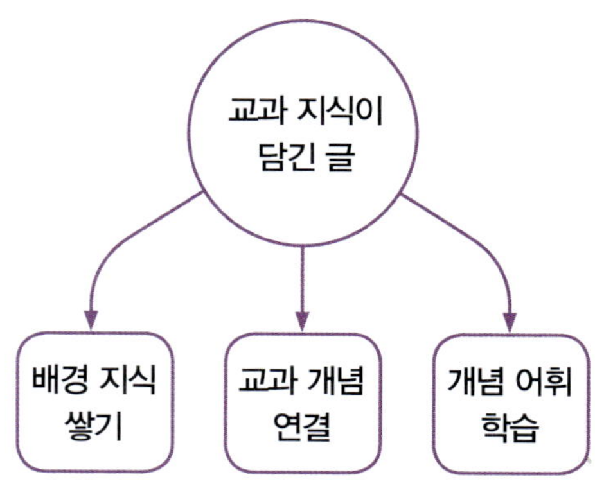

4 이미지로 교과 개념 학습

교과 내용을 그림에 압축적으로 담아 지문과 관련된 내용을 효과적으로 이해하고 학습하도록 구성

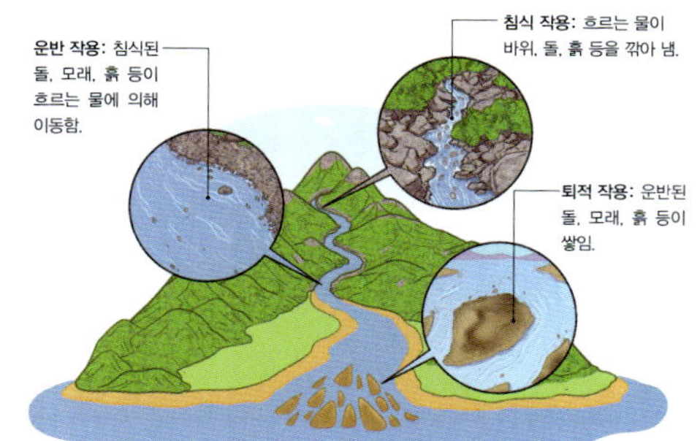

▼ 교과서 개념 바탕의 독해 지문
▼ 구조화된 독해 문제

영역별 구성

생명
01
버섯과 곰팡이
버섯의 정체

지문 분석
글자 수 800
800 900 1000

지문 분석
강의 제공

내용
독해

중심 주제
파악

세부 내용
이해

추론, 적용

▼ 지문 구조 분석과 어휘
▼ 교과 개념 배경지식

구조
분석

문단
요약하기

글의 핵심 내용
정리하기

어휘의
쓰임 알기

비주얼
과학 교과서
개념
버섯과 곰팡이

교과 주제
이해하기

교과 개념
이해하기

이미지로
이해하기

교과 핵심 용어
확인하기

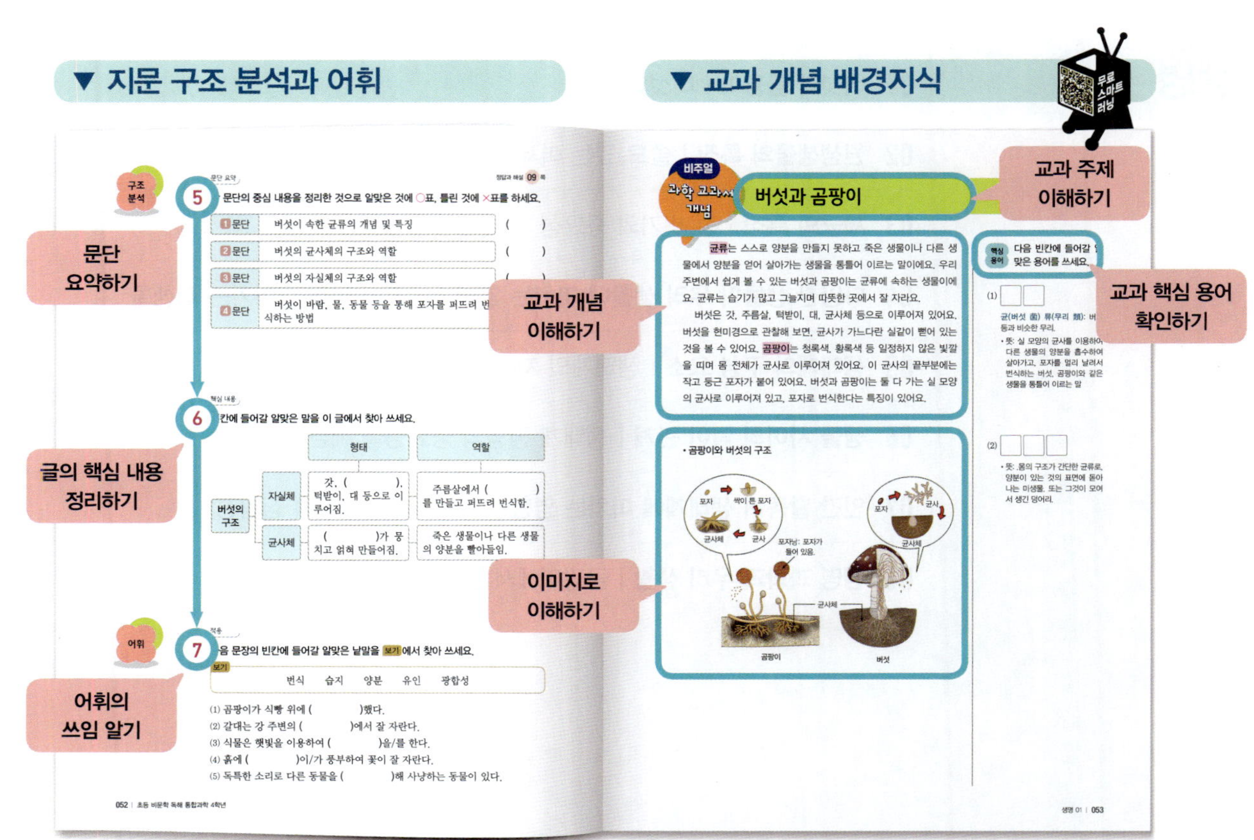

『초등 비문학 독해 통합과학 4학년』 **차례**

『통합사회』와 『통합과학』의 3~6학년 전체 구성

초등 비문학 독해
통합사회

『빠작 초등 비문학 독해 통합사회』는 3~6학년 사회 교과서 짜임에 따라 지리, 역사, 일반사회(사회·문화, 법·정치, 경제)의 세 영역으로 구분되어 있습니다. 학년별로 교과서에서 배우는 내용에 따라 영역을 나누고, 영역별로 필요한 내용을 학습할 수 있도록 구성하였습니다.

영역	3학년	4학년	4학년	6학년
지리	• 독립운동의 역사를 간직한 고장, 천안 • '대전역'의 역사 • 혼일강리역대국도지도 • 바다로 돌아간 바다거북 • 대한민국 여러 지역의 랜드마크	• 방향을 알 수 있는 방법 • 지도 그리기 • 조선 시대의 지도 • 할머니 댁을 찾아가요 • 디지털 영상 지도의 기능 • 다양한 지역 축제 • 거제와 부산을 연결하다 • 단양이 좋아요 • 화려한 도시의 그늘 • 사람들이 모이는 곳 • 조선 팔도 • 지역 불균형 문제	• 한반도는 토끼인가, 호랑이인가? • 갯벌 개발의 미래 • 독도의 주인을 증명하는 기록 • 사계절의 균형이 무너진다면 • 봄철의 불청객들 • 농어촌을 구할 빈집 정비 사업 • 수도권 집중에서 더불어 잘 사는 국토로	• 경도의 기준, 그리니치 천문대 • 대륙과 섬을 구분하는 기준 • 튀르키예는 아시아일까, 유럽일까? • 신비로운 고대 도시, 마추픽추 • 아프리카의 국경선 • 북극과 남극은 어떻게 다를까? • 히말라야산맥의 형성 • 기후에 따라 다른 세계의 집 • 아마존 열대 우림 보호의 필요성 • 온대 기후의 다양한 특징 • 백야와 극야
역사	• 연표에서 사라진 고구려와 발해 • 조선 시대를 대표하는 화가, 신윤복 • 잃어버린 가족을 찾아서 • 지금은 사라진 추억 속 물건들 • 지명으로 알 수 있는 지역의 특징 • 자연의 시간표, 절기 • 윷놀이, 국가무형유산 되다 • 로마 제국을 키운 도로 • 진도로 떠나는 여행 • 미래의 교통수단, 상상에서 현실로 • 횃불과 연기로 전한 조상들의 지혜 • 뇌를 망가뜨리는 스마트폰	• 유네스코가 정한 세계 유산 목록 • 박물관의 역사 • 도산 안창호 선생의 정신 • 고구려의 흔적 • 강진 답사기	• 구석기 유물을 발굴한 손보기 • 8조법에 나타난 불평등 사회 • 의자왕과 삼천 궁녀는 가짜 뉴스? • 위대한 정복자, 광개토 대왕 • 김춘추와 토끼의 간 이야기 • 사라진 철의 나라 • 비운의 천재, 최치원 • 빼앗길 수 없는 발해의 역사 • 고려 멸망의 촉매, 권문세족 • 지폐를 차지한 조선의 인물들 • 조정을 둘로 나눈 전쟁 • 종교에서 저항 운동으로 • 광화문의 수난 • 독립운동을 한 어린 영웅들 • 다시 찾은 빛, 그러나 분단 • 6·25 전쟁과 이산가족	• 왜 남북이 통일되어야 하는가 • 대통령 직선제를 이룬 6월 민주 항쟁
일반사회	• 4차 산업혁명으로 변하는 일상 • 저출산이 가져온 학교의 변화 • 키오스크가 만든 디지털 격차 • 노인을 돕는 인공 지능 스피커 • 알파 세대 • 늘어나는 1인 가구 • 물물 교환에서 화폐까지 • 지폐에 숨겨진 비밀 • 놀이공원 우선 탑승권은 정당한가 • 민주 정치의 시작, 그리스 아테네 • 바다로 돌아간 돌고래 • 세계의 다양한 선거 방법 • 은행나무 열매 제거 작전	• 빅터와 사회화 • '다름'을 바라보는 태도 • 보호해야 하는 저작권 • 경제 활동으로 굴러가는 생활 • 인구 문제를 해결하기 위한 노력 • 기회비용을 고려한 선택 • 우리를 유혹하는 묶음 판매 • 우리나라의 산업 발전 • 식탁에서 만나는 지역 간 교류 • 국가의 주인 • 학급 회의로 자리를 정해요 • 주민 참여 제도 • 폐기물 매립장 설치 반대	• 국경일은 모두 공휴일인가? • 종교의 자유가 보장된 우리나라 • 사라지는 은행 점포 • 세금을 내지 않으면? • 헌법 소원을 남용하는 사람들 • 편견에 맞선 어기의 성장 일기 • 유네스코 세계 문화유산이 된다는 것	• 세계 인구 1위는 중국이 아닌 인도 • 한 나라였던 인도와 파키스탄, 방글라데시 • 팔레스타인의 눈물 • 지구 온난화에 대한 경고 • 공정거래위원회는 무슨 일을 할까? • 기업의 사회적 책임 • 탄소세 도입에 대한 논쟁 • 노동자의 권리를 외치다 • 세계 무역의 파수꾼, 세계 무역 기구 • 미래 산업 박람회를 다녀와서 • 다수결의 원칙은 늘 옳은가 • 공정한 선거를 책임지는 국가 기관 • 법이 만들어지는 과정 • 대통령제란 무엇일까? • 우리나라의 심급제도, 3심제 • 삼권분립의 중요성 • 미디어의 사회적 기능

『빠작 초등 비문학 독해 통합과학』은 3~6학년 과학 교과서 짜임에 따라 물질, 생명, 운동과 에너지, 지구와 우주, 과학과 사회의 다섯 영역으로 구분되어 있습니다. 학년별로 교과서에서 배우는 내용에 따라 영역을 나누고, 영역별로 필요한 내용을 학습할 수 있도록 구성하였습니다.

영역	3학년	4학년	4학년	6학년
물질	• 상상을 이루어 주는 물질 • 환경을 살리는 플라스틱 • 불의 상태는 무엇일까? • 언 호수에서 물고기가 살 수 있는 까닭	• 돌고 도는 물 • 얼음으로 만든 집, 이글루 • 겨울철 강이나 호수, 바다의 변화 • 짠 바닷물의 변신 • 구름을 둘러싼 과학적 원리 • 하늘에서 본 튀르키예 • 최초의 화학자, 보일 • 수소의 특성	• 생명을 살리는 빨대 • 맛보기 전에는 모른다 • 손난로가 열을 내는 원리 • 붉은 바다 • 대서양에 큰일이 났다고?	• 과학의 역사 속 우연한 발견 • 하늘에서 산성 물질이 내린다고? • 생활의 재주꾼, 염기성 물질 • 인체의 중화 반응 • 불의 정체를 찾아서 • 리튬 이온 전지의 위험성
생명	• 비슷하지만 다른 동물들 • 심해 생물의 특징 • 세상에서 가장 큰 꽃 • 사막에서 살아가는 식물 • 여왕벌의 일생 • 오리너구리의 한살이 • 씨앗 속의 온도계 • 미래 먹거리 문제를 해결하는 스마트 팜 • 가장 오래 사는 나무	• 버섯의 정체 • 쓸모 있는 미세 조류 • 손 씻기의 중요성 • 우리와 함께 살아가는 미생물 • 생태계의 지킴이, 꿀벌 • 생태계 평형의 중요성을 깨닫다 • 플라스틱 쓰레기의 심각성 • 곰팡이에서 발견한 페니실린	• 우리 몸의 뼈 • '간'에 기별도 안 가는 이유 • 혈관의 종류와 기능 • 사레가 들리는 이유 • 오줌의 재발견 • 티라노사우루스의 감각 기관 • 왜 헛스윙을 하게 될까?	• 식물 세포의 특징 • 뿌리의 종류 • 괴력의 곤충, 거품벌레 • 자연의 기본 원리, 삼투 현상 • 인공 광합성 기술 • 진달래와 철쭉의 차이점 • 신기한 유전의 법칙
운동과 에너지	• 우주에 일어나는 몸의 변화 • 자동차 범퍼의 비밀 • 지레의 원리 • 저울의 역사 • 기계저울과 전자저울 • 목소리의 과학 • 고대 그리스의 원형 극장 • 들을 수 없는 소리, 초음파 • 우주에서 소리를 들을 수 있을까? • 우리에게 도움이 되는 백색 소음	• '이그노벨상'은 어떤 상일까? • 배를 끌어당기는 섬의 비밀 • 비행기보다 빠른 자기 부상 열차 • 지구 자기장을 이용해 길을 찾는 연어	• 그림자의 원리 • 거울의 원리 • 별은 거기에 없다 • 적외선 열화상 카메라 • 온도계의 변천 • 물을 시원하게 만들려면 • 과학적인 난방 장치 '온돌' • 지구 온난화 현상 • 우주에서 어떻게 살 수 있을까?	• 휴대 전화의 위치를 찾는 방법 • 파리와 데카르트 좌표 • 사회의 기준이 되는 도량형 • 번개 잡은 사나이의 성공 비결 • 진화하는 배터리 • 멀티탭의 연결 구조 • 무선 충전 기술 • 스마트 그리드가 필요하다
지구와 우주	• 대기가 우주로 흩어지지 않는 까닭 • 지구 온난화로 높아지는 해수면 • 바닷물은 왜 짤까? • 프랑스 에트르타의 절벽과 해변 • 밀물과 썰물을 이용한 조력 발전소 • 소중한 갯벌을 지키자	• 강이 만든 터전, 메콩강 삼각주 • 한강의 시작점은 어떤 모습일까? • 화산 활동으로 만들어진 섬, 하와이 • 폼페이가 갑자기 사라진 이유 • 제주도의 돌하르방과 현무암 • 일본에서 왜 지진이 자주 일어날까? • 작품에 나타난 달의 독특한 모양 • 망원경으로 발견한 천왕성 • 밤하늘의 나침반, 북극성 • 제2의 코로나를 부르는 기후 변화	• 어떤 지층이 먼저일까? • 퇴적암의 특징 • 화석의 가치 • 번개가 생기는 원리 • 안개와 스모그 • 어린이날부터 강한 비 예상 • 태풍	• 천구란 무엇인가 • 싼샤 댐이 지구에 미치는 영향 • 천동설과 지동설 • 천상열차분야지도 • 경주 첨성대의 정체 • 한옥의 지붕에 숨어 있는 과학 • 지구는 살아 있다
과학과 사회	• 감염병 위험을 높이는 폭염		• 에너지의 날 • 에너지를 만드는 바람개비	• 생명을 살리는 프린터 • 과학 기술의 양면성

물질

01

돌고 도는 물

지문 분석

글자 수 890
800 900 1000

1 지금 우리가 마시는 물이 오래전 지구에 살던 공룡의 오줌이라고 주장하는 사람들이 있다. 공룡은 아주 오랜 시간 동안 지구에 살았는데, 그 시기 동안 많은 양의 물을 마시고 **배설하기를** 계속하면서 결국 지구에 있는 모든 물이 공룡의 몸속을 도는 과정을 거쳤다는 것이다. 이 주장은 지구에 **존재하는** 모든 물이 새로 생기거나 없어지지 않고 끊임없이 **순환한다는** 것을 바탕으로 한다.

2 지구에는 같은 양의 물이 수천 년 동안 상태를 바꾸며 계속 돌고 있다. 이때 물의 상태를 바꾸는 데 중요한 역할을 하는 것은 '열'이다. 지구에 있는 액체 상태의 물이 태양의 열을 만나 온도가 높아지면 기체 상태인 수증기가 되고, 온도가 낮아지면 이 수증기는 다시 물방울이 되거나, 고체 상태인 얼음 알갱이로 바뀐다.

3 물이 순환하는 과정을 자세히 살펴보면, 강이나 호수, 바다를 이루는 물은 태양의 열을 만나면 수증기로 변하여 공기 중으로 날아가고, 식물의 뿌리로 **흡수되었던** 물은 잎을 통해 수증기가 되어 날아간다. 날아간 수증기는 하늘 위로 올라가 찬 공기와 만나면서 물방울이나 얼음 알갱이가 된다. 그리고 이 물방울과 얼음 알갱이가 모여 있는 것이 구름이다. 구름이 점점 모이면 크고 무거워지고, 무거워진 구름은 다시 비나 눈이 되어 땅으로 내려오게 된다. 이 물은 다시 강이나 호수, 바다로 가거나 땅속으로 스며들었다가 수증기가 되는 과정을 반복한다.

4 물의 순환은 지구의 생태계를 **유지할** 수 있게 해 주는 역할을 한다. 육지에 내린 비나 눈은 땅 위를 흘러 강, 호수 등에 모이거나 땅속으로 스며들어 **지하수**가 된다. 식물은 빗방울을 통해 **생장**에 필요한 양분을 얻고, 야생 동물은 땅에 고인 빗물을 마시며 생명에 필요한 수분을 얻는다. 인간은 땅속 깊이 스며든 지하수를 활용하여 생활에 필요한 물을 얻는다. 이처럼 물이 순환할 때마다 지구에 있는 모든 생물은 살아가는 데 필요한 물을 얻을 수 있다.

- **배설하기를** 생명체가 영양소를 섭취한 후 생긴 노폐물을 몸 밖으로 내보내기를.
- **존재**(存 있을 존, 在 있을 재)**하는** 현실에 실제로 있는.
- **순환한다는** 주기적으로 자꾸 되풀이하여 돈다는.
- **흡수되었던** 안으로 빨아들여졌던.
- **유지할** 어떤 상태나 상황을 그대로 보존하거나 변함없이 계속하여 지탱할.
- **지하수**(地 땅 지, 下 아래 하, 水 물 수) 땅속에 고여 있는 물.
- **생장**(生 날 생, 長 길 장) 생물이 나서 자람. 또는 그런 과정.

내용 독해

1 이 글은 무엇에 대해 쓴 글인가요? (   )

① 일상에서 물을 절약하는 방법
② 지구를 끊임없이 순환하는 물
③ 깨끗한 수돗물을 만드는 과정
④ 물이 순환하는 데 걸리는 시간
⑤ 오염된 물이 지구에 미치는 문제

내용 이해

2 이 글의 내용과 일치하는 것은 무엇인가요? (   )

① 물은 수증기가 되면 땅으로 가라앉는다.
② 비나 눈은 땅으로 흡수되어 아예 사라진다.
③ 식물의 잎에서 흡수된 물은 뿌리를 통해 수증기가 되어 날아간다.
④ 수증기가 얼음 알갱이가 되면 계속 얼음의 상태로 남아 있게 된다.
⑤ 물은 수증기가 되어 구름을 이루었다가 비나 눈이 되면서 순환한다.

추론

3 이 글을 읽고 물이 순환하는 과정을 알맞게 이해한 친구는 누구인지 쓰세요.

> 혜림: 물은 상태를 바꾸면서 계속 순환하는군.
> 준기: 비나 눈이 땅속으로 스며들면 물은 더 이상 순환하지 않겠군.
> 승연: 물이 순환하면서 지구에 존재하는 물의 양이 점점 늘어나겠군.

(   )

적용

4 다음 빈칸에 들어갈 말을 이 글에서 찾아 쓰세요.

>   물을 냉동실에 넣어 놓으면 (1)(   ) 상태인 얼음이 된다. 그러나 냉장고에서 꺼내어 상온에 두면 (2)(   ) 상태인 물로 변한다. 이 물을 주전자에 넣고 끓이면 (3)(   ) 상태인 수증기가 되어 공기 중으로 흩어진다.

문단 요약

5 다음 질문의 답을 찾을 수 있는 문단을 찾아 선으로 이으세요.

순환하는 물이 생태계에 미치는 영향은 무엇인가요?	**1**문단
지구에 있는 물은 어떤 과정을 거쳐 비나 눈이 되나요?	**2**문단
물이 상태를 바꾸는 데 중요한 역할을 하는 것은 무엇인가요?	**3**문단
지구에 존재하는 물이 공룡의 배설물이라는 주장의 바탕은 무엇인가요?	**4**문단

핵심 내용

6 빈칸에 들어갈 알맞은 말을 이 글에서 찾아 쓰세요.

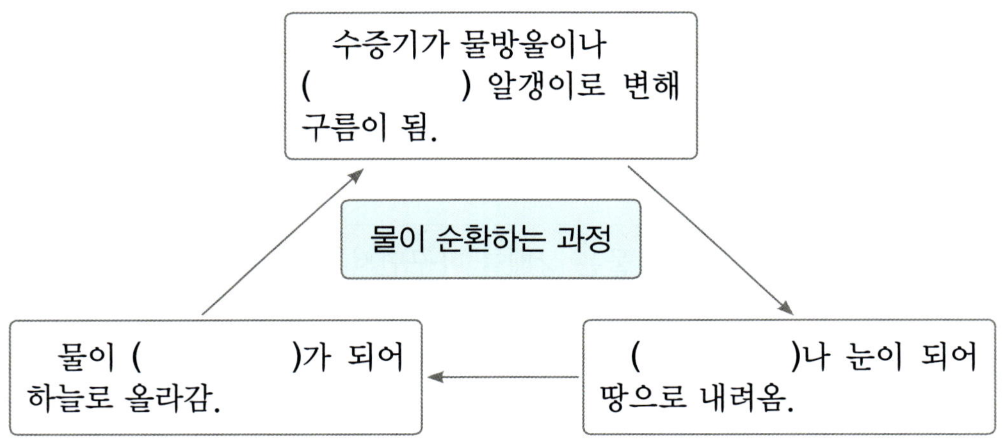

적용

7 다음 문장에 들어갈 알맞은 낱말에 ◯표 하세요.

(1) 식물은 뿌리로 물이나 영양분을 (방수, 흡수)한다.
(2) 혈액이 잘 (교환, 순환)하지 않으면 손과 발이 차가워진다.
(3) 우리 몸은 음식물을 소화한 뒤 남은 것을 (배설, 배수)한다.
(4) 지구에는 다양한 생물이 생태계를 이루며 (존재, 멸종)한다.
(5) 겨울에 감기에 걸리지 않으려면 두꺼운 옷을 입어 체온을 (손실, 유지)해야
한다.

물의 세 가지 상태

물은 우리 주변에서 물, 수증기, 얼음의 세 가지 상태로 존재해요. 흐르는 시냇물, 지붕 밑에 달린 고드름, 가습기에서 나오는 수증기는 모두 상태는 다르지만 똑같은 물이에요.

'**물**'은 투명한 **액체**로, 모양이 일정하지 않아 손에 잡히지 않고 흘러내려요. '**얼음**'은 투명하거나 하얗게 보이는 **고체**로, 열을 가하지 않으면 모양이 변하지 않아 손으로 잡을 수 있어요. '**수증기**'는 투명한 **기체**로, 모양이 일정하지 않아 손에 잡히지도 않고 눈에 보이지도 않아요.

핵심 용어 다음 빈칸에 들어갈 알맞은 용어를 쓰세요.

(1) ☐
- 뜻: 강, 호수, 바다, 지하수 등에 있으며 빛깔, 냄새, 맛이 없고 투명한 액체.

(2) ☐ ☐
- 뜻: 물이 얼어서 굳어진 고체 상태의 물질.

(3) ☐ ☐ ☐
수(물 水) 증(데울 蒸) 기(공기 氣): 물이 데워져 만들어진 기체.
- 뜻: 기체 상태로 되어 있는 물.

• **물의 세 가지 상태**

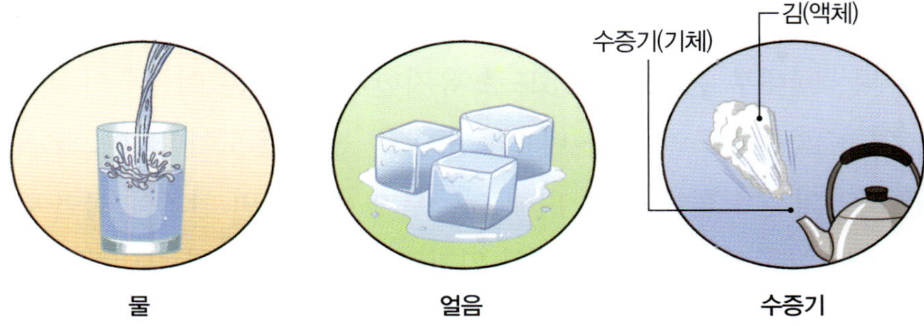

- **액체** 물, 기름과 같이 부피가 있으나 일정한 형태가 없으며 흐르는 성질이 있는 물질.
- **고체** 일정한 모양과 부피를 가지고 있어서 만지고 볼 수 있는 물질.
- **기체** 일정한 모양이나 부피가 없고 널리 퍼지려는 성질이 있어 자유롭게 떠서 돌아다니는 물질.

지문 분석

글자 수 850
800 900 1000

얼음으로 만든 집, 이글루

1 알래스카와 같이 추운 지방에 사는 에스키모는 겨울철 사냥을 나가거나 낚시를 할 때 ㉠**혹독한** 추위를 견디기 위해 ㉡**온기**를 얻을 수 있는 집이 필요했다. 그래서 에스키모는 눈과 얼음으로 둥글게 만든 집인 이글루를 ㉢**임시** ㉣**거처**로 삼았다.

2 에스키모가 이글루를 만드는 방법은 다음과 같다. 먼저 칼로 눈을 벽돌 모양으로 잘라 낸다. 그런 다음 벽돌 모양의 눈을 아래부터 둥근 지붕의 형태로 쌓아 올린다. 이때 벽돌 모양의 눈이 무너지지 않도록 서로 엇갈리게 쌓아야 한다. 입구는 바람이 들어오지 않도록 바람이 부는 방향과 반대쪽으로 땅을 파서 터널 모양으로 만든다. 마지막으로 얼음 벽 사이에 있는 틈을 눈으로 메운다.

3 이글루는 ㉤**내부** 온도를 약 5도로 유지한다. 이것은 이글루의 바깥 온도가 영하 20~30도인 것과 비교하면 아주 높은 온도이다. 에스키모는 이글루 안의 온도를 높이기 위해 이글루가 완성되면 안쪽에 불을 피운다. 그러면 안쪽의 얼음 벽이 불의 **열기**로 녹았다가 추위로 인해 다시 얼어붙으면서 안쪽 벽을 단단히 감싸는 얼음 막이 된다. 이렇게 만들어진 얼음 막은 이글루의 열이 바깥으로 빠져나가는 것을 막는 역할을 한다. 또한 에스키모는 이글루 안에 물을 뿌려 이글루의 온도를 높이기도 한다. ㉥**물은 수증기나 얼음으로 상태가 변할 때 주변에서 열을 빼앗아 흡수하거나 주변으로 열을 방출하면서** 주위 온도를 변화시킨다. 이러한 원리에 따라 이글루 안쪽에 물을 뿌리면 물이 얼면서 주변으로 열이 방출되어 이글루 내부 온도가 높아진다.

4 이처럼 이글루는 주변에 쉽게 구할 수 있는 재료를 가지고 과학적 원리를 이용해 만든 집이다. 이글루에는 추위를 이겨 내는 에스키모의 지혜가 담겨 있다.

- **혹독한** 몹시 심한.
- **온기**(溫 따뜻할 온, 氣 기운 기) 따뜻한 기운.
- **임시** 본래 정해져 있는 때가 아닌 필요에 따라 정한 일시적인 때.
- **거처** 일정하게 자리를 잡고 사는 일. 또는 그 장소.
- **내부**(內 안 내, 部 나눌 부) 안쪽의 부분.
- **열기**(溫 더울 열, 氣 기운 기) 뜨거운 기운.
- **방출**(放 놓을 방, 出 날 출)**하면서** 빛, 열 등을 밖으로 내보내면서.

내용 독해

목적

1 글쓴이가 이 글을 쓴 목적은 무엇인가요? (   )

① 이글루에 담긴 과학적 원리를 설명하려고
② 다양한 형태의 이글루를 비교하여 설명하려고
③ 이글루를 역사적으로 보존해야 할 필요성을 주장하려고
④ 이글루가 지닌 문제점을 제시한 후 해결 방법을 제시하려고
⑤ 에스키모가 만든 이글루가 시대에 따라 어떻게 변화했는지 설명하려고

내용 이해

2 이글루에 대한 설명으로 알맞은 것은 무엇인가요? (   )

① 이글루는 내부 온도를 바깥보다 시원하게 유지한다.
② 이글루는 에스키모가 임시로 살기 위해 만든 집이다.
③ 이글루 안쪽에 불을 피우면 안쪽 벽은 전혀 녹지 않는다.
④ 이글루의 입구를 만들 때 바람이 부는 쪽으로 땅을 판다.
⑤ 이글루를 만들 때 벽돌 모양의 눈을 나란히 일렬로 쌓는다.

어휘·어법

3 ㉠~㉤과 뜻이 비슷한 말이 알맞게 짝 지어지지 <u>않은</u> 것은 무엇인가요? (   )

① ㉠: 혹독한 – 심한
② ㉡: 온기 – 냉기
③ ㉢: 임시 – 잠시
④ ㉣: 거처 – 집
⑤ ㉤: 내부 – 안쪽

적용

4 ㉤과 관련한 사례로 볼 수 <u>없는</u> 것을 찾아 기호를 쓰세요.

> ㉮ 물과 기름을 섞으면 기름이 물 위로 뜬다.
> ㉯ 여름에 마당에 물을 뿌리면 수증기로 변하면서 주변이 시원해진다.
> ㉰ 석빙고에 넣어 둔 얼음 일부가 녹으면서 석빙고 내부의 온도가 내려간다.

(   )

구조 분석

5 다음은 이 글에 나타난 각 문단의 중심 내용입니다. 글의 내용에 맞게 순서대로 기호를 쓰세요.

> ㉮ 에스키모의 임시 거처인 이글루
> ㉯ 에스키모의 지혜가 담긴 이글루
> ㉰ 에스키모가 이글루를 만드는 방법
> ㉱ 이글루 내부의 온도를 따뜻하게 만드는 원리

(   ) → (   ) → (   ) → (   )

핵심 내용

6 빈칸에 들어갈 알맞은 말을 이 글에서 찾아 쓰세요.

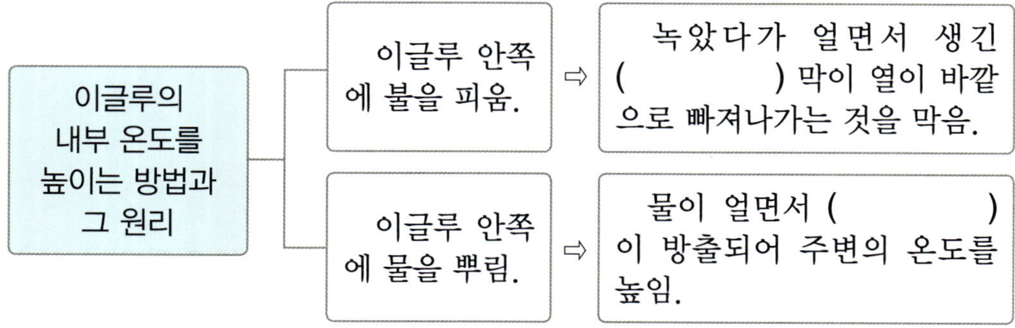

어휘

7 다음 문장의 빈칸에 들어갈 알맞은 낱말을 보기 에서 찾아 쓰세요.

> **보기**
>
> 거처   내부   열기   임시   혹독한

⑴ 이곳은 잠시 사용할 (   ) 숙소이다.
⑵ 주방이 뜨거운 (   )(으)로 가득 찼다.
⑶ 겨울 내내 (   ) 추위로 강이 꽁꽁 얼었다.
⑷ 그는 문을 열어서 방 (   )을/를 들여다보았다.
⑸ 그들은 여행지에 도착하자마자 머무를 (   )을/를 찾아보았다.

물의 상태 변화

손바닥에 얼음을 올려놓으면 시간이 지나면서 물이 돼요. 또 손바닥에 남아 있는 물도 시간이 지나면 수증기가 되어 공기 중으로 흩어져요. 얼음이 물이 되고, 물이 수증기가 되는 것처럼, 물이라는 물질 자체는 변하지 않지만 얼음, 물, 수증기로 상태가 변하는 것을 물의 상태 변화라고 해요.

물의 상태 변화는 물질의 차갑거나 따뜻한 정도인 **온도**와 관련이 있어요. 얼음이 물이 되거나 물이 수증기가 되려면 열이 **가해져** 온도가 올라가야 하고, 물이 얼음이 되거나 수증기가 물이 되려면 열을 빼앗겨 온도가 내려가야 해요.

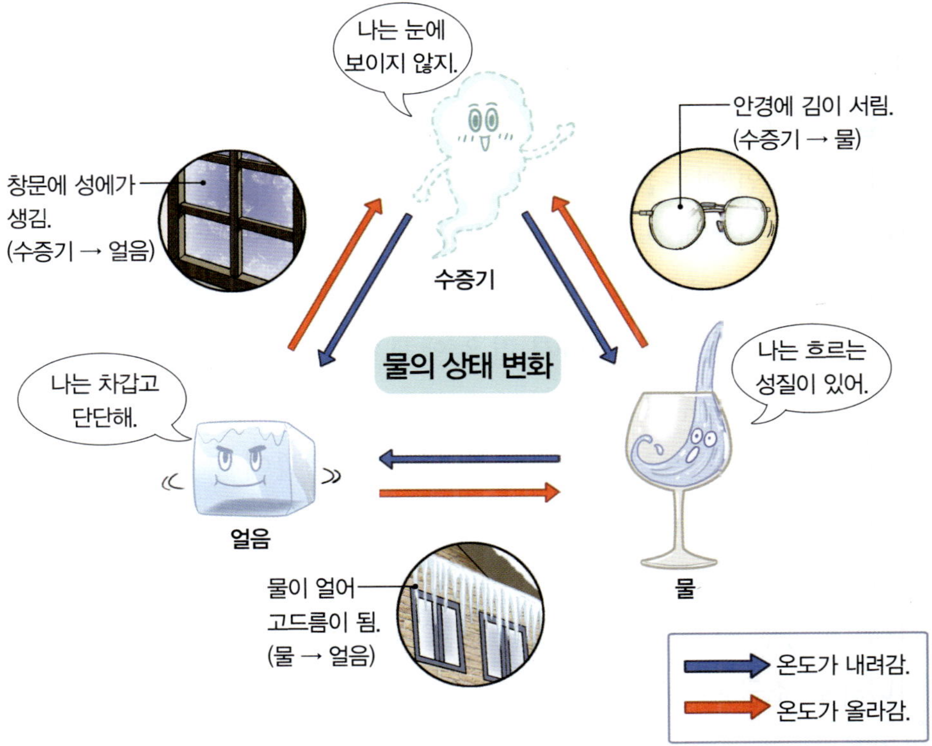

핵심 용어 | 다음 빈칸에 들어갈 알맞은 용어를 쓰세요.

(1) **물의** ☐☐ ☐☐

상(모양 狀) 태(형태 態) 변(변할 變) 화(될 化): 물질의 모양이나 형태 등이 바뀌는 것.
• 뜻: 물이 물질 자체는 변하지 않고 상태만 변하는 것.

(2) ☐☐

온(따뜻할 溫) 도(정도 度): 따뜻함의 정도.
• 뜻: 물질의 차갑거나 따뜻한 정도.

● **가해져** 무엇에 어떤 힘이나 영향을 미치거나 주어.

물이 얼 때와 녹을 때의 변화

겨울철 강이나 호수, 바다의 변화

지문 분석

글자 수 **870**

800 900 1000

1 추운 겨울날 **수온**이 내려가면 강이나 호수의 물은 아래쪽이 아닌 **표면**부터 얼기 시작한다. 그러면 사람들은 얼어붙은 강 위에서 썰매를 타기도 하고, 얼음판에 구멍을 뚫어 얼음낚시를 즐기기도 한다. 이러한 일은 당연한 것처럼 보이지만, 사실 물의 **독특한** 성질 때문에 가능하다.

2 일반적으로 액체는 고체 상태로 변할 때 부피가 작아진다. 그런데 액체 상태인 물이 고체 상태의 얼음이 될 때는 오히려 부피가 커진다. 보통 액체를 이루는 **분자**들은 고체가 될 때 분자 사이의 거리가 가까워지는데, 물을 이루는 분자들은 고체인 얼음이 될 때 육각형 모양을 이루면서 분자 사이의 거리가 멀어지기 때문이다. 이렇게 물이 얼음이 될 때 부피가 커져도 무게가 늘어나지 않아 **밀도**가 작아진다. 그러면 물보다 밀도가 작은 얼음이 물 위에 뜨게 되는 것이다.

3 이처럼 강이나 호수의 물의 표면이 언 모습은 볼 수 있지만, 바닷물이 언 모습은 보기 어렵다. 그 이유는 바닷물에 있는 소금기가 물이 얼기 시작하는 온도인 어는점을 더 낮추기 때문이다. 바닷물을 맛보면 짠맛이 강하게 느껴지는데 이는 바닷물에 많은 양의 소금이 녹아 있기 때문이다. 소금에 있는 염소 성분은 물을 이루는 분자들이 얼음의 분자 **배열**로 바뀌는 것을 **방해한다**. 따라서 같은 액체 상태이더라도, 바다는 소금기가 없는 강이나 호수보다 더 낮은 온도에서 얼게 되는 것이다.

4 소금이 물의 어는 온도를 낮추는 성질은 일상생활에서 활용하기도 한다. 겨울철 길에 쌓인 눈이 녹았다가 다시 얼어붙으면 사람들이 미끄러지는 사고가 발생한다. 이러한 사고를 막기 위해 ㉠눈이 내리기 시작하면 길 위에 공업용 소금인 염화 나트륨을 뿌린다. 그러면 눈이 녹아 물이 되더라도 소금이 녹아 있기 때문에 어는점이 낮아져서 길이 어는 것을 **방지한다**.

5

10

15

20

- **수온**(水 물 수, 溫 따뜻할 온) 물의 온도.

- **표면**(表 겉 표, 面 낯 면) 사물의 가장 바깥쪽. 또는 가장 윗부분.

- **독특**(獨 홀로 독, 特 특별할 특)**한** 특별하게 다른.

- **분자** 어떤 물질의 화학적 형태와 성질을 띠고 있는 가장 작은 알갱이.

- **밀도** 어떤 물질의 단위 부피만큼의 질량.

- **배열** 일정한 차례나 간격에 따라 벌여 놓음.

- **방해한다** 남의 일을 간섭하고 막아 해를 끼친다.

- **방지한다** 어떤 일이나 현상이 일어나지 못하게 막는다.

**내용
독해**

1 이 글에서 알려 주는 것을 모두 고르세요. (   )

① 물을 빠르게 얼리는 방법
② 바닷물이 잘 얼지 않는 까닭
③ 얼음의 표면이 미끄러운 까닭
④ 물이 얼음이 될 때 나타나는 성질
⑤ 기온이 올라갈 때 강이나 호수에 나타나는 현상

내용 이해

2 이 글의 내용과 일치하는 것은 무엇인가요? (   )

① 물은 얼음이 될 때 밀도가 커진다.
② 바다는 강이나 호수보다 더 쉽게 언다.
③ 모든 액체는 고체가 될 때 부피가 작아진다.
④ 온도가 내려가면 강이나 호수의 물은 아래쪽부터 언다.
⑤ 소금의 염소 성분은 물 분자들이 얼음의 분자 배열을 이루는 것을 방해한다.

추론

3 이 글을 읽고 다음 빈칸에 들어갈 알맞은 말을 찾아 두 글자로 쓰세요.

> 우리 조상들은 물의 독특한 성질을 이용하여 바위를 쪼갰다. 겨울철에 바위에 구멍을 여러 개 뚫고 그 안에 물을 부어 두면 추위로 인해 물이 얼면서 물의 [   ]이/가 커져서 바위를 쪼갤 수 있었다.

(   )

적용

4 ㉠과 비슷한 사례로 볼 수 있는 것에 ○표 하세요.

(1) 찌개를 끓이면 찌개의 맛이 더욱 짜진다.   (   )
(2) 얼음 틀에 물을 넣고 얼리면 얼음 틀이 볼록하게 튀어나온다.   (   )
(3) 생선을 소금으로 절이면 오랫동안 상하지 않게 보관할 수 있다.   (   )
(4) 냉각수에 부동액을 넣으면 냉각수가 어는점이 낮아져 얼지 않게 된다.

(   )

**구조
분석**

5 다음 질문의 답을 찾을 수 있는 문단을 찾아 선으로 이으세요.

바닷물이 잘 얼지 않는 이유는 무엇인가요? •	• **1** 문단
강이나 호수의 물은 어느 쪽부터 얼기 시작하나요? •	• **2** 문단
물이 얼음이 될 때 부피가 커지는 이유는 무엇인가요? •	• **3** 문단
물의 어는 온도를 낮춰 주는 소금의 성질은 일상에서 어떻게 활용되나요? •	• **4** 문단

6 빈칸에 들어갈 알맞은 말을 이 글에서 찾아 쓰세요.

바닷물이 잘 얼지 않는 까닭

| 소금은 물 분자가 얼음의 분자 배열을 이루는 것을 방해한다. | ➡ | 바닷물이 얼기 시작하는 (   ) 가 낮아진다. | ➡ | 바닷물이 소금기가 없는 강이나 호수보다 더 낮은 온도에서 언다. |

어휘

7 다음 문장에 들어갈 알맞은 낱말에 ○표 하세요.

⑴ 잔잔한 호수의 (표면, 표시)에 얼굴을 비추어 보았다.
⑵ 겨울철에 바다에서 수영하기에는 바다의 (수온, 수준)이 너무 낮다.
⑶ 지구 온난화를 (방지, 유지)하기 위해서는 모두가 함께 노력해야 한다.
⑷ 초식 공룡 중에는 눈에 띌 만큼 (독특한, 평범한) 머리 모양을 가진 것이 있다.
⑸ 우리는 도서관에서 책 읽는 사람들을 (방해, 협조)하지 않기 위해 조용히 말했다.

물이 얼 때와 녹을 때의 변화

물질이 고체 상태에서 액체 상태로 변화하는 현상을 '융해'라고 해요. 반대로 액체 상태가 고체 상태로 변화하는 현상을 '응고'라고 해요. 냉장고에서 꺼낸 아이스크림이 녹는 것은 융해, 겨울철 **처마** 밑에 달려 있던 물방울이 얼어 고드름이 되는 것은 응고예요.

대부분의 액체는 융해할 때 부피가 커지고 응고할 때 부피가 작아져요. 그런데 물은 반대로 융해할 때 부피가 작아지고, 응고할 때 부피가 커진다는 특징이 있어요. 이는 물 분자들이 육각형 모양의 **결정**을 이루어 물 분자 사이에 빈 공간이 생기기 때문이에요. 물을 가득 넣은 페트병을 얼리면 페트병이 부풀어 커지는 것은 물이 얼어 부피가 늘어나는 현상이에요.

핵심 용어 다음 빈칸에 들어갈 알맞은 용어를 쓰세요.

(1) ☐☐

융(녹을 融) 해(풀 解): 녹아 풀어짐. 또는 녹여서 풂.
• 뜻: 고체에 열을 가했을 때 액체로 변하는 현상.

(2) ☐☐

응(엉길 凝) 고(굳을 固): 엉겨서 뭉쳐 딱딱하게 굳어짐.
• 뜻: 액체가 냉각되어 고체로 변하는 현상.

• 녹았던 양초가 굳을 때의 변화

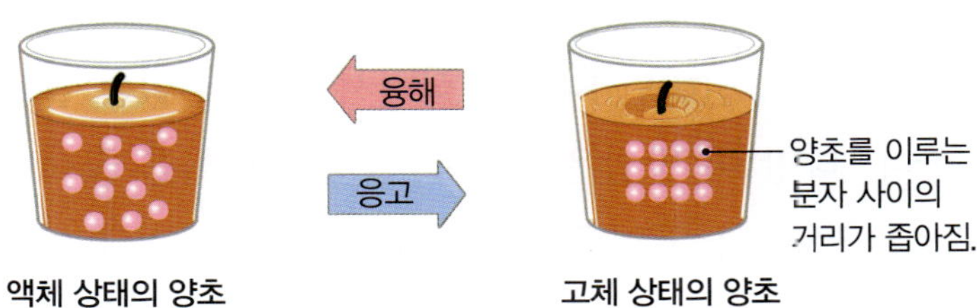

액체 상태의 양초 　　　 고체 상태의 양초

• 페트병에 담긴 물이 얼 때의 변화

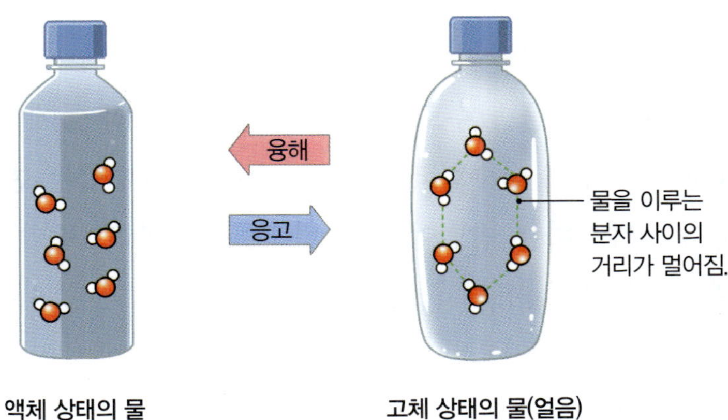

액체 상태의 물 　　　 고체 상태의 물(얼음)

● **처마** 지붕의 바깥쪽으로 나와 있는 부분.
● **결정** 원자, 이온, 분자 등이 규칙적으로 배열되어 일정한 모양을 이룬 것.

04

물이 증발할 때와 끓을 때의 변화

짠 바닷물의 변신

1 우리가 탄 배가 **조난되어** 무인도로 떠내려오게 되었다고 상상해 보자. 무인도에서 살아남기 위해서는 먼저 마실 물을 구해야 한다. 그런데 주변에 하천이나 계곡이 없고 바닷물만 있다면 바닷물의 **염분**을 없애서 마실 수 있는 물로 바꿔야 한다. 염분이 있는 물을 마시면 우리 몸은 염분과 함께 물을 내보내려고 하므로 몸에 문제가 생길 수 있기 때문이다. 5
그렇다면 어떻게 바닷물의 염분을 없애 마실 물을 얻을 수 있을까?

2 첫 번째는 ㉠**증발**을 이용하는 방법이다. 우선 바닷물을 통에 담아서 햇볕이 잘 드는 곳에 둔다. 그리고 그 위에 차가운 바닷물을 담은 깔때기를 설치한다. 그러면 통에 담아 둔 바닷물이 표면에서 햇볕으로 인해 증발하여 수증기로 변하는데, 수증기가 차가운 물이 담긴 깔때기에 닿 10
아 식으면 다시 물로 변한다. 이렇게 만들어진 물은 염분이 없어져 마실 수 있는 물이 된다.

3 두 번째는 ㉡**끓음**을 이용하는 방법이다. 이 방법도 증발과 마찬가지로, 바닷물이 수증기로 변하면 차갑게 식혀서 염분이 없는 물로 바꾸는 원리를 이용한다. 다만 이 방법은 증발과 달리 바닷물을 끓여서 수증기 15
를 모은다. 물이 끓을 때는 증발할 때와 다르게 바닷물의 표면뿐 아니라 전체가 수증기로 변하기 때문에 빠르게 수증기를 모을 수 있다. 그러나 물이 끓을 때까지 **가열해야** 하므로 에너지가 많이 필요하다.

4 이 외에도 바닷물과 염분이 없는 물의 농도 차이를 이용한 방법으로도 바닷물에서 염분을 없앨 수 있다. 염분이 없어 마실 수 있게 된 물을 20
담수라고 하고, 바닷물을 담수로 바꾸어 생활이나 **공업** 등에 필요한 물을 얻는 과정을 '**해수**의 **담수화**'라고 한다. 해수의 담수화는 현재로서는 물 부족 문제를 해결하는 방법이지만, 바닷물을 끓이고 증발시키는 과정에서 많은 에너지를 사용해 환경 문제를 일으킬 수 있다. 이러한 문제를 해결하기 위해 바닷물을 낮은 온도에서 얼려 얼음에서 담수를 얻는 25
냉각법 등 여러 해수의 담수화 기술이 개발되고 있다.

- **조난되어** 항해나 등산 따위를 하는 도중에 사고를 당하거나 위험에 놓이게 되어.
- **염분** 바닷물 따위에 포함되어 있는 소금기.
- **증발** 어떤 물질이 액체 상태에서 기체 상태로 변함. 또는 그런 현상.
- **가열**(加 더할 가, 熱 더울 열) **해야** 어떤 물질에 열을 가해야.
- **공업** 사람의 손이나 기계로 원료를 가공하여 상품이나 재료를 만드는 산업.
- **해수** 바닷물.
- **담수화** 바닷물이 소금기가 줄어 민물이 됨. 또는 그렇게 만듦.

**내용
독해**

설명 대상

1 이 글에서 설명하는 것은 무엇인가요? (   )

① 바닷물을 끓여 소금을 얻는 방법
② 여러 나라의 해수의 담수화 기술
③ 오염된 물을 깨끗하게 바꾸는 방법
④ 바닷물을 이용해 전기를 만드는 방법
⑤ 바닷물을 마실 수 있는 물로 바꾸는 방법

전개 방식

2 문단 **1**~**4**에 사용된 설명 방법으로 알맞은 것을 모두 찾아 ○표 하세요.

(1) **1**: 상상할 수 있는 상황을 언급하여 독자의 호기심을 유발한다.　(   )
(2) **2**: 질문의 방식을 활용하여 내용에 대한 흥미를 유발한다.　(   )
(3) **3**: 앞에 나온 내용과 비교하여 대상의 장점과 단점을 제시한다.　(   )
(4) **4**: 신뢰할 만한 기관의 조사 결과를 빌려 설명하고 있다.　(   )

내용 이해

3 ㉠과 ㉡에 대한 설명으로 알맞은 무엇인가요? (   )

① ㉠은 바닷물 전체가 수증기로 변한다.
② ㉡은 바닷물의 표면만 수증기로 변한다.
③ ㉠은 ㉡에 비해 수증기를 빠르게 모을 수 있다.
④ ㉡을 이용한 방법은 ㉠을 이용한 방법보다 에너지가 적게 필요하다.
⑤ ㉠과 ㉡을 이용한 방법은 모두 바닷물이 수증기로 변하는 과정을 거친다.

적용

4 '해수의 담수화'에 대해 알맞게 이해한 친구는 누구인지 쓰세요.

> 지유: 현재 개발된 해수의 담수화 기술은 증발과 끓음을 이용한 방법뿐이군.
> 동준: 기후 변화로 인해 물 부족 문제가 심각해지면 해수의 담수화 기술이
> 　　　더 많이 사용되겠군.
> 혜리: 바닷물을 끓이는 방법을 이용한 해수의 담수화 기술은 환경 문제를 일
> 　　　으키지 않는 친환경 기술이겠군.

(   )

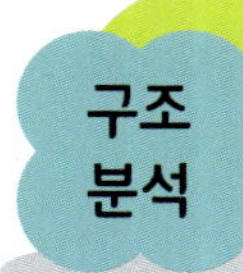

구조
분석

문단 요약

5 각 문단의 중심 내용을 알맞게 선으로 이으세요.

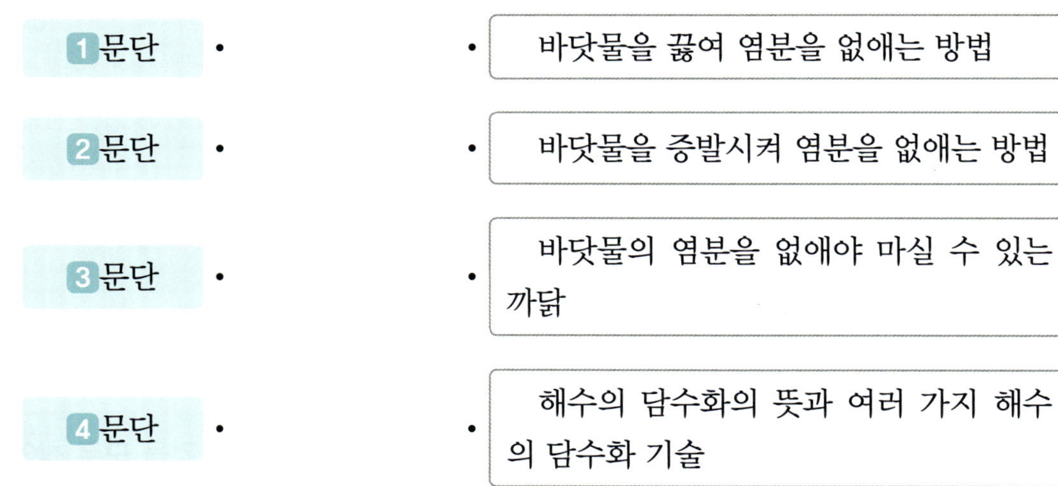

1문단 •
2문단 •
3문단 •
4문단 •

• 바닷물을 끓여 염분을 없애는 방법

• 바닷물을 증발시켜 염분을 없애는 방법

• 바닷물의 염분을 없애야 마실 수 있는 까닭

• 해수의 담수화의 뜻과 여러 가지 해수의 담수화 기술

핵심 내용

6 빈칸에 들어갈 알맞은 말을 이 글에서 찾아 쓰세요.

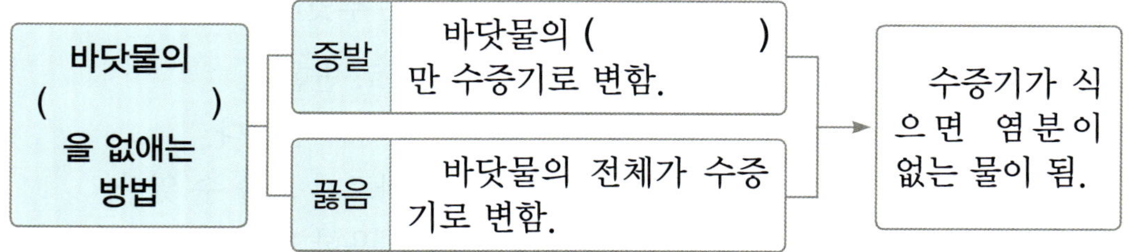

어휘

적용

7 다음 문장에 들어갈 알맞은 낱말에 ○표 하세요.

⑴ 건강을 위해 (수분, 염분)이 적은 음식을 먹고 있다.
⑵ 이 고기는 고온에서 (가열, 가속)해야 먹을 수 있다.
⑶ 배에서 기름이 흘러나와 (해수, 가로수)가 오염되었다.
⑷ 심각한 가뭄으로 저수지의 물이 모두 (증발, 증가)했다.
⑸ 구조대가 산에서 (비난, 조난)을 당한 등산객들을 모두 구조했다.

물이 증발할 때와 끓을 때의 변화

물질이 액체 상태에서 기체 상태로 변화하는 현상을 '**기화**'라고 해요. '증발'과 '끓음'은 모두 기화 현상의 예예요.

증발은 액체의 표면에서 기화가 일어나는 현상이에요. 물이 시간이 지나면 수증기로 변해 공기 중으로 흩어지는데, 이러한 경우가 증발에 해당해요. 젖은 빨래를 말리는 것, 바닷물에서 소금을 얻는 등이 증발이에요.

액체의 표면에서만 기화가 일어나는 증발과 달리, **끓음**은 액체의 표면뿐만 아니라 내부에서도 기화가 일어나는 현상이에요. 물을 가열하면 거품처럼 둥근 **기포**가 물 전체에서 생기고, 물 표면으로 올라와 터지면서 물 표면이 출렁이는데, 이러한 경우는 끓음에 해당해요. 찌개를 끓이는 것, 물을 끓이는 것 등이 끓음이에요.

핵심 용어 다음 빈칸에 들어갈 알맞은 용어를 쓰세요.

(1) ☐☐

기(공기 氣) **화**(될 化): 공기가 되는 현상.
- 뜻: 액체 상태의 물질이 기체 상태로 변하는 현상.

(2) ☐☐

증(데울 蒸) **발**(떠날 發): 물을 데울 때 물이 공기로 날아가는 현상.
- 뜻: 물의 표면에서 액체인 물이 기체인 수증기로 상태가 변하는 현상.

(3) ☐☐

- 뜻: 물의 표면뿐만 아니라 물속에서도 액체인 물이 기체인 수증기로 상태가 변하는 현상.

• 증발과 끓음의 예시

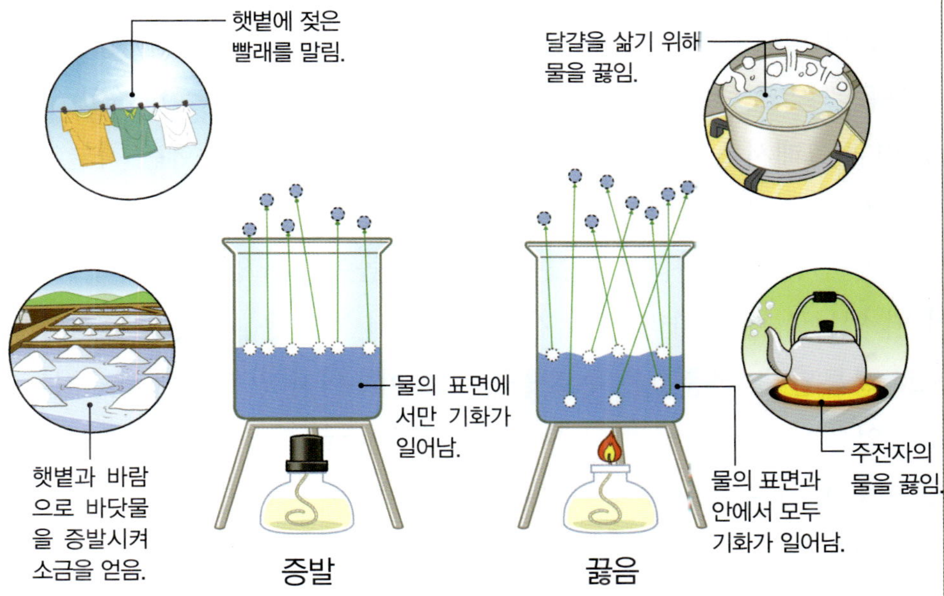

● **기포** 액체나 고체 속에 기체가 들어가 거품처럼 둥그렇게 부풀어 있는 것.

05

구름을 둘러싼 과학적 원리

지문 분석

글자 수 850

800 900 1000

1 구름은 물방울과 얼음 알갱이가 모여 하늘에 떠 있는 것으로 모양과 크기, 떠 있는 높이가 모두 다르다. 우리 눈에 보이는 구름은 어떻게 만들어지는 것일까?

2 강이나 바다의 물이 햇빛을 받아 수증기가 되면 구름이 만들어지기 시작한다. 수증기는 이곳저곳 떠다니다가 땅에서 올라오는 열을 받아 뜨거워진다. **데워진** 수증기는 주변의 공기보다 **상대적**으로 가벼워져서 위로 떠오른다. 수증기가 위로 올라갈수록 수증기를 누르는 힘이 작아지기 때문에 수증기의 부피가 커진다. 부피가 커진 수증기는 점점 차가워지다가 **특정한** 온도까지 내려가면 기체 상태로 남아 있지 못하고 액체 상태인 물방울이나 고체 상태인 얼음 알갱이로 바뀐다. 이렇게 아주 작은 물방울이나 얼음 알갱이 수십억 개가 모이면 하나의 구름이 된다.

3 물방울과 얼음 알갱이가 모여 만들어진 구름은 하늘에 떠 있는 것처럼 보이지만, 실제로 구름은 지구가 끌어당기는 힘인 **중력**에 **이끌려** 아래로 조금씩 떨어지고 있다. 다만 위로 올라가는 공기의 흐름인 상승기류가 구름을 위로 받쳐 주면서 구름이 떨어지는 속도를 늦추어 주고 있는 것이다. 그래서 구름은 천천히 떨어지고 있지만, 우리 눈에는 하늘에 계속 떠 있는 것처럼 보인다.

4 이렇게 만들어진 구름은 하늘에 떠 있는 높이나 모양이 다르다. 구름이 떠 있는 높이에 따라 땅에 가까운 것부터 '하층운', '중층운', '상층운'으로 **분류된다**. 하층운은 주로 물방울로 이루어져 있고, 중층운은 물방울과 얼음 알갱이가 섞여 있으며, 상층운은 주로 얼음 알갱이로 이루어져 있다. 또한 구름의 모양은 상승기류의 세기에 따라 달라진다. 상승기류가 강할 때는 위로 솟은 모양의 적운형 구름이 되고, 상승기류가 약할 때는 옆으로 **퍼진** 모양의 층운형 구름이 된다.

5

10

15

20

- **데워진** 식었거나 찬 것이 덥혀진.

- **상대적**(相 서로 상, 對 대할 대, 的 과녁 적) 서로 맞서거나 비교되는 관계에 있는 것.

- **특정**(特 특별할 특, 定 정할 정)**한** 특별히 정하여져 있는.

- **중력**(重 무거울 중, 力 힘 력) 지구가 끌어당기는 힘으로, 지구 위의 물체가 지구로부터 받는 힘.

- **이끌려** 목적하는 곳으로 가는 사람을 따라가게 되어.

- **분류된다** 종류에 따라서 갈라진다.

- **퍼진** 끝쪽으로 가면서 점점 굵거나 넓적하게 벌어진.

1 이 글에 대한 설명으로 알맞은 것은 무엇인가요? (　　　)

① 구름과 날씨의 관련성을 설명하고 있다.
② 글쓴이가 구름을 보고 느낀 감정을 전달하고 있다.
③ 구름의 분류 방법에 대한 새로운 기준을 제시하고 있다.
④ 구름과 관련된 세계 여러 나라의 전설을 소개하고 있다.
⑤ 구름이 생기는 과정과 하늘에 떠 있는 원리, 종류를 설명하고 있다.

2 이 글을 통해 알 수 있는 내용을 모두 찾아 ○표 하세요.

(1) 구름을 이루는 것 　　　　　　　　　　　　　　　　　　　　(　　　)
(2) 구름이 생기는 과정 　　　　　　　　　　　　　　　　　　　(　　　)
(3) 날씨에 따른 구름의 색깔 　　　　　　　　　　　　　　　　(　　　)
(4) 상승기류에 따른 구름의 모양 　　　　　　　　　　　　　　(　　　)

3 이 글의 내용과 일치하는 무엇인가요? (　　　)

① 하층운은 주로 얼음 알갱이로 이루어진 구름이다.
② 상승기류가 약할 때 구름은 위로 솟은 모양이 된다.
③ 상승기류가 강할 때 구름은 옆으로 퍼진 모양이 된다.
④ 구름은 물방울과 얼음 알갱이가 모여 만들어진 것이다.
⑤ 구름은 크기에 따라 '상층운', '중층운', '하층운'으로 나뉜다.

4 이 글을 통해 알 수 있는 것으로 알맞은 것의 기호를 쓰세요.

> ㉮ 구름은 중력의 영향을 받지 않는군.
> ㉯ 구름은 수증기가 점점 아래로 내려가면서 만들어지는군.
> ㉰ 구름은 무게가 없어서 점점 위로 올라가다가 사라지는군.
> ㉱ 구름이 아래로 조금씩 떨어지고 있지만 하늘에 떠 있는 것처럼 보이는군.

(　　　)

구조
분석

문단 요약

5 다음 질문의 답을 찾을 수 있는 문단을 찾아 선으로 이으세요.

구름이란 무엇인가요?	•	•	**1** 문단
구름은 어떻게 만들어지나요?	•	•	**2** 문단
구름은 높이에 따라 어떻게 분류되나요?	•	•	**3** 문단
구름은 어떻게 하늘에 떠 있을 수 있나요?	•	•	**4** 문단

핵심 내용

6 빈칸에 들어갈 알맞은 말을 이 글에서 찾아 쓰세요.

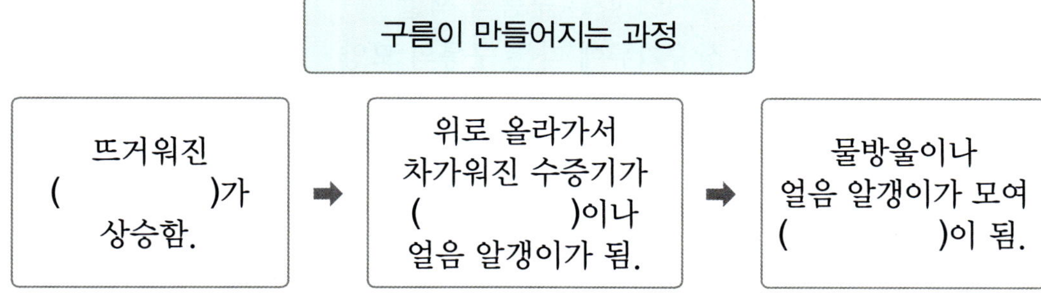

어휘

적용

7 다음 낱말이 들어갈 문장을 찾아 선으로 알맞게 이으세요.

(1) 분류 •　　　• ㉮　(　　　) 물에서 김이 났다.

(2) 중력 •　　　• ㉯　지원이는 작가에 따라 책을 (　　　)했다.

(3) 특정 •　　　• ㉰　이 버스는 (　　　)한 지역에서만 다닌다.

(4) 데워진 •　　　• ㉱　물체가 땅에 떨어지는 것은 (　　　) 때문이다.

(5) 상대적 •　　　• ㉲　시장의 물건값은 백화점에 비해 (　　　)(으)로 싸다.

수증기가 응결할 때의 변화

기체인 수증기가 액체인 물로 변하는 현상을 **응결**이라고 해요. 응결은 물을 **머금은** 따뜻한 공기가 차가워지면서 일어나요. 이는 공기가 특정 온도 이하로 내려가면 공기가 최대로 포함할 수 있는 수증기 양을 넘으면서 수증기가 액체 상태인 물방울로 변하기 때문에 일어나는 현상이에요. 공기 중의 수증기가 차가운 컵의 표면에 닿아 식으면서 물로 변하거나, 추운 곳에서 따뜻한 곳으로 이동할 때 안경이 뿌옇게 흐려지는 것이 일상에서 응결이 일어난 경우예요.

하늘에 떠 있는 **구름**도 응결로 인해 만들어져요. 구름은 수증기가 응결해 작은 물방울이나 얼음 알갱이로 변해 공중에 뭉쳐 있는 것이에요. 기체 상태였던 수증기가 위로 올라가면 부피가 커지고 온도가 낮아지면서 액체 상태로 변해 물방울이 되고, 더 높이 올라가면 고체 상태로 변해 얼음 알갱이가 돼요. 그리고 이것이 비나 눈이 되어 땅에 떨어지는 것이지요.

핵심 용어 다음 빈칸에 들어갈 알맞은 용어를 쓰세요.

(1) ☐☐

응(엉길 凝) 결(맺을 結): 수증기가 엉겨서 물방울로 맺히는 것.
- 뜻: 기체인 수증기가 액체인 물로 상태가 변하는 현상.

(2) ☐☐

- 뜻: 물방울이나 얼음 알갱이가 뭉쳐 하늘에 떠 있는 것.

· 수증기가 차가운 컵 표면에 닿았을 때 생기는 변화

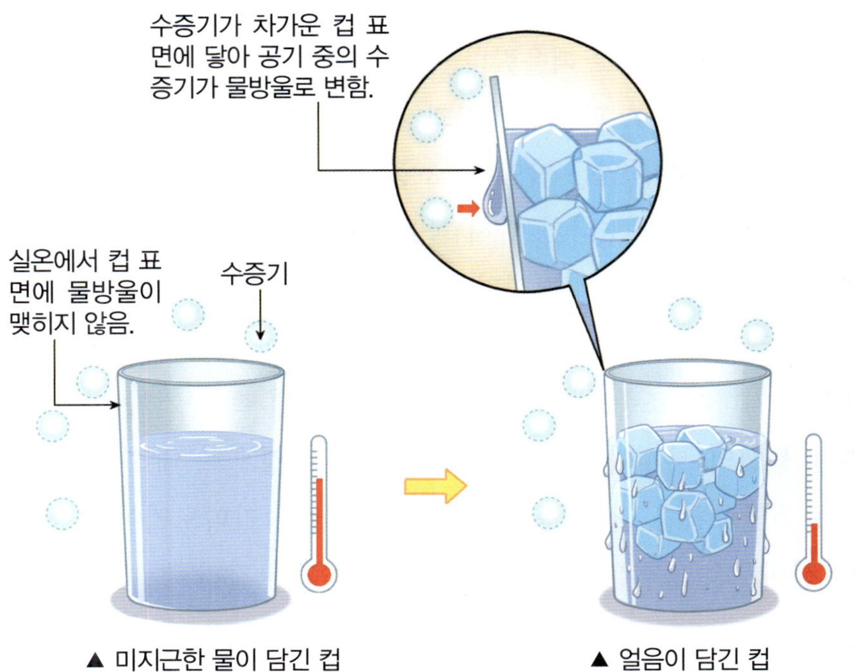

● 머금은 삼키지 않고 입속에 넣고만 있는

06

하늘에서 본 튀르키예

지문 분석

글자 수 850
800 900 1000

① 겨울 방학을 맞아 아버지와 함께 튀르키예를 다녀왔다. 튀르키예는 아시아 서쪽 끝에 있는 나라로, 동양과 서양을 잇는 독특하고 아름다운 곳이기 때문에 꼭 가보고 싶었다. 우리는 튀르키예에서 가장 큰 도시인 이스탄불과 **고대** 도시인 에페소스를 거쳐 카파도키아로 향했다.

② 카파도키아는 화산이 폭발한 후 **화산재**, 모래, 용암 등이 쌓여 만들 5 어진 층이 오랜 시간 동안 비와 바람에 깎여 만들어진 지역이다. 특히 열기구를 타고 **거대한** 자연 지형을 둘러볼 수 있어서, 수많은 여행객들 이 찾는 관광지이기도 하다. 아버지와 나도 열기구를 타기 위해 새벽부 터 길을 **나섰다**.

③ 열기구는 커다란 풍선과 **가열기**, 그리고 풍선에 매달린 바구니로 이 10 루어져 있었다. 우리와 함께 관광객들이 바구니에 오르자 **조종사**는 가 열기에 불을 붙여 열기구의 풍선을 데우기 시작했다. 아버지께서는 가 열기로 풍선 속 공기를 뜨겁게 데우면 공기가 빠르게 퍼지며 풍선을 부 풀린다고 하셨다. 그리고 풍선의 부피가 커지면 풍선 속 공기의 밀도가 낮아져 열기구가 하늘 위로 뜬다고 하셨다. 드디어 풍선이 크게 부풀었 15 고, 열기구가 천천히 하늘로 떠올랐다.

④ 열기구는 느린 속도로 괴레메 계곡과 우뚝 솟은 우치히사르, 지하에 도시가 있다는 데린쿠유 위를 날았다. 조종사는 가열기의 불을 세게 가 하여 열기구의 **고도**를 올렸다가 다시 불을 줄여 고도를 낮추기도 했다. 아버지께서는 사진을 찍기 바쁘셨지만, 나는 열기구가 더 많은 사람을 20 태우고 날아가려면 열기구의 풍선이 얼마나 더 커져야 할지를 생각했다.

⑤ 한 시간쯤 지나자 조종사가 가열기를 껐다. 풍선 속 공기가 다시 차 가워지면서 풍선의 부피가 줄어들었고, 열기구는 땅으로 내려왔다. 마 치 동화 속 주인공처럼 열기구를 타고 하늘을 날며 카파도키아의 곳곳 을 구경한 **신비로운** 경험은 오랫동안 기억에 남을 것 같다. 25

- **고대** 원시 시대와 중세 사이 의 시대.
- **화산재** 화산에서 분출된 용 암의 부스러기 가운데 작은 알갱이.
- **거대한** 엄청나게 큰.
- **나섰다** 일어나 밖으로 나와 섰다.
- **가열기** 전기, 가스, 증기 따위 로 열을 가하여 물체의 온도 를 높이는 기구.
- **조종사** 항공기를 일정한 방 향과 속도로 움직이도록 다 루는 기능과 자격을 갖춘 사 람.
- **고도** 물체의 높이.
- **신비로운** 사람의 힘이나 지 혜가 미치지 못할 정도로 신 기하고 묘한 느낌이 있는.

**내용
독해**

1 이 글에 대한 설명으로 알맞은 것은 무엇인가요? (   )

① 튀르키예에서 겪은 문화의 차이를 소개하고 있다.
② 튀르키예에서 경험한 일을 과정에 따라 밝히고 있다.
③ 튀르키예의 역사를 시간의 흐름에 따라 설명하고 있다.
④ 튀르키예에서 관찰한 자연 현상의 문제점을 드러내고 있다.
⑤ 튀르키예 도시들의 관계를 장소의 이동에 따라 제시하고 있다.

2 이 글의 내용과 일치하지 <u>않는</u> 것의 기호를 쓰세요.

> • 튀르키예의 위치: ㉮아시아 서쪽 끝
> • 튀르키예에서 가장 큰 도시: ㉯이스탄불
> • 카파도키아의 특징: ㉰현재 화산 활동이 활발히 일어나고 있는 지역임.
> 　　　　　　　　㉱열기구를 타고 거대한 자연 지형을 볼 수 있음.
> • 카파도키아에서 볼 수 있는 것: ㉲괴레메 계곡, 우치히사르, 데린쿠유

(   )

3 이 글을 읽고 짐작한 내용으로 알맞지 <u>않은</u> 것은 무엇인가요? (   )

① 열기구의 풍선은 높은 온도를 견딜 수 있는 소재로 만들어야겠군.
② 열기구의 풍선을 더 크게 만들면 더 많은 사람들을 태울 수 있겠군.
③ 열기구에 사람이 적게 탔더라면 열기구의 고도를 낮출 수 없었겠군.
④ 열기구의 풍선을 빠르게 부풀리기 위해서는 가열기의 불을 더 세게 가해야
　겠군.
⑤ 열기구가 날아오른 뒤에도 가열기로 계속 공기를 데워야 열기구가 땅에 내
　려오지 않겠군.

4 이 글을 읽고 열기구의 원리를 활용한 사례로 알맞은 것에 모두 ○표 하세요.

⑴ 찌그러진 탁구공을 뜨거운 물에 담가서 공을 폈어.　　　　　(   )
⑵ 여름에 뜨거운 국물을 마시며 시원한 기분을 느꼈어.　　　　(   )
⑶ 뜨거운 빵이 든 봉지를 묶어서 봉지를 팽팽하게 부풀렸어.　　(   )

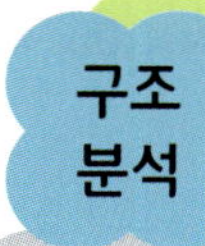

구조
분석

문단 요약

5 다음 빈칸에 들어갈 알맞은 말을 쓰며 이 글의 내용을 정리하세요.

문단	중심 내용
1	(　　　　　　　)로 여행을 간 까닭과 여행 경로
2	(　　　　　　　)의 특징
3	열기구를 탄 과정과 (　　　　　)가 뜨는 원리
4	열기구에 타서 본 것
5	열기구를 타면서 느낀 점

핵심 내용

6 빈칸에 들어갈 알맞은 말을 이 글에서 찾아 쓰세요.

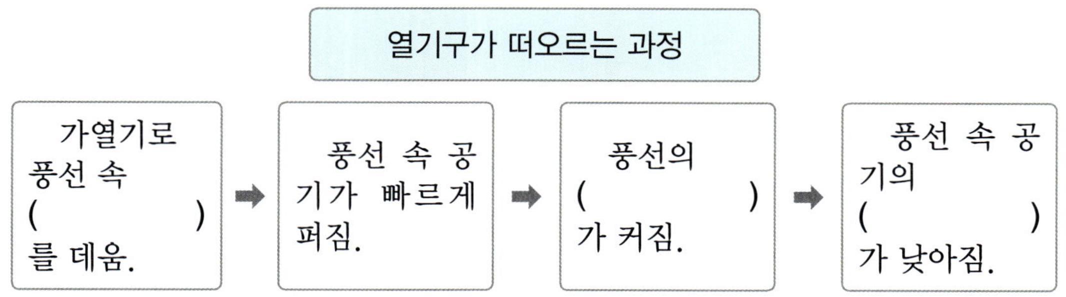

어휘

적용

7 다음 문장에 들어갈 알맞은 낱말에 ◯표 하세요.

⑴ 태풍이 불자 (중대한, 거대한) 파도가 솟구쳤다.
⑵ (조련사, 조종사)는 비행기를 안전하게 착륙시켰다.
⑶ 한라산은 (고도, 각도)가 높아서 눈이 잘 녹지 않는다.
⑷ (고대, 고가)에 만들어진 것으로 보이는 유물이 발견되었다.
⑸ 화산이 폭발하면서 주변 마을이 (서리, 화산재)로 덮였다.

온도에 따른 기체의 부피 변화

수증기, 수소, 산소처럼 자유롭게 떠다니며 일정한 부피나 모양을 갖지 않는 물질의 상태를 **기체**라고 해요. 이러한 기체는 온도에 따라서 부피가 변하는 성질이 있어요. **부피**는 넓이와 높이를 가진 물건이 공간에서 차지하는 크기인데, 압력이 일정할 때 온도가 높아지면 기체의 부피가 커지고, 온도가 낮아지면 기체의 부피가 작아져요.

과학자 샤를은 이와 같은 기체의 성질을 실험을 통해 알아냈어요. 기체의 온도를 높이면 기체를 이루는 입자의 움직임이 활발해지면서 기체 입자가 용기 벽면에 충돌하는 횟수와 세기가 증가해요. 그러면 기체가 차지하는 공간이 커지면서 기체의 부피가 늘어나는 것을 알 수 있어요. 반대로 온도를 낮추면 기체를 이루는 입자의 움직임이 둔해지면서 기체 입자가 용기 벽면에 충돌하는 횟수와 세기가 감소해요. 그러면 기체가 차지하는 공간이 작아지면서 기체의 부피가 줄어든다는 것을 알 수 있어요.

핵심 용어 다음 빈칸에 들어갈 알맞은 용어를 쓰세요.

(1) ☐ ☐

기(공기 氣) 체(물질 體): 공기와 같은 물질의 상태.
• 뜻: 일정한 모양과 부피가 없고, 담긴 그릇을 가득 채우는 물질의 상태.

(2) ☐ ☐

• 뜻: 넓이와 높이를 가진 물건이 공간에서 차지하는 크기.

• **입자 모형으로 나타낸 기체의 부피와 온도의 관계**

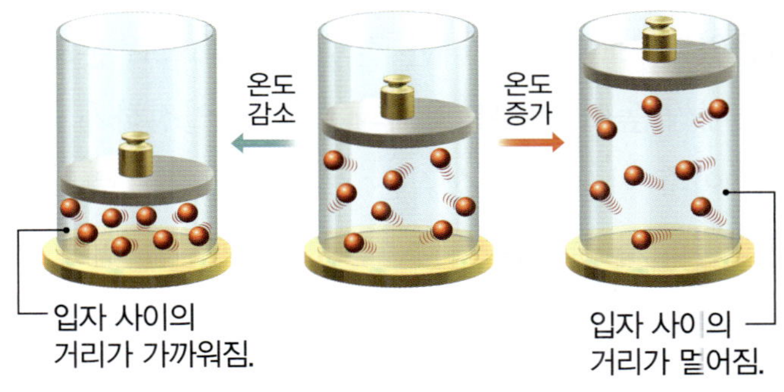

• **온도에 따른 풍선 속 기체의 부피 변화**

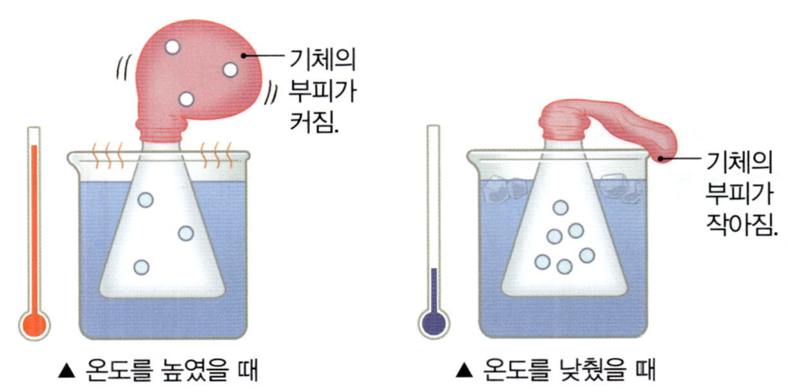

07

압력에 따른 기체의 부피 변화

최초의 화학자, 보일

1 1627년 아일랜드에서 태어난 보일은 현대 **화학**의 **기반**을 마련한 화학자이다. 보일은 새로운 과학적 법칙과 개념을 밝혀내며 '최초의 화학자'라는 별명을 얻었다.

2 보일이 살았던 시대의 사람들은 세상의 모든 물질이 물, 불, 공기, 흙의 네 가지 **원소**로만 이루어져 있다는 '4원소설'을 믿었다. 4원소설을 받아들인 대표적인 학자인 아리스토텔레스는 모든 물질은 빈 공간이 없이 붙어 있어서 물질을 계속 쪼개면 사라지게 된다고 주장했다. 그리고 **당시** 4가지 원소의 비율을 바꾸면 납처럼 값이 싼 금속도 금으로 만들 수 있다는 연금술이 널리 퍼지고 있었다. 하지만 보일은 4원소설과 아리스토텔레스의 주장에 의문을 가지며 과학적 방법으로 물질의 원리를 밝혀내야 한다고 생각했다.

3 보일은 아리스토텔레스의 주장을 확인하기 위해 기체에 압력을 가할 때 기체의 부피가 어떻게 변하는지 관찰하는 실험을 진행했다. 한쪽 끝이 막힌 유리관에 공기를 남긴 상태에서 반대쪽 유리관에 수은을 계속 넣어 기체에 압력을 가하면 수은 기둥의 높이가 올라가면서 공기의 부피가 점점 줄어들었다. 보일은 이러한 결과를 바탕으로 온도가 **일정할** 때 압력이 2배, 3배씩 높아질수록 기체의 부피는 일정하게 줄어든다는 성질을 발견했다. 이후 이 기체의 성질은 '보일의 법칙'으로 불렸다.

4 보일은 기체의 부피가 줄어든 까닭은 기체를 이루는 입자 사이에 있던 빈 공간이 줄어들었기 때문이라고 설명했다. 이를 통해 물질이 입자와 빈 공간으로 이루어졌다는 것을 **증명하여** 아리스토텔레스의 주장을 **반박할** 수 있었다. 그리고 물질의 기본 **성분**은 더 이상 쪼갤 수 없는 '원소'이며, 이 원소들이 **결합하여** '화합물'이 된다고 **정의했다**. 지금 우리가 알고 있는 원소 개념은 보일에 의해 **확립된** 것이다.

5 보일은 4원소설이라는 기존의 믿음을 깨뜨리며 실험과 증명을 통해 현대 화학의 **기틀**을 마련했다. 이후 다른 많은 과학자들이 원소의 개념을 발전시키는 데에도 중요한 기반이 되었다.

- **화학** 자연 과학의 한 분야.
- **기반** 기초가 되는 바탕. 또는 사물의 토대.
- **당시** 일이 있었던 바로 그 때. 또는 이야기하고 있는 그 시기.
- **원소** 모든 물질을 구성하는 기본적 요소.
- **일정할** 어떤 것의 양, 성질, 상태, 계획 따위가 달라지지 아니하고 한결같은.
- **증명하여** 어떤 사항이나 판단 따위에 대하여 그것이 진실인지 아닌지 증거를 들여서 밝혀.
- **반박할** 어떤 의견, 주장, 논설 따위에 반대하여 말할.
- **성분** 물질을 이루고 있는 화학적 구성 요소.
- **결합하여** 둘 이상의 사물이나 사람이 서로 관계를 맺어 하나가 되어.
- **정의했다** 어떤 말이나 사물의 뜻을 명백히 밝혀 규정했다.
- **확립된** 생각이나 체계 등이 굳게 선.
- **기틀** 어떤 일의 가장 중요한 계기나 조건.

내용 독해

설명 대상

1 이 글은 무엇에 대해 쓴 글인가요? (   )

① 최초로 연금술에 성공한 보일
② 화학자 보일이 이룬 과학적 업적
③ 연금술이 과학자들에게 미친 영향
④ 보일이 실험에 실패하며 얻은 깨달음
⑤ 세상의 모든 물질을 이루는 네 가지 원소

내용 이해

2 보일에 대한 설명으로 알맞은 것은 무엇인가요? (   )

① 보일은 4원소설을 계속 믿었다.
② 보일은 액체의 성질을 새롭게 발견했다.
③ 보일은 연금술을 통해 금을 만들어 냈다.
④ 보일은 아리스토텔레스의 주장을 따랐다.
⑤ 보일은 물질 사이에 빈 공간이 있다는 것을 증명했다.

추론

3 이 글을 통해 답을 알 수 있는 질문은 무엇인가요? (   )

① 물을 구성하는 원소에는 무엇이 있나요?
② 4원소로 금을 만들 수 있는 방법은 무엇인가요?
③ 4원소설을 처음으로 주장한 사람은 누구인가요?
④ 보일은 어떤 실험을 통해 기체의 성질을 발견했나요?
⑤ 과학자들이 연금술을 통해 발견한 물질은 무엇인가요?

추론

4 이 글을 읽고 다음 실험 결과에 대해 알맞게 짐작한 친구를 찾아 ○표 하세요.

> **실험 순서**
> 1. 온도를 일정하게 한 상태에서 주사기의 입구를 막는다.
> 2. 주사기의 밀대를 누른다.
> 3. 주사기의 밀대를 처음 눌렀을 때보다 세 배의 힘을 더 가해 누른다.

(1) 지원: 주사기 속 기체의 부피는 달라지지 않았을 거야.　　　(   )
(2) 신애: 주사기 속 기체의 부피는 처음보다 세 배 더 커졌을 거야.　　（   ）
(3) 희수: 주사기 속 기체의 부피는 처음보다 세 배 더 작아졌을 거야.　　（   ）

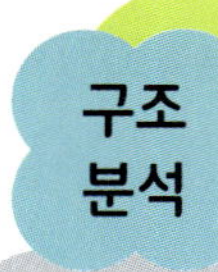

문단 요약

5 다음 빈칸에 들어갈 알맞은 말을 쓰며 이 글의 내용을 정리하세요.

문단	중심 내용
1	'최초의 (　　　　　)'인 보일
2	4원소설과 아리스토텔레스의 주장에 의문을 가진 보일
3	실험을 통해 (　　　　　)의 성질을 발견한 보일
4	(　　　　　) 개념을 확립한 보일
5	보일이 한 연구가 이후 과학자들에게 미친 영향

핵심 내용

6 빈칸에 들어갈 알맞은 말을 이 글에서 찾아 쓰세요.

보일의 업적

- 기체의 성질을 발견함. → 일정한 온도에서 기체의 (　　　　　)는 압력이 높아질수록 줄어듦.
- 원소와 화합물의 개념을 밝혀냄. → 물질을 이루는 기본 성분은 원소이며, 그 원소들이 결합한 것이 (　　　　　)이라고 주장함.

이해

7 다음 낱말의 뜻을 알맞게 선으로 이으세요.

(1) 결합 ・　　・ ㉮ 생각이나 체계 등이 굳게 섬.

(2) 기반 ・　　・ ㉯ 기초가 되는 바탕. 또는 사물의 토대.

(3) 성분 ・　　・ ㉰ 물질을 이루고 있는 화학적 구성 요소.

(4) 확립 ・　　・ ㉱ 둘 이상의 사물이나 사람이 서로 관계를 맺어 하나가 됨.

(5) 반박 ・　　・ ㉲ 어떤 의견, 주장, 논설 따위에 반대하여 말함.

압력에 따른 기체의 부피 변화

정답과 해설 **07** 쪽

기체는 압력에 따라서 부피가 변하는 특징이 있어요. **압력**은 일정한 면적에 작용하는 힘인데, 온도가 일정할 때 기체에 가하는 압력이 커지면 기체의 부피가 작아지고, 기체에 가하는 압력이 작아지면 기체의 부피가 커져요.

과학자 보일은 이와 같은 기체의 성질을 실험을 통해 알아냈어요. 기체에 가하는 압력이 커지면 기체를 이루는 입자 사이의 거리가 가까워지고, 기체가 차지하는 공간이 줄어들면서 기체의 부피가 줄어들어요. 반대로 기체에 가하는 압력이 작아지면 기체를 이루는 입자 사이의 거리가 멀어지고, 그러면 기체가 차지하는 공간이 커지면서 기체의 부피가 늘어나요.

예를 들어 비행기를 타고 이륙할 때 귀가 먹먹해질 때가 있는데, 이러한 현상은 하늘로 높이 올라갈수록 공기에 가하는 압력인 **기압**이 낮아져서 고막의 안쪽을 채우는 기체의 부피가 커지기 때문이에요.

핵심 용어 다음 빈칸에 들어갈 알맞은 용어를 쓰세요.

(1) 

압(누를 壓) 력(힘 力): 누르는 힘.
- 뜻: 물체와 물체의 접촉면 사이에 작용하는 서로 수직으로 미는 힘.

(2) 

기(공기 氣) 압(누를 壓): 공기가 누르는 힘.
- 뜻: 공기의 무게 때문에 나타나는 압력.

• **입자 모형으로 나타낸 기체의 부피와 압력의 관계**

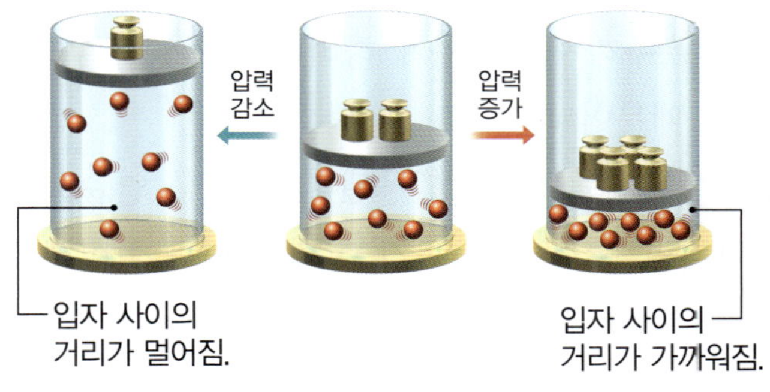

• **압력에 따른 주사기 속 기체의 부피 변화**

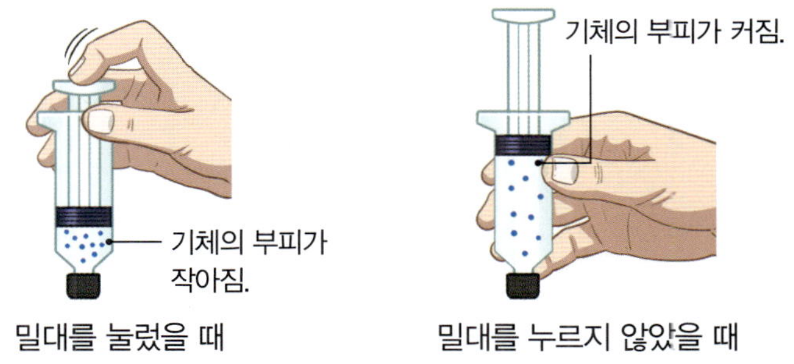

여러 가지 기체의 종류와 성질

수소의 특성

지문 분석

글자 수 800

800 900 1000

1 수소가 최근 여러 분야에서 주목받고 있다. 버스나 자동차, 그리고 전자 제품 등 일상 곳곳에서 수소가 **에너지원**으로 쓰이고 있기 때문이다. 이처럼 일상에서 다양하게 활용되는 수소의 특성에 대해 알아보자.

2 수소의 존재는 1766년 영국의 화학자인 캐번디시가 금속과 **산성** 물질이 **반응했을** 때 생기는 기체를 연구하는 과정에서 처음 발견되었다. 수소가 발견된 이후 프랑스의 화학자인 라부아지에는 물이 하나의 원소가 아니라 수소와 산소로 이루어져 있음을 알아냈고, 수소에 '물'을 뜻하는 말(hydro)과 '만드는 것'을 뜻하는 말(gen)을 합쳐 '물을 만드는 것(hydrogen)'이라는 이름을 붙였다.

3 수소는 양이 풍부한 원소 중 하나이다. 수소가 이루는 물은 지구 표면의 약 70퍼센트를 차지하고 있으며, 우주 **질량**의 약 75퍼센트가 수소로 이루어져 있기 때문이다. 그래서 수소를 **연료**로 사용하면 석탄이나 석유 등과 달리 **고갈될** 걱정이 거의 없다.

4 또한 수소는 공기의 약 14분의 1 정도의 무게로, 원소 중에서 가장 가볍다. 수소의 이러한 특성을 이용해 우주선의 연료로 사용할 수 있다. 우주선이 지구에서 우주까지 나아가게 하려면 우주선의 무게를 가볍게 하는 것이 중요하기 때문이다.

5 수소는 친환경 에너지원으로도 활용된다. 수소를 연료로 하여 전기를 만들어 내는 장치인 '수소 연료 전지'는 화석 연료에 비해 이산화 탄소와 같은 **온실가스**를 거의 배출하지 않는다. 따라서 공기 오염에 대한 걱정 없이 사용할 수 있다. 수소는 미래에도 여러 산업 분야에서 ㉠**지속** 가능한 친환경 에너지로 널리 활용될 수 있을 것이다.

5
10
15
20

● **에너지원** 에너지의 근원.

● **산성** 물질이 가지고 있는 산으로서의 성질.

● **반응했을** 물질 사이에 화학적 변화가 일어났을.

● **질량** 물체의 고유한 양.

● **연료** 태워서 빛이나 열을 내거나 기계를 움직이는 에너지를 얻을 수 있는 물질.

● **고갈될** 어떤 일의 바탕이 되는 돈이나 물자, 소재, 인력 따위가 다하여 없어질.

● **온실가스** 지구 대기를 오염시켜 온실 효과를 일으키는 가스를 통틀어 이르는 말. 이산화 탄소, 메탄 따위의 가스를 말한다.

● **지속** 어떤 상태가 오래 계속됨

1 이 글의 특징으로 가장 알맞은 것은 무엇인가요? ( )

① 수소 에너지의 장점과 단점을 분석하고 있다.
② 여러 가지 기체의 특성을 비교하여 설명하고 있다.
③ 수소의 여러 가지 특징을 나열하여 설명하고 있다.
④ 수소 연료에 대한 전문가들의 의견을 비교하여 소개하고 있다.
⑤ 화학자들이 수소에 대해 연구한 과정을 시대 순서대로 나열하고 있다.

2 이 글을 읽고 수소에 대해 알맞게 이해한 것을 모두 찾아 ○표 하세요.

⑴ 물은 수소를 이루는 물질이군. ( )
⑵ 수소는 원소 중에서 가장 가벼워서 원료로 쓰일 수 없군. ( )
⑶ 물은 하나의 원소가 아니라 수소와 산소로 이루어져 있군. ( )
⑷ 수소는 풍부하게 존재하므로 연료로 쓰일 때 고갈될 염려가 없군. ( )

3 이 글을 통해 답을 알 수 있는 질문은 무엇인가요? ( )

① 가장 무거운 원소는 무엇인가요?
② 산소의 이름의 의미는 무엇인가요?
③ 수소에서는 어떤 맛과 향을 느낄 수 있나요?
④ 수소의 폭발을 막을 수 있는 방법에는 무엇이 있나요?
⑤ 수소가 친환경 에너지로 쓰일 수 있는 까닭은 무엇인가요?

4 ㉠과 뜻이 비슷한 낱말은 무엇인가요? ( )

① 가속: 점점 속도를 더함.
② 지체: 때를 늦추거나 질질 끎.
③ 유도: 사람이나 물건을 목적한 장소나 방향으로 이끎.
④ 유지: 어떤 상태나 상황을 그대로 이어 가거나 계속함.
⑤ 지연: 어떤 일이 예정보다 시간이 오래 걸리거나 늦어짐.

구조 분석

문단 요약

5 각 문단의 중심 내용으로 알맞은 것에 ◯표, 틀린 것에 ×표를 하세요.

1 문단	수소는 에너지원으로 주목받고 있음.	( )
2 문단	라부아지에가 실험을 통해 물이 수소로만 이루어져 있다는 것을 밝혀냄.	( )
3 문단	수소는 양이 정해져 있어 고갈될 가능성이 큼.	( )
4 문단	수소는 원소 중에서 무게가 가장 가벼움.	( )
5 문단	수소 연료는 친환경 에너지로 활용될 수 있음.	( )

핵심 내용

6 빈칸에 들어갈 알맞은 말을 이 글에서 찾아 쓰세요.

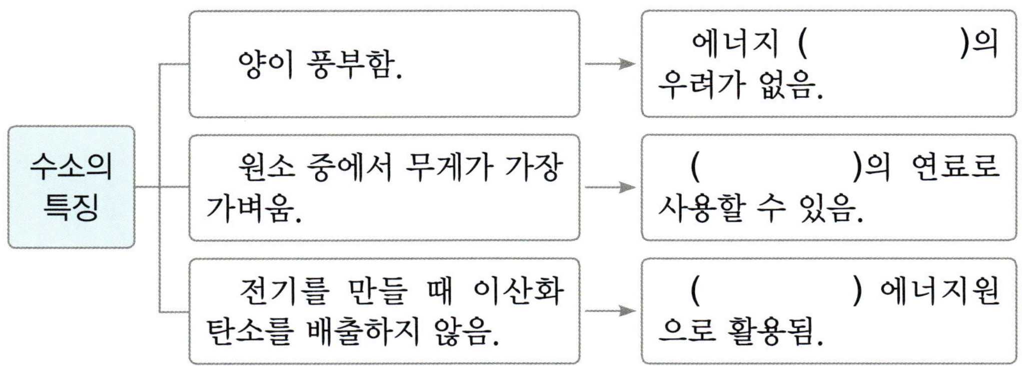

어휘

이해

7 다음 낱말의 뜻을 보기 에서 찾아 기호를 쓰세요.

보기
㉮ 물체의 고유한 양.
㉯ 자원이나 물질 등이 다 써서 없어짐.
㉰ 물질이 가지고 있는 산으로서의 성질.
㉱ 지구 대기를 오염시켜 온실 효과를 일으키는 가스를 모두 이르는 말.
㉲ 태워서 빛이나 열을 내거나 기계를 움직이는 에너지를 얻을 수 있는 물질.

(1) 연료 ( ) (2) 고갈 ( )
(3) 질량 ( ) (4) 산성 ( )
(5) 온실가스 ( )

여러 가지 기체의 종류와 성질

정답과 해설 **08** 쪽

여러 가지 기체 중에서 산소와 수소는 물을 구성하면서, 색깔과 냄새가 없는 기체예요. **산소**는 우리가 숨을 쉬는 데 꼭 필요한 기체로, 병원에서 **응급** 환자의 호흡을 돕는 장치에 이용돼요. 또한 산소는 스스로 타지 않지만 다른 물질이 타는 것을 돕는 성질이 있어요. 그래서 금속을 녹여서 서로 이어 붙일 때 연료가 잘 탈 수 있도록 도와주는 역할을 해요.

수소는 기체 중에서 가장 가볍고 주로 다른 원소와 결합한 상태로 존재해요. 그래서 에너지원으로 쓰기 위해서는 다른 원소와 분리하는 작업이 필요해요. 최근에는 대기를 오염시키지 않는 친환경 에너지로 그 **가치**를 인정받아 자동차, 우주선, 비행기 등 다양한 분야에 이용되고 있어요.

핵심 용어 다음 빈칸에 들어갈 알맞은 용어를 쓰세요.

(1) ☐☐

산(실 酸) 소(근본 素): 산성을 만드는 물질.
• 뜻: 숨을 쉬는 데 필요한 기체.

(2) ☐☐

수(물 水) 소(근본 素): 물을 구성하는 물질.
• 뜻: 모든 물질 가운데 가장 가벼운 기체.

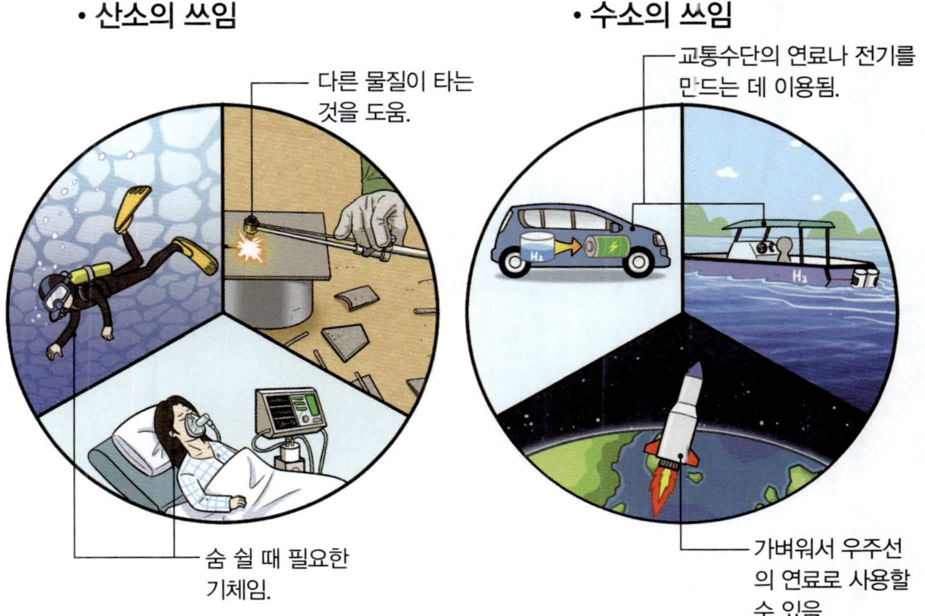

● **응급** 급한 대로 우선 처리함. 또는 급한 상황에 대처함.
● **가치** 사물이 지니고 있는 쓸모.

생명

버섯의 정체

1 지구에 사는 생물은 크게 동물과 식물로 나눌 수 있다. 그럼 버섯은 동물일까 식물일까? 버섯은 동물처럼 다른 생물을 먹거나 식물처럼 **광합성**을 통해 스스로 **양분**을 만들지 않는다. 버섯은 주로 나무껍질, 낙엽, 나무 밑동 등 죽어 가는 생물에 붙어 살면서 영양분을 얻는다. 그래서 버섯은 동물도 식물도 아닌 균류에 속한다. 균류는 몸 전체가 **균사**로 이루어져 있으며, **포자**를 이용하여 **번식하는** 생물이다. 균류에는 대표적으로 버섯과 곰팡이가 있다. 〔5〕

2 균류인 버섯의 구조는 크게 자실체와 균사체로 나뉜다. 버섯의 자실체는 땅 위로 올라와 있어 우리가 흔히 버섯의 모양으로 알고 있는 부분으로, 갓, 주름살, 턱받이, 대 등으로 이루어져 있다. 자실체는 주름살에서 포자를 만들고, 이 포자를 퍼뜨려 번식하는 역할을 한다. 〔10〕

3 버섯의 균사체는 땅 밑에서 자라며, 포자가 가느다란 실 모양의 세포인 균사로 자라서 촘촘하게 뭉치고 얽혀 만들어진다. 그리고 일정 〔15〕 한 시간이 흐르면 균사체가 점점 자라서 자실체가 된다. 균사체는 죽은 생물이나 다른 생물의 양분을 빨아들이는 역할을 한다.

4 버섯이 포자를 퍼뜨려 번식하는 방법에는 여러 가지가 있다. 송이버섯은 자실체에서 만들어진 포자를 바람에 날려 다른 곳으로 퍼뜨린다. 〔20〕 습지등불버섯은 **습지**에 살면서 포자를 물에 떠내려 보내 퍼뜨린다. 다른 동물을 이용해 포자를 퍼뜨리는 버섯도 있는데, 세발버섯은 심한 냄새를 내뿜어 파리와 같은 곤충을 **유인하고**, 그 곤충의 몸에 포자를 붙여서 퍼뜨린다. '송로'라고 불리는 알버섯은 동물의 먹이가 되어 동물의 배설물을 통해 자신의 포자를 퍼뜨리기도 한다. 〔25〕

- **광합성** 식물 등이 빛을 이용하여 이산화 탄소와 물로부터 스스로 양분을 만들어 내는 것.
- **양분** 생물이 자라거나 살기 위해 영양이 되는 성분.
- **균사** 균류의 몸을 이루는 섬세한 실 모양의 세포로 거미줄과 같이 가늘고 긴 모양임.
- **포자** 균류가 번식을 하기 위하여 만드는 생식 세포.
- **번식하는** 붙고 늘어서 많이 퍼지는.
- **습지** 습기가 많은 축축한 땅.
- **유인하고** 주의나 흥미를 일으켜 꾀어내고.

내용 독해

1 이 글은 무엇에 대해 쓴 글인가요? (　　　)

① 버섯을 기르는 방법
② 버섯과 곰팡이의 차이
③ 여러 가지 버섯 이름의 유래
④ 버섯이 다른 생물에 미치는 영향
⑤ 균류인 버섯의 특징과 번식 방법

2 버섯에 대한 설명으로 알맞지 <u>않은</u> 것은 무엇인가요? (　　　)

① 버섯의 자실체는 포자를 퍼뜨린다.
② 버섯은 스스로 양분을 만들 수 없다.
③ 버섯은 곰팡이와 함께 균류에 속한다.
④ 버섯의 포자는 주름살에서 만들어진다.
⑤ 버섯의 자실체는 양분을 빨아들이는 역할을 한다.

3 이 글을 통해 답을 알 수 있는 질문을 모두 찾아 ○표 하세요.

(1) 균류가 식물과 다른 점은 무엇인가요?　　　　　　　　　　(　　　)
(2) 버섯이 포자를 퍼뜨리는 방법에는 무엇이 있나요?　　　　　(　　　)
(3) 곰팡이가 잘 자랄 수 있는 조건에는 무엇이 있나요?　　　　　(　　　)
(4) 버섯의 포자가 자실체로 자라려면 시간이 얼마나 걸리나요?　(　　　)

4 이 글의 이해를 돕기 위해 활용하면 좋은 자료로 알맞지 <u>않은</u> 것의 기호를 쓰세요.

> ㉮ 독이 있는 버섯의 모양과 특징을 나타내는 그림
> ㉯ 균사체가 자라 자실체가 되는 과정을 나타내는 그림
> ㉰ 세발버섯에 파리가 앉아 있는 모습을 보여 주는 사진
> ㉱ 버섯이 죽은 나무에 붙어 양분을 얻는 모습을 보여 주는 사진

(　　　)

5 각 문단의 중심 내용을 정리한 것으로 알맞은 것에 ○표, 틀린 것에 ×표를 하세요.

1 문단	버섯이 속한 균류의 개념 및 특징	( )
2 문단	버섯의 균사체의 구조와 역할	( )
3 문단	버섯의 자실체의 구조와 역할	( )
4 문단	버섯이 바람, 물, 동물 등을 통해 포자를 퍼뜨려 번식하는 방법	( )

6 빈칸에 들어갈 알맞은 말을 이 글에서 찾아 쓰세요.

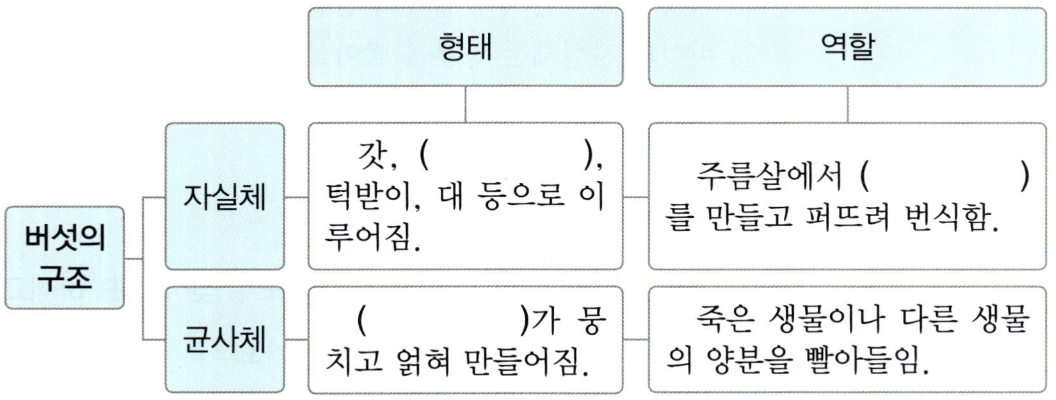

7 다음 문장의 빈칸에 들어갈 알맞은 낱말을 보기 에서 찾아 쓰세요.

보기

번식   습지   양분   유인   광합성

(1) 곰팡이가 식빵 위에 ( )했다.
(2) 갈대는 강 주변의 ( )에서 잘 자란다.
(3) 식물은 햇빛을 이용하여 ( )을/를 한다.
(4) 흙에 ( )이/가 풍부하여 꽃이 잘 자란다.
(5) 독특한 소리로 다른 동물을 ( )해 사냥하는 동물이 있다.

버섯과 곰팡이

균류는 스스로 양분을 만들지 못하고 죽은 생물이나 다른 생물에서 양분을 얻어 살아가는 생물을 통틀어 이르는 말이에요. 우리 주변에서 쉽게 볼 수 있는 버섯과 곰팡이는 균류에 속하는 생물이에요. 균류는 습기가 많고 그늘지며 따뜻한 곳에서 잘 자라요.

버섯은 갓, 주름살, 턱받이, 대, 균사체 등으로 이루어져 있어요. 버섯을 현미경으로 관찰해 보면, 균사가 가느다란 실같이 뻗어 있는 것을 볼 수 있어요. **곰팡이**는 청록색, 황록색 등 일정하지 않은 빛깔을 띠며 몸 전체가 균사로 이루어져 있어요. 이 균사의 끝부분에는 작고 둥근 포자가 붙어 있어요. 버섯과 곰팡이는 둘 다 가는 실 모양의 균사로 이루어져 있고, 포자로 번식한다는 특징이 있어요.

핵심 용어 다음 빈칸에 들어갈 알맞은 용어를 쓰세요.

(1)

균(버섯 菌) 류(무리 類): 버섯 등과 비슷한 무리.

- 뜻: 실 모양의 균사를 이용하여 다른 생물의 양분을 흡수하여 살아가고, 포자를 멀리 날려서 번식하는 버섯, 곰팡이와 같은 생물을 통틀어 이르는 말.

(2)

- 뜻: 몸의 구조가 간단한 균류로, 양분이 있는 것의 표면에 돋아나는 미생물. 또는 그것이 모여서 생긴 덩어리.

• 곰팡이와 버섯의 구조

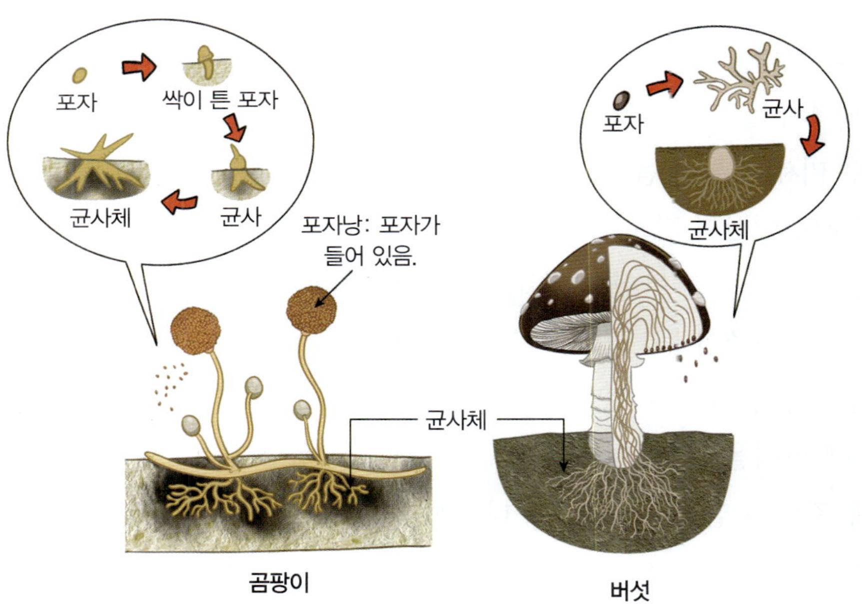

쓸모 있는 미세 조류

1 조류는 동물이나 식물보다 구조가 단순한 생물로, 주로 물속에 살며 스스로 양분을 얻는다. 조류는 크기에 따라 미역이나 다시마처럼 수십 미터가 넘는 대형 조류와 해캄이나 클로렐라처럼 눈에 보이지 않을 정도로 아주 작은 **미세** 조류로 나누어진다. 최근 미세 조류는 사람들에게 새롭게 **주목받고** 있다. 미세 조류가 생태계에서 중요한 역할을 할 뿐만 ⁵ 아니라 다양한 **분야**에서 쓸모가 있기 때문이다.

2 미세 조류는 식물처럼 광합성을 하면서 물과 이산화 탄소를 흡수하고 산소를 만들어 낸다. 산소는 생물이 호흡하는 데 **필수적**인 물질로, 지구 대기에 있는 산소의 절반 이상을 미세 조류가 공급한다. 또한 미세 조류는 광합성을 하는 과정에서 이산화 탄소를 흡수하여 기후 변화를 ¹⁰ 막는 데에도 도움을 준다. 그뿐만 아니라 미세 조류는 영양분이 풍부한 자원으로 조개, 갯지렁이, 새우 같은 해양 생물이 살아가는 데 필요한 양분이 된다. 이처럼 미세 조류는 지구의 생태계를 유지하는 데에 중요한 역할을 한다.

3 미세 조류는 기존 연료를 **대체할** 친환경 연료로도 관심을 받고 있 ¹⁵ 다. 일부 미세 조류는 몸 안에 **지방**을 많이 가지고 있는데, 이 지방을 석유 연료보다 이산화 탄소 배출량이 적은 바이오 연료로 바꿀 수 있기 때문이다. 미세 조류를 바이오 연료로 만들기 위해서는 많은 양의 미세 조류를 기르고 건조한 뒤, 그 안의 지방을 빼서 **걸러** 내야 한다. 이 과정에서 미세 조류가 자라는 속도는 무척 빠르지만 오염 물질이 발생하지 않 ²⁰ 기 때문에 환경을 보호할 수 있다.

4 미세 조류는 일상생활에서도 다양하게 쓰이고 있다. 클로렐라나 스피룰리나는 건강식품으로 이용되며, 규조는 죽은 후 호수나 바다의 바닥에 쌓여서 도자기 **원료**인 규조토가 된다. 이 밖에도 미세 조류는 화장품이나 약품의 성분, 농업 **비료** 등으로 활용된다. 이처럼 미세 조류는 ²⁵ 눈에 보이지 않지만 인간과 지구 생태계에 여러 도움을 주는 (㉠) 생물이다.

- **미세** 분간하기 어려울 정도로 아주 작음.
- **주목받고** 관심을 가지고 주의 깊게 살피는 시선을 받고.
- **분야** 여러 갈래로 나누어진 범위나 부분.
- **필수적** 꼭 있어야 하거나 하여야 하는 것.
- **대체할** 다른 것으로 대신할.
- **지방** 지방산과 글리세롤이 결합한 유기 화합물.
- **걸러** 찌꺼기나 건더기가 있는 액체를 체나 거름종이 따위에 받쳐서 액체만 받아.
- **원료** 어떤 물건을 만드는 데 들어가는 재료.
- **비료** 농사를 지을 때 땅을 기름지게 만들어 식물이 잘 자라게 하려고 뿌리는 물질.

내용 독해

1 이 글은 무엇에 대해 쓴 글인가요? (   )

① 조류와 식물의 차이점
② 색깔에 따른 조류의 종류
③ 미세 조류로 인해 발생하는 문제점
④ 미세 조류가 생태계에서 살아남는 방법
⑤ 미세 조류가 생태계에서 하는 역할과 다양한 쓰임

2 이 글의 내용과 일치하지 <u>않는</u> 것은 무엇인가요? (   )

① 미역과 다시마는 대형 조류에 속한다.
② 미세 조류는 화장품이나 농업 비료로 활용된다.
③ 조류는 동물과 식물보다 구조가 단순한 생물이다.
④ 미세 조류는 광합성을 할 때 이산화 탄소를 흡수한다.
⑤ 미세 조류는 지구 대기에 있는 산소의 절반이 넘는 양을 광합성에 사용한다.

3 이 글을 읽고 알맞게 짐작한 친구는 누구인지 쓰세요.

> 재윤: 미세 조류를 활용한 연료는 석유 연료보다 친환경적이겠군.
> 민주: 미세 조류가 많이 자랄수록 이산화 탄소의 양이 늘어나겠군.
> 하림: 미세 조류가 사라지면 다양한 해양 생물이 살아갈 수 있겠군.
> 유리: 미세 조류를 활용한 연료는 만드는 과정이 간단해서 관심을 받고 있군.

(   )

4 이 글의 내용으로 볼 때 ㉠에 들어갈 말로 가장 알맞은 것은 무엇인가요? (   )

① 독립적   ② 소멸한   ③ 유용한
④ 주체적   ⑤ 희귀한

구조 분석

문단 요약

5 다음은 어느 문단의 중심 내용인지 문단의 번호를 쓰세요.

크기에 따른 조류의 분류	(　　　　)문단
친환경 연료로 관심을 받는 미세 조류	(　　　　)문단
일상생활에서 다양하게 활용되는 미세 조류	(　　　　)문단
지구 생태계 전체를 지키는 데 중요한 역할을 하는 미세 조류	(　　　　)문단

핵심 내용

6 빈칸에 들어갈 알맞은 말을 이 글에서 찾아 쓰세요.

미세 조류의 역할 및 쓰임

생물이 호흡할 때 필수적인 (　　　　)를 만들어 냄.	다른 해양 생물에게 필요한 양분을 제공함.	바이오 연료와 같은 (　　　　) 연료로 활용됨.	건강식품, 화장품이나 약품의 성분, 농업 비료 등으로 활용됨.

어휘

적용

7 다음 문장의 빈칸에 들어갈 알맞은 낱말을 보기 에서 찾아 쓰세요.

보기

대체　　비료　　분야　　원료　　필수적

⑴ 새 도로가 낡은 길을 (　　　　)하였다.
⑵ 이 식물은 화장품의 (　　　　)이/가 된다.
⑶ 등산할 때는 물을 (　　　　)(으)로 챙겨야 한다.
⑷ 그는 과학 (　　　　)에서 누구나 알아주는 전문가이다.
⑸ 할아버지는 밭에 (　　　　)을/를 뿌려 땅을 기름지게 하셨다.

원생생물의 특징

미역이나 짚신벌레, 해캄 같은 생물은 동물이나 식물 또는 균류로 분류하기 어려워요. 이처럼 생김새가 아주 단순한 생물을 **원생생물**이라고 해요.

원생생물은 크기가 아주 작아서 현미경을 사용해야 자세히 볼 수 있어요. 원생생물의 구조를 살펴보면, 원생생물의 **세포** 안에는 **핵막**으로 둘러싸인 **핵**이 있어요. 핵은 생물의 모든 활동을 조절하는 중심 기관이에요. 원생생물은 핵을 지니지 않은 세균이나 바이러스보다 조금 더 **진화한** 생물이에요.

원생생물은 주로 논과 하천, 연못과 같이 물살이 느리거나 물이 고여 있는 곳에서 살고 있어요. 원생생물 중에서는 해캄과 클로렐라처럼 광합성을 통해 스스로 양분을 만드는 식물 플랑크톤도 있고, 짚신벌레처럼 스스로 양분을 만들지 못해 다른 생물을 먹으며 살아가는 동물 플랑크톤도 있어요.

• 원생생물의 종류

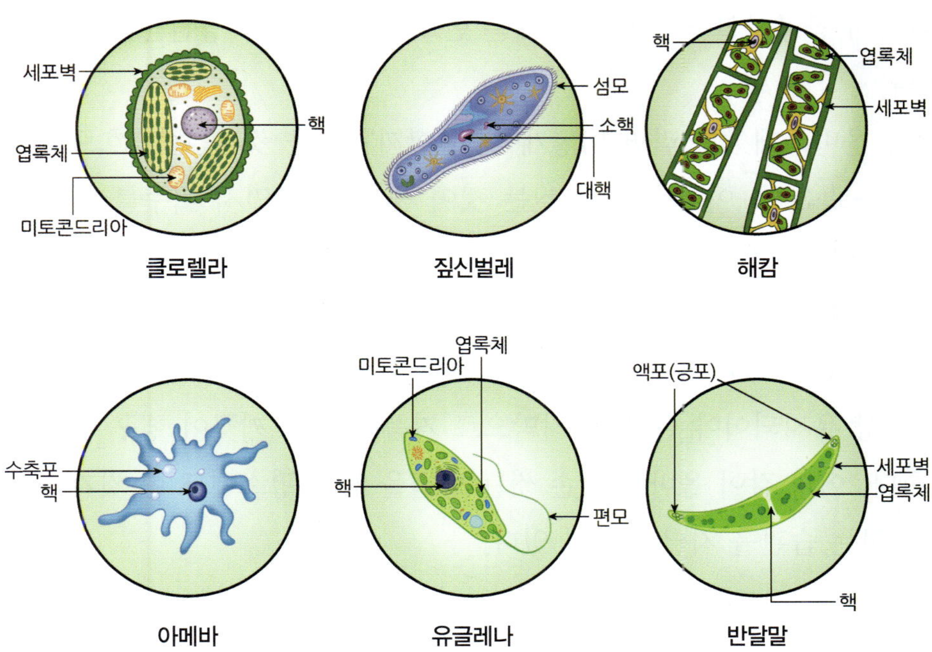

- **세포** 생물체를 이루는 기본 단위.
- **핵막** 세포의 핵과 세포질의 경계에 있는 이중 구조 막.
- **진화한** 생물이 생명이 생긴 후부터 점차 변화한.

 다음 빈칸에 들어갈 알맞은 용어를 쓰세요.

(1)

□ □ □ □

원(근원 原) 생(태어날 生) 생(태어날 生) 물(물건 物): 태어난 그대로의 생물.
- 뜻: 동물이나 식물로 분류하기 어려운 생김새가 단순한 생물.

(2)

□

핵(중심 核): 세포에서 가장 중심이 되는 기관.
- 뜻: 세포의 중심에 있는 공 모양의 작은 기관.

03

손 씻기의 중요성

지문 분석

글자 수 **840**
800 900 1000

1 일상생활 속에서 손을 제대로 씻지 않는 사람들이 많다. 질병관리청이 조사한 결과에 따르면, 공중화장실 이용자의 약 29%는 **용변**을 본 후 손을 씻지 않았고, 46%는 손을 씻더라도 비누를 사용하지 않았다. 비누를 이용해 제대로 손을 씻은 사람은 약 25%에 불과했던 것이다. 이처럼 제대로 손을 씻는 사람의 **비율**이 낮은 이유는 손을 씻는 것을 귀찮게 느끼거나, 손 씻는 습관이 몸에 ㉠배지 않은 사람이 많았기 때문이다. *(5)*

2 손을 제대로 씻지 않는 것은 여러 문제를 일으킨다. 만약 씻지 않은 손으로 코나 입 등 얼굴을 직접 만지거나 음식을 먹으면 **질병**을 일으키는 세균에 **감염될** 수 있다. 세균 중에는 **유산균**처럼 우리 몸에 좋은 영향을 미치는 세균도 있지만, 포도상 구균처럼 해로운 영향을 미치는 세균도 있다. 이처럼 우리 몸속에 들어와 질병을 일으키는 세균을 병원균이라고 한다. 병원균에 감염이 되면 **고열**, 기침 등의 **증상**이 나타나기도 하고, 심하면 폐렴과 같은 심각한 질병에 걸릴 수도 있다. 특히 공중화장실처럼 여러 사람이 이용하는 공간에서는 병원균에 감염되기 더욱 쉽다. 따라서 **공공시설**을 이용한 후에는 반드시 손을 씻어 병원균을 없애야 한다. *(10) (15)*

3 손을 올바르게 씻으려면 어떻게 해야 할까? 손을 씻을 때는 흐르는 물에 비누로 30초 이상 꼼꼼히 씻는 것이 중요하다. 먼저 비누를 묻힌 손바닥을 마주 대어 문지르고, 손등도 같이 문질러 거품을 낸다. 그리고 깍지를 껴서 손가락 사이를 닦는다. 그다음에는 한쪽 손으로 반대쪽 손의 엄지를 감싸 돌려 닦고 손톱 밑을 손바닥에 문지른다. 이때 거품은 20초 이상 유지되어야 한다. 마지막으로 거품을 물로 깨끗이 헹구어 마무리한다. 이와 같이 올바르게 손 씻는 방법을 익혀 평소에도 손 씻기를 철저히 하는 습관을 지닐 필요가 있다. *(20)*

- **용변**(用 쓸 용, 便 오줌 변) 대변이나 소변을 봄. 또는 그 대소변.
- **비율** 둘 이상의 수를 비교할 때 그중 하나의 수를 기준으로 하여 일정하게 늘이거나 줄여서 나타낸 다른 수.
- **질병** 몸의 온갖 병.
- **감염될** 병균이 몸에 옮아서 병에 걸릴.
- **유산균** 몸속의 포도당이나 유당과 같은 탄수화물을 분해해 유산으로 만드는 균.
- **고열**(高 높을 고, 熱 더울 열) 몸의 높은 열.
- **증상** 병을 앓을 때 나타나는 여러 가지 상태나 모양.
- **공공시설** 사회의 모든 사람이 이용할 수 있게 만든 시설.

내용 독해

전개 방식

1 이 글의 설명 방법으로 알맞은 것은 무엇인가요? (   )

① 글쓴이의 경험을 제시하여 병원균의 위험성을 설명하고 있다.
② 우리 몸에 질병을 일으키는 세균의 종류를 나열하여 설명하고 있다.
③ 세균이 우리 몸에 미치는 영향을 구체적인 수치를 제시하여 설명하고 있다.
④ 올바른 손 씻기 방법에 대한 여러 전문가의 의견을 비교하여 설명하고 있다.
⑤ 병원균이 우리 몸에 미치는 영향을 제시하여 손 씻기의 중요성을 설명하고 있다.

추론

2 ❷문단을 읽고 나타낸 반응으로 알맞은 것을 찾아 ○표 하세요.

(1) 모든 세균은 우리 몸에 질병을 일으키는군.　　　　　　　　　　　(   )
(2) 병원균은 우리 몸에 좋은 영향을 미치는 세균이군.　　　　　　　　(   )
(3) 세균 감염을 막으려면 공공시설을 이용하지 말아야겠군.　　　　　(   )
(4) 병원균은 손이나 코, 입 등을 통해 몸 안으로 들어와 질병을 일으키는군.
　　　　　　　　　　　　　　　　　　　　　　　　　　　　　　　(   )

적용

3 다음은 이 글을 읽은 학생이 손 씻기 방법을 정리해서 쓴 것입니다. 알맞지 <u>않은</u> 것은 무엇인가요? (   )

> 　손을 씻는 방법은 다음과 같다. ① 손바닥에 비누를 묻혀 마주 대고 문지른다. ② 손등을 문질러 거품을 낸다. ③ 깍지를 껴서 손가락 사이를 닦는다. ④ 한쪽 손으로 반대쪽 손의 엄지를 감싸 돌려 닦은 후, 손톱 밑을 손바닥에 문지른다. ⑤ 손에 거품을 유지하여 적당히 마무리한다.

어휘·어법

4 다음을 참고할 때, 밑줄 친 말이 ㉠과 같은 뜻으로 쓰인 것은 무엇인가요? (   )

> 배다 [동사] 1. 스며들거나 스며 나오다.
> 　　　　　　 2. 버릇이 되어 익숙해지다.
> 　　　　　　 3. 냄새가 스며들어 오래도록 남아 있다.

① 날씨가 너무 더워서 온몸에 땀이 <u>배었다</u>.
② 계속 종이를 접었더니 그 일이 손에 <u>배었다</u>.
③ 화단에 꽃을 심었더니 옷에 흙냄새가 <u>배었다</u>.
④ 기름이 묻은 손으로 종이를 만졌더니 종이에 기름이 <u>배었다</u>.
⑤ 동생을 안아 주었더니 동생의 얼굴에서 웃음이 <u>배어</u> 나왔다.

구조
분석

문단 요약

5 다음은 이 글에 나타난 각 문단의 중심 내용입니다. 글의 내용에 맞게 순서대로 기호를 쓰세요.

> ㉮ 많은 사람이 손을 제대로 씻지 않는다.
> ㉯ 흐르는 물에 비누로 30초 이상 꼼꼼히 손을 씻어야 한다.
> ㉰ 우리 몸에 질병을 일으키는 병원균을 없애기 위해 손을 씻는 것이 중요하다.

( ) → ( ) → ( )

핵심 내용

6 빈칸에 들어갈 알맞은 말을 이 글에서 찾아 쓰세요.

문제 상황	많은 사람이 일상생활에서 손을 제대로 씻지 않음.

↓

문제점	( )에 감염되어 질병에 걸릴 수 있음.

↓

해결 방법	• 손을 흐르는 물에 ( )로 ( )초 이상 꼼꼼히 씻는 방법을 익혀야 함. • 평소에도 손 씻기를 철저히 하는 습관을 지녀야 함.

어휘

이해

7 다음 낱말의 뜻을 보기 에서 찾아 기호를 쓰세요.

보기
> ㉮ 몸의 높은 열.
> ㉯ 몸의 온갖 병.
> ㉰ 대변이나 소변을 봄. 또는 그 대소변.
> ㉱ 병을 앓을 때 나타나는 여러 가지 상태나 모양.
> ㉲ 사회의 모든 사람이 이용할 수 있게 만든 시설.

(1) 고열 ( ) (2) 용변 ( )

(3) 증상 ( ) (4) 질병 ( )

(5) 공공시설 ( )

세균의 특징

정답과 해설 **11** 쪽

세균은 균류나 원생생물보다 크기가 더 작그 생김새가 단순한 생물이에요. 세균의 생김새는 공 모양, 막대 모양, **나선** 모양, 꼬리가 있는 모양 등 다양해요. 세균은 하나씩 따로 떨어져 있거나 여러 개가 서로 연결되어 있기도 해요. 세균의 종류는 지금까지 알려진 것만 만 가지 이상으로, 그 수는 계속 늘어나고 있어요. 또한 세균은 우리가 맨눈으로 볼 수는 없지만, 우리가 생활하는 거의 모든 공간에서 발견되며 우리의 몸속에도 살고 있어요.

세균 중에서 **대장균**은 막대 모양의 세균으로, 사람이나 동물의 대장에 많이 존재해서 '대장균'이라고 불려요. 병원성 대장균은 **식중독**과 같은 질병을 일으켜 우리 몸에 해로운 영향을 줘요. 하지만 해롭지 않은 대장균은 비타민을 만드는 등 우리 몸에 이로운 활동을 하기도 해요. 이처럼 세균에는 우리 몸에 해로운 영향을 주는 세균도 있고, 이로운 영향을 주는 세균도 있어요.

핵심 용어 다음 빈칸에 들어갈 알맞은 용어를 쓰세요.

(1) ☐ ☐

세(가늘 細) 균(균 菌): 아주 작은 균.
- 뜻: 눈으로 볼 수 없을 만큼 크기가 작고 생김새가 단순한 생물.

(2) ☐ ☐ ☐

대(큰 大) 장(창자 腸) 균(균 菌): 큰창자 안에 있는 세균.
- 뜻: 사람이나 동물의 장 속에서 살아가는 세균.

• **여러 가지 세균의 모양**

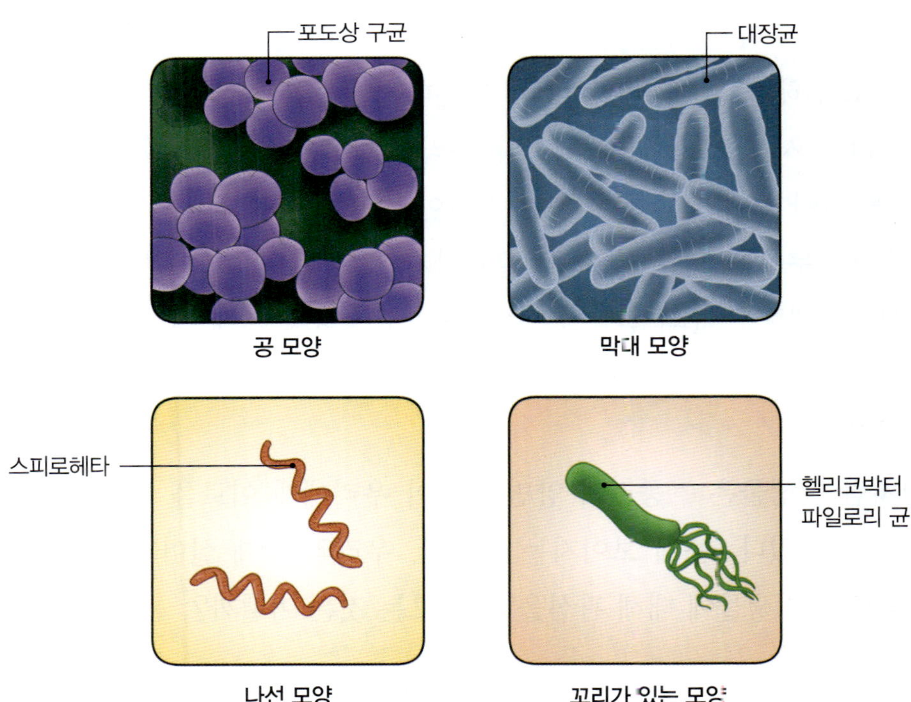

- **나선** 나사 모양의 곡선.
- **식중독** 상한 음식을 먹은 뒤 배탈, 설사, 구토 등의 증상이 일어나는 병.

우리와 함께 살아가는 미생물

지문 분석

글자 수 900
800 900 1000

1 미생물은 세균이나 효모, 곰팡이 등과 같이 눈으로는 보기 어려울 정도로 작은 생물을 말한다. 미생물은 눈에는 보이지 않지만 우리 주변뿐만 아니라 몸속, 피부 등 모든 곳에 존재하며 우리에게 아주 많은 영향을 주고 있다.

2 우리 몸속에 사는 수많은 미생물 중 소장과 대장에 사는 미생물을 장내 미생물이라고 한다. 장내 미생물 중 약 85퍼센트는 우리 몸에 **이로운** 영향을 주는 '유익균'이고, 나머지 15퍼센트는 우리 몸에 **해로운** 영향을 주는 '유해균'이다. 소장에 사는 유익균은 장으로 들어온 음식물을 소화하는 데 도움을 주고, 영양분을 흡수하며, 병을 일으키는 유해균을 없애는 역할을 한다. 대장에 사는 유익균은 수분을 흡수하고 **노폐물**을 **배출하는** 역할을 한다. 하지만 장의 환경에 따라 유익균과 유해균의 수는 쉽게 바뀔 수 있다. 생활 습관이나 **식습관**이 올바르지 않으면 장의 환경이 나빠지게 된다. 그러면 장에 유익균보다 유해균의 수가 더 많아지게 되어 식중독이나 알레르기와 같은 증상을 일으킬 수 있다.

3 미생물은 우리가 먹는 음식에도 **작용한다**. 미생물이 **유기물**을 분해하면 그로 인해 다른 물질이 생기게 되는데 그 물질이 우리 생활에 이로우면 '발효', 사용할 수 없게 되거나 우리 몸에 해로우면 '부패'라고 한다. 콩을 삶아 으깨어 만든 메주는 시간이 지나면서 틈에 누룩곰팡이가 생긴다. 이 누룩곰팡이는 메주를 발효시키면서 **특유**의 구수한 향을 만들어 내고, 해로운 균의 번식을 막아 음식을 상하지 않게 한다. 부패는 주로 높은 온도에서 일어나기 쉬운데, 부패가 일어나면 음식이 썩고 **악취**가 난다.

4 이처럼 미생물은 ㉠동전의 양면과 같아 우리에게 이로울 때도 있고 해로울 때도 있다. 눈에 보이지는 않지만, 우리와 함께 살아가며 많은 영향을 주는 미생물에 대해 관심을 가져 보는 것은 어떨까?

- **이로운** 이익이 있는.
- **해로운** 해가 되는 점이 있는.
- **노폐물** 생물의 몸에 들어온 여러 물질 중 필요한 것을 흡수하여 쓰고 남은 찌꺼기.
- **배출하는** 동물이 섭취한 음식물을 소화하여 항문으로 내보내는.
- **식습관** 음식을 취하거나 먹는 과정에서 저절로 익혀진 행동 방식.
- **작용한다** 어떠한 현상을 일으키거나 영향을 미친다.
- **유기물** 생물의 몸을 이루며, 그 안에서 생명력에 의하여 만들어지는 물질.
- **특유** 일정한 사물만이 특별히 갖추고 있음.
- **악취** 나쁜 냄새.

내용 독해

1 **글쓴이가 이 글을 쓴 목적은 무엇인가요? (   )**

① 미생물이 생기고 자라는 과정을 설명하려고
② 사람들이 발효 식품을 많이 먹도록 설득하려고
③ 미생물이 인간에게 미치는 다양한 영향을 설명하려고
④ 몸에 해로운 영향을 미치는 미생물의 종류를 설명하려고
⑤ 환경 파괴로 인해 이로운 미생물이 줄어들고 있음을 경고하려고

내용 이해

2 **미생물에 대한 설명으로 알맞지 않은 것에 ×표 하세요.**

(1) 미생물은 눈으로 보기 어렵다. ( )
(2) 누룩곰팡이는 메주에 특유의 향을 만들어 낸다. ( )
(3) 몸속에 사는 미생물의 수가 많을수록 우리 몸에 이롭다. ( )
(4) 몸속에 사는 미생물은 병을 일으키는 균을 없애기도 한다. ( )

적용

3 **③문단을 참고하여 다음 빈칸에 공통으로 들어갈 말을 이 글에서 찾아 쓰세요.**

> 김치는 대표적인 [   ] 식품이다. 배추를 소금에 절이고 채소와 양념을 넣어 익히면 김치가 [   ]하게 되는데, 그 과정에서 젖산균이 포도당을 분해해 젖산을 만든다. 젖산은 김치를 부패하지 않게 하며, 김치에서 특유의 새콤한 맛이 나도록 만든다.

( )

어휘·어법

4 **㉠에 어울리는 한자 성어는 무엇인가요? (   )**

① 일취월장: 나날이 다달이 자라거나 발전함을 이르는 말.
② 군계일학: 많은 사람 가운데서 뛰어난 인물을 이르는 말.
③ 동문서답: 물음과는 전혀 상관없는 엉뚱한 대답을 이르는 말.
④ 진퇴양난: 이러지도 저러지도 못하는 어려운 처지를 이르는 말.
⑤ 일장일단: 어떤 한 면에서의 장점과 다른 면에서의 단점을 통틀어 이르는 말.

구조 분석

5 각 문단의 중심 내용으로 알맞은 것에 ○표, 틀린 것에 ✕표를 하세요.

1 문단	눈으로 볼 수 있을 정도로 크기가 큰 미생물	( )
2 문단	장내 미생물이 우리 몸에 미치는 영향	( )
3 문단	미생물이 음식에 하는 작용	( )
4 문단	우리에게 이로운 영향만 주는 미생물	( )

6 빈칸에 들어갈 알맞은 말을 이 글에서 찾아 쓰세요.

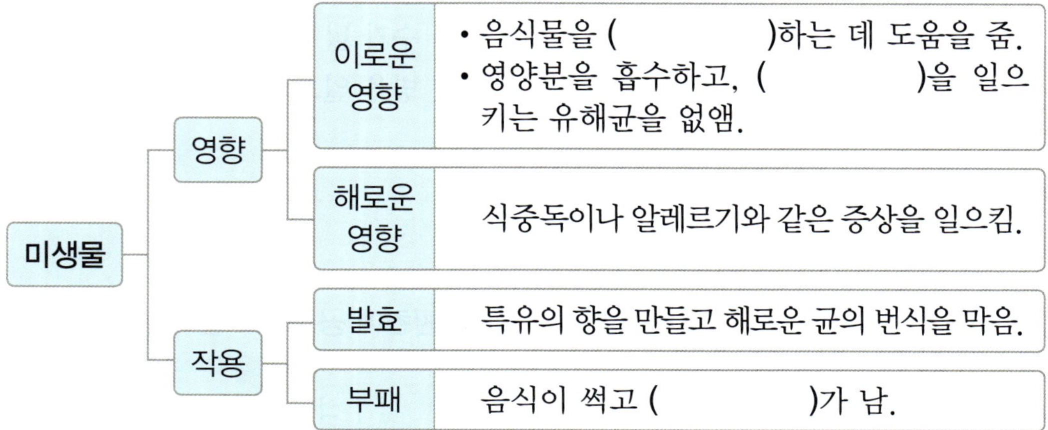

어휘

7 다음 낱말의 뜻을 보기 에서 찾아 기호를 쓰세요.

보기
㉮ 나쁜 냄새.
㉯ 일정한 사물만이 특별히 갖추고 있음.
㉰ 어떠한 현상을 일으키거나 영향을 미침.
㉱ 동물이 섭취한 음식물을 소화하여 항문으로 내보냄.
㉲ 생물의 몸에 들어온 여러 물질 중 필요한 것을 흡수하여 쓰고 남은 찌꺼기.

(1) 배출 ( )   (2) 악취 ( )
(3) 작용 ( )   (4) 특유 ( )
(5) 노폐물 ( )

다양한 생물이 우리 생활에 미치는 영향

정답과 해설 **12** 쪽

균류, 원생생물, 세균과 같은 다양한 생물은 우리 삶에 이로운 영향을 미치기도 하고, 해로운 영향을 미치기도 해요.

균류와 세균은 음식을 **발효**시켜 된장과 치즈, 김치 등을 만드는 데 도움을 줘요. 또한 죽은 생물을 **분해해서** 환경을 깨끗하게 해 주기도 하지요.

이러한 생물들은 우리에게 해로운 영향을 미칠 때도 있어요. 곰팡이와 세균은 음식을 상하게 하거나 다른 생물에게 병을 일으키기도 해요. 특정한 원생생물이 갑자기 빠른 속도로 늘어나면, 바다나 강의 색깔이 붉은색을 띠며 물속의 산소가 부족해지는 **적조 현상**이 나타나기도 하지요.

핵심 용어 다음 빈칸에 들어갈 알맞은 용어를 쓰세요.

(1) ☐ ☐

발(발효할 醱) 효(삭힐 酵): 음식물을 삭힘.
- 뜻: 세균이나 곰팡이 등을 이용하여 우리 생활에 유익한 물질이나 식품을 만드는 과정.

(2) ☐ ☐ ☐ ☐

적(붉을 赤) 조(조수 潮) 현(나타날 現) 상(형상 象): 바닷물이 붉게 보이는 현상.
- 뜻: 바다에 사는 특정한 원생생물이 급격하게 늘어나 바닷물이 붉은색을 띠는 현상.

이로운 영향

음식을 발효시킴.

다른 생물의 먹이가 됨.

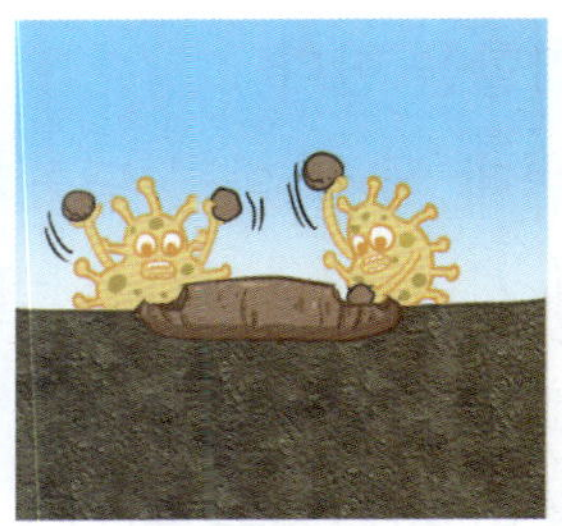

죽은 생물이나 배설물을 분해함.

해로운 영향

음식을 상하게 만듦.

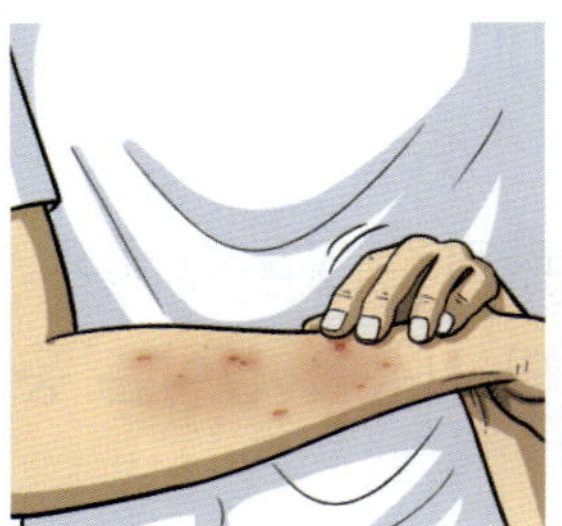

질병을 일으킴.

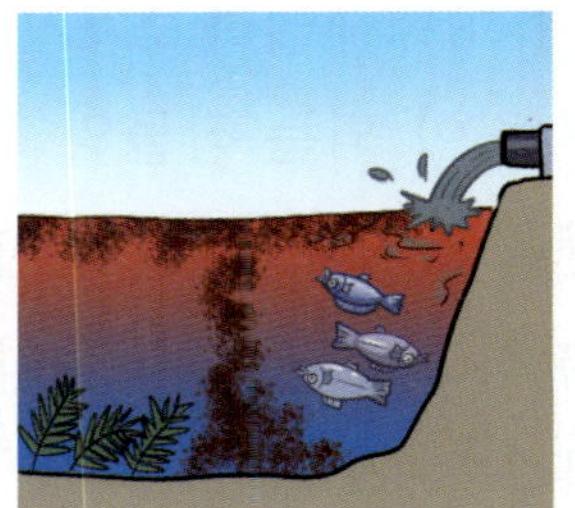

적조 현상으로 바다 생태계를 파괴함.

- **균류** 광합성을 하지 않는 생물을 통틀어 이르는 말.
- **분해해서** 여러 부분이 결합되어 이루어진 것을 그 낱낱으로 나누어서.

05

생태계의 구성 요소

생태계의 지킴이,

지문 분석

글자 수 860
800 900 1000

1 매년 5월 20일은 국제연합(UN)이 정한 '세계 꿀벌의 날'이다. 수많은 곤충 중에서 특별히 꿀벌을 **기념하는** 날을 만든 까닭은 꿀벌이 생태계에서 매우 중요한 역할을 하고 있기 때문이다.

2 ㉠꿀벌은 생태계에서 스스로 양분을 만들지 못하고 식물에 있는 꿀과 꽃가루를 먹으며 양분을 얻는 **소비자**의 역할을 한다. 꿀벌은 꽃에서 양분을 얻어 갈 뿐만 아니라, 꽃을 옮겨 다니는 과정에서 다리에 꽃가루를 묻혀 다른 꽃에 전달한다. 꽃가루가 꿀벌에 의해 다른 꽃의 **암술**에 옮겨지면 꽃이 **수정하게** 되므로 꿀벌은 식물의 번식을 돕는 것이다. 과일이나 농작물처럼 인간의 식량으로 쓰이는 **작물**의 약 70퍼센트는 이러한 꿀벌의 활동을 통해 만들어진다. 인간이 먹는 꿀도 꿀벌이 직접 꽃에서 꿀을 **채집하고** 저장하여 얻는 것이다. 꿀벌은 조그만 몸집을 지녔지만, 수많은 작물의 번식을 돕고 인간의 식량을 **보전하며** 생태계를 유지하는 역할을 한다.

3 그런데 국제 환경 단체가 발표한 자료에 따르면, ㉡전 세계적으로 꿀벌이 사라지는 현상이 벌어지고 있다고 한다. 2023년 우리나라에서도 약 140억 마리의 꿀벌이 갑자기 죽는 사건이 일어난 적이 있다. 이렇게 꿀벌이 사라지는 원인으로는 기후 변화로 꽃이 피고 지는 시기가 급격히 바뀌면서 꿀벌이 양분을 얻기 어려워진 것을 들 수 있다. 또 말벌과 같은 **천적**의 공격이나 인간이 농약을 사용하는 것도 꿀벌의 생존을 위협한다.

4 만약 생태계에서 꿀벌이 사라진다면 식물의 번식이 어려워지고, 인간의 식량이 되는 작물의 양이 줄어들어 인간을 포함한 생태계 전체가 위협받을 것이다. 꿀벌이 사라지지 않도록 꽃과 나무를 많이 심어 환경을 보전하고, 무분별한 농약의 사용을 줄이는 등 대책을 마련하는 것이 필요하다.

- **기념하는** 어떤 뜻깊은 일이나 훌륭한 인물 등을 오래도록 잊지 아니하고 마음에 간직하는.
- **소비자** 생태계에서 다른 생물을 통하여 영양분을 얻는 생물체.
- **암술** 꽃의 가운데에 있으며, 수술의 꽃가루를 받아 씨와 열매를 맺는 기관.
- **수정하게** 암과 수의 생식 세포가 서로 합쳐져 새 개체를 이루는 작용을 하게.
- **작물** 논밭에서 심어 가꾸는 곡식이나 식물.
- **채집하고** 널리 찾아서 얻거나 캐거나 잡아 모으고.
- **보전하며** 온전하게 잘 지키고 유지하며.
- **천적** 어떤 생물을 잡아먹거나 해를 미쳐 그 생물의 적이 되는 생물.

내용 독해

1 빈칸에 알맞은 낱말을 두 글자로 써서 이 글의 제목을 완성하세요.

· 생태계의 지킴이, (   )

내용 이해

2 꿀벌에 대한 설명으로 알맞은 것은 무엇인가요? (   )

① 말벌의 생존을 위협한다.
② 꿀벌이 채집한 꿀은 인간이 먹을 수 없다.
③ 식물의 꽃가루를 직접 만드는 역할을 한다.
④ 다른 생물의 도움 없이 스스로 양분을 만든다.
⑤ 인간의 식량으로 이용되는 작물의 번식을 돕는다.

적용

3 ㉠으로 인해 일어나는 결과로 알맞지 <u>않은</u> 것에 ×표 하세요.

⑴ 꽃의 번식을 돕는다.   (   )
⑵ 인간이 꿀을 얻을 수 있다.   (   )
⑶ 인간의 식량이 되는 작물이 만들어진다.   (   )
⑷ 꽃이 자라는 데 방해가 되는 곤충이 사라진다.   (   )

적용

4 ㉡에 대해 알맞게 이해하지 <u>못한</u> 친구는 누구인가요? (   )

① 혜림: 꿀벌이 사라지면 식물의 번식이 어려워질 거야.
② 민지: 꿀벌이 사라지면 인간이 먹을 수 있는 작물이 줄어들 거야.
③ 가원: 꿀벌이 사라지지 않도록 하기 위해서 나무를 많이 심어야 해.
④ 근영: 꽃이 예상보다 빨리 피고 져야 꿀벌이 쉽게 양분을 얻을 수 있어.
④ 규호: 꿀벌을 보호하기 위한 대책을 마련하지 않으면 꿀벌의 수는 점점 더
　　　　빠르게 줄어들 거야.

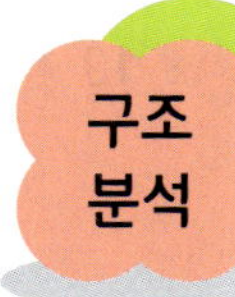

문단 요약

5 다음은 어느 문단의 중심 내용인지 문단의 번호를 쓰세요.

세계 꿀벌의 날을 만든 이유	( )문단
꿀벌이 사라지는 현상과 그 원인	( )문단
꿀벌이 사라지지 않도록 대책을 마련해야 함.	( )문단
식물의 번식을 돕고 인간의 식량을 보전하며 생태계를 유지하는 꿀벌	( )문단

핵심 내용

6 빈칸에 들어갈 알맞은 말을 이 글에서 찾아 쓰세요.

꿀벌의 역할	• ( )를 옮겨 식물의 번식을 도움. • 인간의 ( )을 보전함.
↓	
꿀벌이 사라지면 생기는 문제점	• 식물의 번식이 어려워짐. • 식물에서 나오는 작물의 양이 줄어듦. • ( ) 전체가 위협을 받음.

적용

7 다음 문장에 들어갈 알맞은 낱말에 ○표 하세요.

⑴ (수정된, 퇴화된) 알에서 새끼가 부화했다.

⑵ 곤충을 잡아먹는 거미나 새는 메뚜기의 (친구, 천적)이다.

⑶ 식물학자는 산속에 가서 식물을 직접 (모집, 채집)하였다.

⑷ 생태계를 (보전, 유전)하기 위해서는 모두의 노력이 필요하다.

⑸ 몇 달째 가뭄이 계속되면서 논밭의 (작물, 작품)이 말라 죽고 있다.

생태계의 구성 요소

생물이 살아가는 세계를 **생태계**라고 해요. 생태계는 식물이나 동물처럼 살아 있는 것인 **생물 요소**와 햇빛, 물, 공기, 흙, 온도처럼 생물을 둘러싸고 있는 환경 요소인 **비생물 요소**로 이루어져 있어요.

생태계를 이루는 생물 요소와 비생물 요소는 서로 밀접한 관계를 맺고 서로 영향을 주고받아요. 예를 들어 생물 요소인 꽃이 살아가는 데에는 햇빛과 물, 흙과 같은 비생물 요소가 꼭 필요해요. 또한 동물의 **배설물**은 식물이 잘 자랄 수 있도록 흙을 기름지게 해 줘요.

생물 요소는 양분을 얻는 방법에 따라 생산자, 소비자, 분해자로 분류할 수 있어요. 생산자는 스스로 양분을 만드는 생물로, 토끼풀, 느티나무 등이 생산자에 속해요. 소비자는 다른 생물을 먹이로 하여 양분을 얻는 생물로, 참새, 배추흰나비 등이 소비자에 속해요. 분해자는 죽은 생물이나 배설물을 분해하여 양분을 얻는 생물로, 버섯, 곰팡이 등이 분해자에 속해요.

핵심 용어 다음 빈칸에 들어갈 알맞은 용어를 쓰세요.

(1) ☐☐☐

생(살 生) 태(형태 態) 계(이을 系): 살아가는 모양의 체계.
- 뜻: 어떤 장소에서 서로 영향을 주고받는 생물과 생물 주변의 환경 전체.

(2) ☐☐ **요소**

생(살 生) 물(만물 物): 살아 있는 것.
- 뜻: 생태계를 구성하는 요소 중에서 동물이나 식물처럼 살아 있는 것.

(3) ☐☐☐ **요소**

비(아닐 非) 생(살 生) 물(만물 物): 살아 있지 않은 것.
- 뜻: 생태계를 구성하는 요소 중에서 햇빛, 공기, 물, 온도, 흙 등과 같이 살아 있지 않은 것.

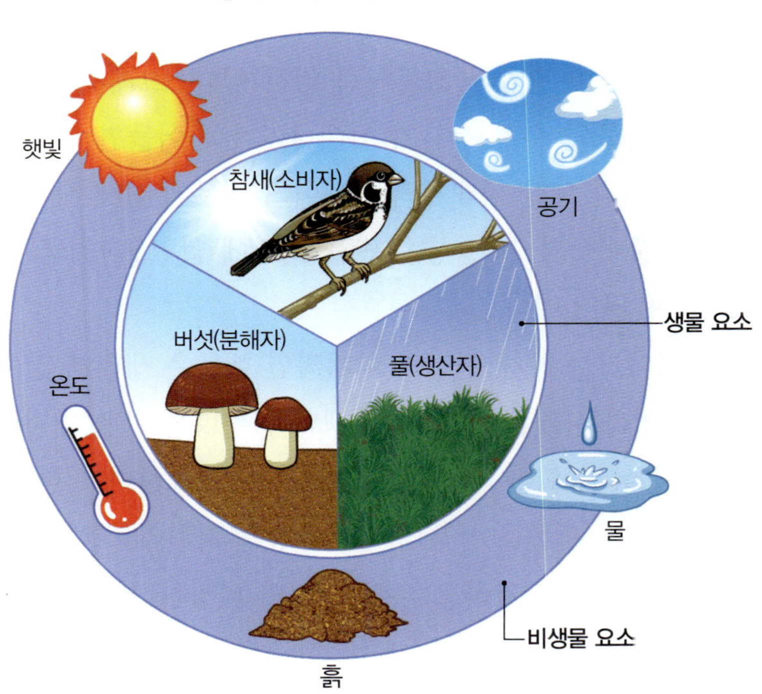

• 생태계의 구성 요소

● **배설물** 생물체가 몸 밖으로 내보내는 똥이나 오줌, 땀 같은 노폐물.

생물 사이의 먹이 관계

1 수업 시간에 선생님께 흥미로운 이야기를 들었다. 바로 ㉠참새 잡기 운동에 관한 이야기였다. 1950년대 후반 중국에서는 **식량 생산량**을 늘리려는 목적으로 참새를 사냥하는 운동을 **실시했다고** 한다. 사람들이 먹어야 할 곡식을 참새들이 많이 먹어 치운다고 여겼기 때문이다. 그렇게 모든 **국민**이 참새 사냥에 나선 결과, 일 년 만에 참새가 중국에서 거의 **멸종되었다고** 한다.

2 그런데 사람들의 예상과는 다르게 참새가 사라진 이듬해부터 오히려 식량 생산량이 줄어드는 일이 벌어졌다. 갑자기 메뚜기 떼가 나타나 곡식을 마구 먹어 버렸기 때문이다. 참새는 곡식뿐만 아니라 메뚜기와 같은 곤충도 잡아먹는다. 그래서 참새가 사라지자 메뚜기의 수가 엄청나게 늘어난 것이다. 이로 인해 중국은 **기근**을 겪게 되었고, 수천만 명의 국민이 사망하게 되었다.

3 선생님께서는 생물들의 먹고 먹히는 관계가 **안정적**으로 유지되는 것이 생태계 **평형**이라고 하셨다. 벼가 자라면 메뚜기가 그 벼를 먹고, 참새가 그 메뚜기를 잡아먹으며, 또 매는 그 참새를 잡아먹듯이, 생태계에는 여러 생물들의 먹이 관계가 그물처럼 얽혀 있다. 그래서 이 그물 안에 있는 특정한 생물의 수가 갑자기 늘어나거나 줄어들면 생태계 평형이 깨지게 된다. 인간 또한 생태계의 **일원**이기 때문에 참새 사냥으로 참새의 **개체** 수가 줄어들자 그 영향을 받을 수밖에 없었고, 결국 많은 사람이 목숨을 잃게 된 것이다.

4 참새 사냥 이야기를 통해 인간의 **이기적**인 행동은 생태계 전체의 위험을 불러올 수 있다는 것을 깨달았다. 생태계 평형은 한번 깨지면 다시 회복하기 위해서 아주 오랜 시간과 많은 노력이 필요하다고 한다. 생태계 안에서 살고 있는 생물들이 생태계의 균형을 지키기 위해 각자의 역할을 하고 있다는 것을 생각하고 우리 주위의 다양한 생물을 소중하게 생각해야겠다.

- **식량** 생존을 위하여 필요한 사람의 먹을거리.
- **생산량** 일정한 기간 동안 재화가 생산되는 수량.
- **실시했다고** 어떤 일이나 법, 제도 등을 실제로 행했다고.
- **국민**(國 나라 국, 民 백성 민) 국가를 구성하는 사람. 또는 그 나라의 국적을 가진 사람.
- **멸종되었다고** 생물의 한 종류가 지구에서 완전히 없어졌다고.
- **기근** 먹을 양식이 모자라 굶주림.
- **안정적**(安 편안 안, 定 정할 정, 的 과녁 적) 바뀌어 달라지지 않고 일정한 상태가 유지되는 것.
- **평형** 사물이 한쪽으로 기울거나 치우치지 않음.
- **일원** 단체에 소속된 한 구성원
- **개체** 하나의 독립된 생물체
- **이기적** 자기 자신의 이익만을 꾀하는 것

내용 독해

1 이 글의 제목으로 가장 알맞은 것은 무엇인가요? (   )

① 생태계를 위협하는 동식물
② 인간의 식량을 책임진 메뚜기
③ 생태계 평형의 중요성을 깨닫다
④ 생태계를 구성하는 여러 종류의 새
⑤ 생태계를 보전하기 위한 사람들의 노력

내용 이해

2 ㉠을 실시한 결과로 알맞지 <u>않은</u> 것은 무엇인가요? (   )

① 중국에서 기근이 일어났다.
② 중국의 식량 생산량이 줄게 되었다.
③ 수천만 명의 중국 국민이 사망하였다.
④ 참새가 사라지면서 메뚜기의 수도 많이 줄었다.
⑤ 일 년 만에 중국에 있는 참새의 수가 많이 줄었다.

추론

3 이 글을 통해 답을 알 수 있는 질문을 모두 찾아 ○표 하세요.

(1) 생태계에 참새가 사라지면 어떤 일이 일어나나요?　　　　　　(   )
(2) 생태계 평형이 깨지면 인간은 어떠한 영향을 받나요?　　　　　(   )
(3) 참새를 잡지 않고 식량 생산량을 늘리는 방법에는 무엇이 있나요? (   )
(4) 참새 잡기 운동이 끝난 후에 중국은 기근을 해결하기 위해 무엇을 했나요?

　　　　　　　　　　　　　　　　　　　　　　　　　　　(   )

적용

4 이 글을 읽고 생태계 평형에 대해 알맞게 말한 친구의 이름을 쓰세요.

> 나현: 물속에 사는 플랑크톤을 모두 없애면 물이 깨끗해져서 더 많은 생물이 살 수 있을 거야.
> 수민: 만약 곤충이 사라지면 그것을 먹이로 하는 새나 물고기도 사라져서 생태계가 무너질 거야.
> 지원: 참새가 사라져서 생태계가 파괴되지 않도록 하기 위해서는 참새를 잡아먹는 매를 사냥해야 해.

　　　　　　　　　　　　　　　　　　　　　(   )

구조
분석

5 각 문단의 중심 내용으로 알맞은 것에 ○표, 틀린 것에 ×표를 하세요.

1문단	식량 생산량을 늘리기 위해 중국에서 실시한 참새 사냥	( )
2문단	참새 사냥 이후에 기근이 없어진 이유	( )
3문단	생태계 평형의 뜻과 참새 사냥이 깨뜨린 생태계 평형	( )
4문단	참새 사냥 이야기를 통해 깨달은 생태계 평형의 중요성	( )

6 빈칸에 들어갈 알맞은 말을 이 글에서 찾아 쓰세요.

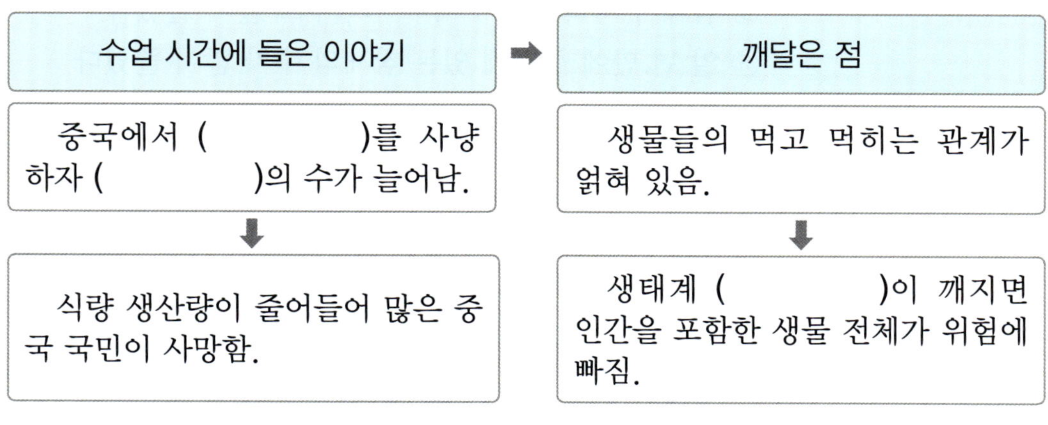

어휘

7 다음 낱말의 뜻을 알맞게 선으로 이으세요.

(1) 실시 •   • ㉮ 먹을 양식이 모자라 굶주림.

(2) 기근 •   • ㉯ 어떤 일이나 법, 제도를 실제로 행함.

(3) 멸종 •   • ㉰ 생존을 위하여 필요한 사람의 먹을거리.

(4) 식량 •   • ㉱ 사물이 한쪽으로 기울거나 치우치지 않음.

(5) 평형 •   • ㉲ 생물의 한 종류가 지구에서 완전히 없어짐.

생물 사이의 먹이 관계

생태계를 구성하는 생물들은 서로 먹고 먹히는 관계에 있어요. 들쥐는 풀을 먹고, 뱀은 들쥐를 먹고, 매는 뱀을 먹지요. 이처럼 생태계에서 생물들의 먹고 먹히는 관계가 마치 **사슬**처럼 한 방향으로 연결되어 있는 것을 **먹이 사슬**이라고 해요.

그런데 생물의 먹이 관계는 실제로 한 방향으로 연결된 형태가 아닌 여러 방향으로 연결되어 복잡한 형태로 나타나요. 이처럼 여러 개의 먹이 사슬이 복잡하게 얽혀 마치 그물처럼 연결되어 있는 것을 **먹이 그물**이라고 해요.

생태계를 구성하는 생물이 다양할수록 더 많은 먹이 사슬이 만들어지면서 먹이 그물이 복잡해져요. 먹이 그물이 복잡해질수록 생태계는 어느 한 **종**이 사라져도 대체할 다른 생물이 있어 안정적으로 유지되지요.

핵심 용어 다음 빈칸에 들어갈 알맞은 용어를 쓰세요.

(1) 

- 뜻: 생태계에서 먹고 먹히는 관계가 사슬과 같이 연결되어 있는 것.

(2) 

- 뜻: 생태계에서 여러 개의 먹이 사슬이 서로 얽혀서, 그물처럼 복잡하게 이루어져 있는 것.

• 먹이 사슬

• 먹이 그물

※ 먹히는 쪽에서 먹는 쪽으로 화살표를 그어 표현함.

- **사슬** 쇠로 만든 고리를 여러 개 죽 이어서 만든 줄.
- **종** 생물 분류의 기초 단위.

플라스틱 쓰레기의 심각성

지문 분석

글자 수 890

800 900 1000

1 북태평양에는 플라스틱으로 이루어진 섬이 있다. 우리나라 땅 크기의 7배가 넘는 이 플라스틱 섬은 전 세계에서 바다로 흘러 들어온 플라스틱 쓰레기가 **해류**를 따라 흐르다가 모여 만들어진 것이다. 이러한 플라스틱 섬은 대서양과 인도양에도 존재하며, 플라스틱으로 인한 바다 오염이 얼마나 심각한지 보여 주고 있다.

2 인간이 무분별하게 버린 플라스틱은 다른 생물에게 해로운 영향을 미친다. 바다 동물들이 버려진 그물에 걸리거나, 떠다니는 비닐봉지를 먹이로 착각하고 삼켜서 죽는 일도 많이 일어난다. 특히 미세 플라스틱은 인간에게도 치명적이다. 버려진 플라스틱 쓰레기는 바다 위를 떠다니거나 땅으로 흡수되면서 점점 작은 알갱이로 쪼개지는데, 그중 5밀리미터 미만의 작은 알갱이를 미세 플라스틱이라고 한다. 이 미세 플라스틱을 동물이 먹거나 식물이 흡수하면 그 동식물이 성장하는 데 방해가 될 수 있다. 또한 미세 플라스틱을 흡수한 바다 생물이나 작물 등을 인간이 **섭취하면서** 미세 플라스틱이 인간의 몸속으로 들어오게 되는데, 이 미세 플라스틱이 몸속에 쌓이면 인간의 건강에 해롭다. 이처럼 미세 플라스틱은 환경을 오염시키고 인간과 동식물에 **부정적**인 영향을 미친다.

3 ㉠플라스틱 쓰레기로 생기는 문제를 해결하려면 모두의 노력이 필요하다. 가장 좋은 방법은 플라스틱 사용을 줄여 플라스틱 쓰레기가 나오지 않도록 하는 것이다. 일상에서는 비닐봉지 같은 일회용품 대신에 천으로 만든 바구니처럼 여러 번 쓸 수 있는 제품을 사용하는 것이 좋다. 그러나 플라스틱으로 된 제품을 **아예** 사용하지 않을 수는 없기 때문에, 버려지는 플라스틱을 재활용하는 것도 방법이 될 수 있다. 개인뿐만 아니라 **기업**에서도 플라스틱을 재활용하는 기술이나 오염된 **토양**이나 바다를 **정화하는** 기술 등을 개발해야 한다. 정부 또한 플라스틱 문제 해결을 위해 다 함께 **협력할** 수 있는 **정책**을 고민해야 한다.

- **해류**(海 바다 해, 流 흐를 류) 일정한 방향으로 흐르는 바닷물.
- **섭취하면서** 생물체가 양분 따위를 몸속에 빨아들이면서.
- **부정적** 바람직하지 못한 것.
- **아예** 일시적이거나 부분적이 아니라 전적으로.
- **기업** 돈을 벌기 위한 목적으로 물건을 생산하고 판매하며 경제 활동을 하는 단체.
- **토양** 지구의 표면을 덮고 있는, 작은 알갱이로 이루어진 물질.
- **정화하는** 불순하거나 더러운 것을 깨끗하게 하는.
- **협력할** 힘을 합쳐 서로 도울.
- **정책** 사회적인 문제를 해결하거나 정치적 목적을 이루기 위한 방법.

내용 독해

목적

1 글쓴이가 이 글을 쓴 목적은 무엇인가요? (　　　)

① 플라스틱 쓰레기를 재활용한 제품들을 소개하기 위해

② 일상에서 사용하는 플라스틱의 편리함을 설명하기 위해

③ 일회용품을 재활용하는 기술이 필요하다고 주장하기 위해

④ 환경을 지키기 위해 기업에서 하는 여러 가지 활동을 소개하기 위해

⑤ 플라스틱 쓰레기로 인한 환경 문제를 해결해야 한다고 주장하기 위해

추론

2 이 글을 통해 답을 알 수 있는 질문이 <u>아닌</u> 것은 무엇인가요? (　　　)

① 플라스틱 섬은 어떻게 생기게 되었나요?

② 미세 플라스틱은 인간에게 어떤 영향을 미치나요?

③ 플라스틱 쓰레기를 재활용하는 방법은 무엇인가요?

④ 미세 플라스틱은 어떻게 인간의 몸속으로 들어오나요?

⑤ 플라스틱으로 인한 문제를 해결하는 방법에는 어떤 것이 있나요?

적용

3 ❸문단을 읽고 글쓴이가 주장하는 내용을 알맞게 이해하지 <u>못한</u> 친구에 ×표 하세요.

(1) 지수: 일회용품은 되도록 사용하지 않는 것이 좋아.　　　　　　　(　　　)

(2) 승훈: 인간에 의해 오염된 환경은 건드리지 말고 그대로 두어야 해.　(　　　)

(3) 연지: 정부에서는 플라스틱 문제를 해결하기 위한 정책을 만들어야 해.

　　　　　　　　　　　　　　　　　　　　　　　　　　　　　　(　　　)

(4) 상호: 버려지는 플라스틱을 재활용해 쓰는 것도 환경 문제를 해결하는 방법

　　　이야.　　　　　　　　　　　　　　　　　　　　　　　　(　　　)

어휘·어법

4 ㉠에 어울리는 한자 성어는 무엇인가요? (　　　)

① 설상가상: 난처한 일이나 불행한 일이 잇따라 일어남.

② 각골난망: 남에게 입은 은혜가 뼈에 새길 만큼 커서 잊지 못함.

③ 대동단결: 여러 집단이나 사람이 어떤 목적을 이루려고 하나로 뭉침.

④ 호시탐탐: 남의 것을 빼앗기 위하여 형편을 살피며 가만히 기회를 엿봄.

⑤ 용두사미: 처음은 대단해 보이지만 끝으로 갈수록 점점 기세가 줄어드는 일

　　　이나 상황.

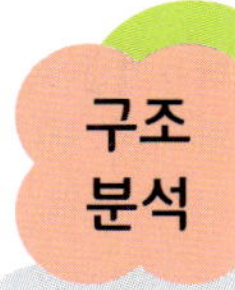

문단 요약

5 다음 빈칸에 들어갈 알맞은 말을 쓰며 이 글의 내용을 정리하세요.

문단	중심 내용
1	세계 여러 바다에 있는 (　　　　　　　) 쓰레기로 이루어진 섬
2	생물에게 해로운 영향을 미치는 (　　　　　) 플라스틱
3	플라스틱 쓰레기 문제를 해결하기 위해 필요한 모두의 노력

핵심 내용

6 빈칸에 들어갈 알맞은 말을 이 글에서 찾아 쓰세요.

문제점	인간이 버린 플라스틱이 미세 플라스틱이 되어 환경 오염이 심각해짐.
글쓴이의 주장	플라스틱 쓰레기 문제를 해결하기 위해 모두가 노력해야 함.

개인	기업	정부
플라스틱 제품을 사용하는 것을 줄이거나 플라스틱을 (　　　　)해야 함.	플라스틱을 재활용하는 기술이나 오염된 토양이나 바다를 (　　　　)하는 기술을 개발해야 함.	플라스틱 쓰레기 문제 해결을 위해 협력할 수 있는 (　　　　) 을 고민해야 함.

이해

7 다음 낱말의 뜻을 보기 에서 찾아 기호를 쓰세요.

보기
㉮ 힘을 합쳐 서로 도움.
㉯ 일정한 방향으로 흐르는 바닷물.
㉰ 불순하거나 더러운 것을 깨끗하게 함.
㉱ 생물체가 양분 따위를 몸속에 빨아들임.
㉲ 사회적인 문제를 해결하거나 정치적 목적을 이루기 위한 방법.

(1) 섭취　(　　　　)　　(2) 정책　(　　　　)
(3) 정화　(　　　　)　　(4) 해류　(　　　　)
(5) 협력　(　　　　)

인간 활동이 생태계에 미치는 영향

정답과 해설 **15** 쪽

인간의 활동으로 환경은 더럽혀지거나 **훼손되기도** 해요. 이러한 일이 계속되면 생태계는 한순간에 파괴될 수 있어요. 생태계가 파괴되면 동식물뿐만 아니라 사람도 살아갈 수 없어요. 그러므로 생태계를 지키려는 노력이 필요해요.

일상에서 일회용품의 사용을 줄이는 것과 같이 현재의 생태계가 파괴되지 않도록 조심하는 노력을 **생태계 보전**이라그 해요. 또한 무분별한 **개발**이나 **자연재해** 등으로 인해 파괴되어 버린 생태계를 원래대로 되돌리는 것을 **생태계 복원**이라고 하지요. 이처럼 생태계를 이루는 생물과 환경은 모두 소중하기 때문에 생태계를 보전하고 복원하기 위해 노력해야 해요.

핵심 용어 다음 빈칸에 들어갈 알맞은 용어를 쓰세요.

(1)

생(생물 生) **태**(모양 態) **계**(이을 系) **보**(지킬 保) **전**(온전할 全): 생물들의 살아가는 형태를 온전하게 지킴.
- 뜻: 생태계의 형태나 기능이 훼손되지 않도록 보호하여 유지하는 일.

(2)

생(생물 生) **태**(모양 態) **계**(이을 系) **복**(회복할 復) **원**(처음 元): 생물들이 살아가는 형태를 처음의 상태로 되돌림.
- 뜻: 인간의 개발이나 자연재해 등에 의해 파괴된 생태계를 원래대로 되돌리는 일.

• 생태계 오염 사례

대기 오염: 자동차 배기가스나 공장의 매연 등으로 대기가 오염됨.

해양 오염: 집이나 공장에서 쓰고 버리는 물 등으로 해양이 오염됨.

토양 오염: 생활 쓰레기나 지나친 농약 사용 등으로 토양이 오염됨.

• 생태계 보전과 복구 사례

생태 통로 만들기: 야생 동물의 이동을 도움.

일회용품 사용 줄이기

하수 처리 시설: 오염된 물을 깨끗이 하는 시설을 만듦.

나무 심기

- **훼손되기도** 헐거나 깨뜨려 못 쓰게 만들어지기도.
- **개발** 토지나 천연자원 따위를 유용하게 만듦.
- **자연재해** 태풍, 가뭄, 홍수, 지진, 화산 폭발, 해일 따위의 피할 수 없는 자연 현상으로 인하여 일어나는 재해.

생명 08 곰팡이에서 발견한 페니실린

지문 분석

글자 수 851

800 900 1000

1 알렉산더 플레밍은 인류 최초로 **항생제**인 페니실린을 발견한 과학자이다. 1881년 스코틀랜드 농가에서 태어난 플레밍은 대학을 졸업한 후 미생물을 연구했다. 그러던 중 제1차 세계 대전이 일어나자 전쟁터에서 다친 군인들을 치료해 주는 일을 하였다. 플레밍은 **부상자**들의 상처를 치료하기 위해 사용한 소독제가 오히려 사람들의 상처를 **악화시키는** 5 것을 보게 되었고, 이후 플레밍은 세균과 세균에 의한 감염에 대해 연구했다.

2 어느 날 플레밍은 포도상 구균을 기르던 접시에 푸른색 곰팡이가 자란 것을 발견했는데, 자세히 살펴보니 곰팡이 주변에 있는 포도상 구균만 모두 녹아 있었다. 플레밍은 이를 **이상하게** 여기고 푸른 곰팡이를 **배** 10 **양하여** 연구를 계속하였다. 그리고 푸른곰팡이가 세균 번식을 막는 물질을 만들어 낸다는 것을 발견했다. 그는 자신이 발견한 물질을 '페니실린'이라고 불렀다.

3 이처럼 페니실린의 효과가 새롭게 발견되었지만, 사람의 몸에 푸른 곰팡이를 그대로 **투여할** 수 없었기 때문에 페니실린을 사람을 치료하는 15 데 쓰지는 못했다. 그로부터 몇 년 후, 하워드 플로리와 에른스트 체인이라는 과학자는 플레밍이 발견한 페니실린에 관심을 갖고 연구를 하였다. 그리고 마침내 페니실린을 **정제하여** 치료제로 쓰이도록 하는 데 성공했다.

4 페니실린은 결국 수많은 사람의 생명을 구하는 '기적의 약'이 되었 20 다. 페니실린이 치료제로 개발되자 전쟁터에서 부상자의 상처가 세균에 감염되는 일이 줄었고, 세균 감염으로 발생하는 **치명적인** 감염병인 **폐렴**이나 **결핵**으로 죽는 사람들의 수도 크게 줄었다. 플레밍의 발견과 플로리와 체인의 연구 덕분에 오늘까지도 페니실린은 감염을 치료하는 약으로 사용되고 있다. 25

- **항생제** 몸에 들어온 세균 같은 미생물의 번식을 막는 약품.
- **부상자** 몸에 상처를 입은 사람.
- **악화**(惡 악할 악, 化 될 화)**시키는** 병의 증세가 나빠지게 하는.
- **이상하게** 정상적인 상태와 다르게.
- **배양하여** 인공적인 환경을 만들어 동식물 세포와 조직의 일부나 미생물 따위를 가꾸어 길러.
- **투여할** 약 따위를 환자에게 복용시키거나 주사할.
- **정제하여** 물질에 섞인 더러운 것을 없애 그 물질을 더 깨끗하게 하여.
- **치명적인** 병, 상처, 피해 등이 생명을 잃게 할 만큼 큰.
- **폐렴** 폐에 생기는 염증.
- **결핵** 결핵균에 감염되어 일어나는 만성 전염병.

내용 독해

1 다음은 이 글의 제목을 바꾸어 쓴 것입니다. 빈칸에 들어갈 알맞은 낱말을 보기 에서 찾아 쓰세요.

제목

보기

세균　　미생물　　페니실린　　푸른곰팡이　　포도상 구균

• 인류 최초로 (　　　　　　　　　　)을/를 발견한 플레밍

전개 방식

2 이 글의 설명 방법으로 알맞은 것은 무엇인가요? (　　　)

① 페니실린의 특징을 여러 부분으로 나누어 설명하고 있다.
② 페니실린을 다른 대상과 비교하여 장단점을 분석하고 있다.
③ 페니실린의 효과에 대한 다양한 이론을 나열하여 소개하고 있다.
④ 페니실린이 치료제가 된 과정을 시간 순서에 따라 설명하고 있다.
⑤ 페니실린에 대한 전문가의 말을 인용하여 내용을 뒷받침하고 있다.

내용 이해

3 플레밍에 대한 설명으로 알맞은 것은 무엇인가요? (　　　)

① 제1차 세계 대전 중에 다쳐서 치료를 받았다.
② 페니실린을 정제하여 치료제로 만드는 데에 성공했다.
③ 푸른곰팡이를 키우기 위해 접시에 포도상 구균을 길렀다.
④ 플로리와 체인이라는 과학자와 함께 페니실린을 발견했다.
⑤ 세균의 번식을 막는 물질을 찾아내 페니실린이라는 이름을 붙였다.

추론

4 이 글을 읽고 짐작한 내용으로 알맞지 **않은** 것에 ×표 하세요.

⑴ 플로리와 체인의 연구가 없었다면 페니실린을 정제하여 만든 치료제의 개발
　　이 늦어질 수 있었겠군.　　　　　　　　　　　　　　　　　　(　　　)
⑵ 플레밍이 포도상 구균을 기르던 접시의 변화를 그냥 지나쳤다면 페니실린을
　　발견하지 못했을 수도 있었겠군.　　　　　　　　　　　　　　(　　　)
⑶ 포도상 구균을 기르던 접시에 푸른곰팡이가 자란 이유는 푸른곰팡이가 포도
　　상 구균의 번식을 돕기 때문이겠군.　　　　　　　　　　　　　(　　　)

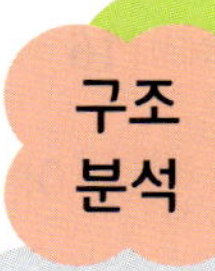

문단 요약

5 각 문단의 중심 내용을 알맞게 선으로 이으세요.

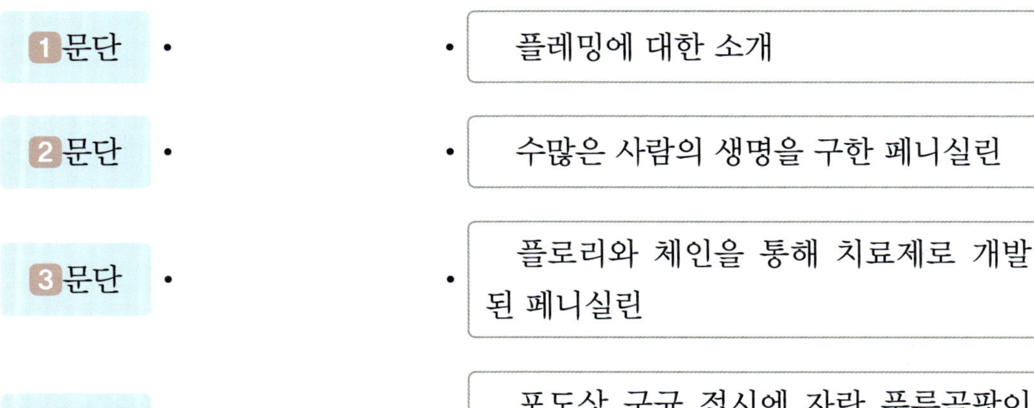

핵심 내용

6 빈칸에 들어갈 알맞은 말을 이 글에서 찾아 쓰세요.

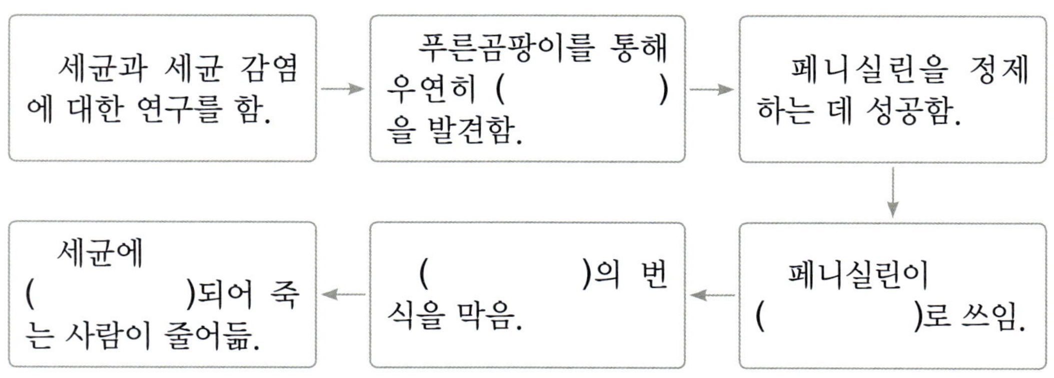

적용

7 다음 문장의 빈칸에 들어갈 알맞은 낱말을 보기 에서 찾아 쓰세요.

보기
악화   정제   부상자   치명적   항생제

(1) 병원에서 (   )을/를 처방받았다.
(2) 설탕은 사탕수수를 (   )하여 만든다.
(3) 계속되는 전쟁으로 (   )이/가 늘어나고 있다.
(4) 독사의 독은 사람에게 (   )인 위험을 줄 수 있다.
(5) 의사의 처방 없이 약을 마음대로 먹는 것은 병을 (   )시킨다.

생명 과학과 우리 생활

정답과 해설 **16** 쪽

생명 과학은 생명과 관련 있는 과학 기술이나 연구를 활용하여 일상의 다양한 문제를 해결하는 학문이에요. 생명 과학에서는 생물이 가진 특성을 활용해서 사람에게 유익한 물질을 만들어요. 세균을 자라지 못하게 하는 균류를 활용해서 질병을 치료하기도 하고, 클로렐라와 같은 원생생물을 활용해 **건강식품**을 만들거나 환경 문제를 해결하기도 해요. 생명 과학은 에너지 문제 해결과도 관련이 있어요. 죽은 나무와 나뭇잎, 동물의 배설물 등을 원료로 사용하여 **생물 연료**를 개발해요. 생물 연료는 석유나 석탄 같은 **화석 연료**처럼 오염 물질을 만들지 않아 친환경적이에요.

핵심 용어 다음 빈칸에 들어갈 알맞은 용어를 쓰세요.

(1) □ □ □ □

생(살 生) 명(목숨 命) 과(과목 科) 학(학문 學): 살아 숨 쉬고 활동하게 하는 것과 관련된 학문.
- 뜻: 생명 과학 기술이나 연구 결과를 활용하여 일상의 다양한 문제를 해결하는 학문.

(2) □ □ □ □

생(살 生) 물(만물 物) 연(불탈 燃) 료(재료 料): 동물이나 식물 등을 통해 열, 빛 등의 에너지를 얻게 하는 물질.
- 뜻: 생물체나 동물의 배설물 등을 활용해서 만든 연료.

- **건강식품** 건강을 유지하거나 더욱 건강해지기 위하여 먹는 식품.
- **화석 연료** 지질 시대에 생물이 땅속에 묻히어 화석같이 굳어져 오늘날 연료로 이용하는 물질.

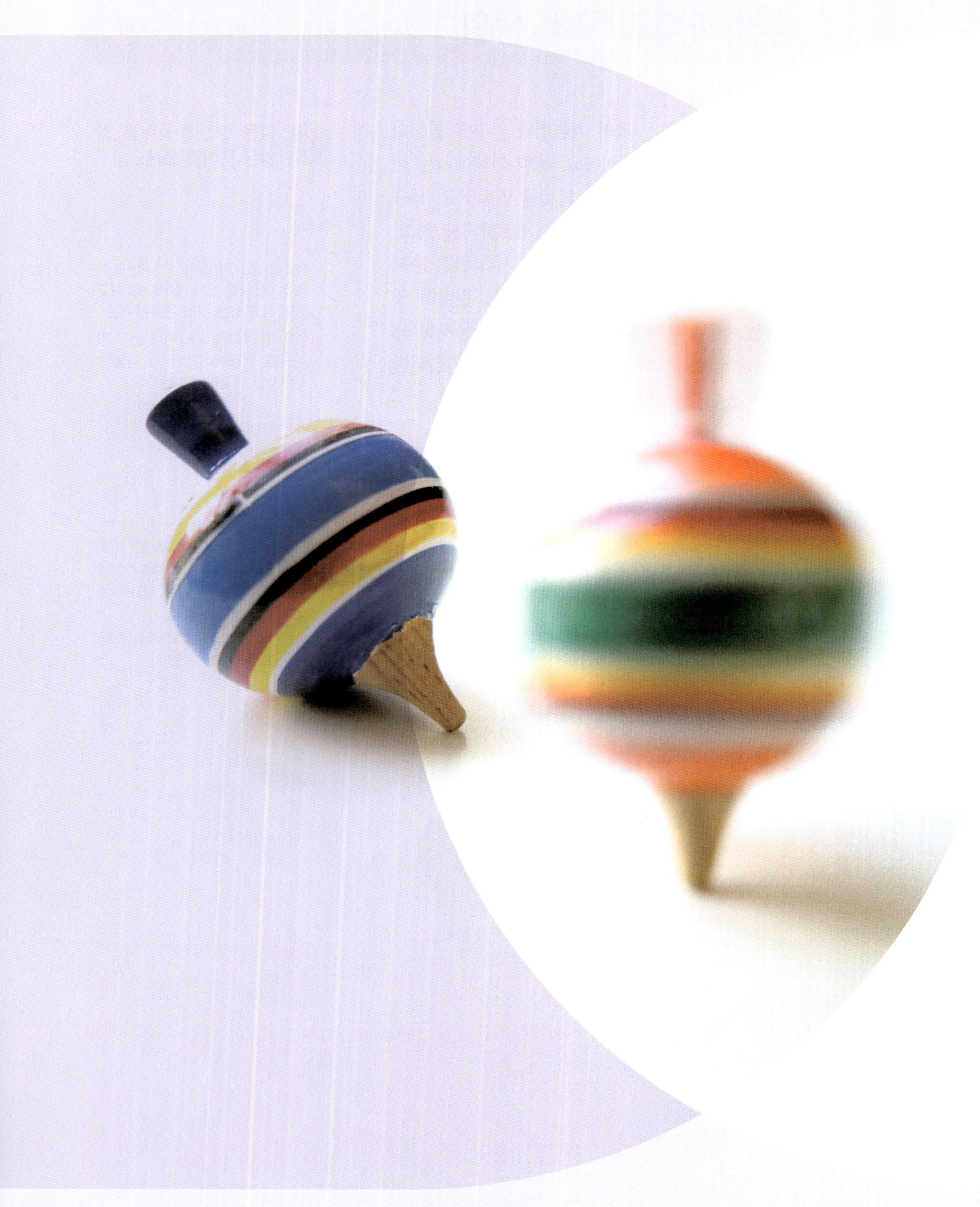

운동과 에너지

자석과 자석에 붙는 물체

'이그노벨상'은 어떤 상일까?

1 노벨상은 인류의 삶에 **이바지한** 사람이나 단체에 주는 상으로, 전 세계에서 **권위**를 인정받고 있다. 이러한 노벨상을 **익살스럽게** 흉내 낸 상도 있는데, 바로 '이그노벨상'이다. 이그노벨상은 황당한 연구를 한 사람에게 주는 상으로, 노벨상 수상자가 발표되기 전에 시상식을 가진다. 이그노벨상은 노벨상과 같은 권위를 가지지는 않지만 '웃어라, 그리고 생각하라'라는 목적에 맞게 재미와 엉뚱함을 **추구한다**. ⟨5⟩

2 2024년에는 동전 던지기의 확률이 50 대 50이 아니라는 확률을 제시한 연구팀이 이그노벨상 통계학상을 받았다. 이 상은 특별하고도 재미있는 사실을 밝혀낸 사람들에게 주고 있지만, 실제로 과학 연구를 진행하여 **공식적**인 **논문**으로 발표된 결과가 있어야 한다. 우리가 보기에는 황당한 연구일지라도 실험 과정은 철저히 과학적이어야 한다는 원칙을 따르는 것이다. ⟨10⟩

3 그런데 이러한 이그노벨상을 받고 몇 년 후 노벨상까지 받은 사람도 있다. 바로 러시아의 물리학자 안드레 가임이다. 그는 자석으로 개구리를 공중에 **부양시키는** 데에 성공하여 2000년에 이그노벨상을 받았다. 물에는 외부 **자기장**과 반대 방향으로 **자성**을 갖는 특징이 있다. 이러한 특성을 '반자성'이라고 하는데, 반자성이 있는 물체는 자석을 밀어내는 힘을 가진다. 개구리는 몸속에 물을 많이 포함하고 있기 때문에 자석에 **반발하여** 붕 뜨게 됐던 것이다. ⟨15⟩

4 10년 후 그는 '그래핀'이라는 새로운 물질을 얻어내 노벨 물리학상도 받았다. 그는 흑연에 스카치테이프를 붙였다가 떼는 과정을 반복하여 그래핀을 분리해 내는 데 성공했다. 그래핀은 매우 얇으면서도 많은 양의 전기를 빠르게 전달할 수 있어서 '꿈의 **신소재**'라고도 불린다. ⟨20⟩

5 안드레 가임은 ㉠노벨상을 받고 싶다면 먼저 이그노벨상부터 받으라고 말했다. 이그노벨상을 받을 수 있을 만큼 과학자는 기존의 틀에서 벗어나는 생각을 할 수 있어야 한다는 것이다. 이처럼 이그노벨상은 사람들에게 자유롭고 창의적인 생각을 지녀야 한다는 깨달음을 주고 있다. ⟨25⟩

- **이바지한** 도움이 되게 한.
- **권위** 남이 떠받들 만한 뛰어난 지식, 기술 또는 실력.
- **익살스럽게** 남을 웃기려고 일부러 우스운 말이나 행동을 하는 데가 있게.
- **추구한다** 목적을 이룰 때까지 뒤쫓아 구한다.
- **공식적**(公 공변될 공, 式 법식, 的 과녁 적) 국가적으로 규정되었거나 사회적으로 인정된 것.
- **논문** 어떤 것에 관하여 체계적으로 자기 의견이나 주장을 적은 글.
- **부양시키는** 가라앉은 것을 떠오르게 하는.
- **자기장** 자석의 주위, 전류의 주위, 지구의 표면 따위와 같이 자기의 작용이 미치는 공간.
- **자성** 자기를 띤 물체가 나타내는 여러 가지 성질.
- **반발하여** 탄력이 있는 물체가 퉁겨져 일어나.
- **신소재** 이전에 없던 뛰어난 특성을 지닌 재료.

내용 독해

1 이 글에서 알려 주는 것은 무엇인지 찾아 다섯 글자로 쓰세요.

( )

내용 이해

2 이 글을 통해 알 수 있는 내용을 모두 찾아 ○표 하세요.

(1) 노벨상과 이그노벨상의 차이점 ( )
(2) '이그노벨상'이라는 이름에 담긴 뜻 ( )
(3) 노벨상과 이그노벨상을 모두 받은 사람 ( )
(4) 그래핀이 '꿈의 신소재'라고 불리는 이유 ( )

내용 이해

3 다음 연구로 받은 상을 찾아 알맞게 선으로 이으세요.

(1) 그래핀이라는 새로운 물질을 찾아냄. •

(2) 자석을 개구리에게 대서 개구리를 공중에 부양시킴. •

• ㉮ 노벨상

(3) 동전 던지기의 확률이 50 대 50이 아니라는 확률을 제시함. •

• ㉯ 이그노벨상

추론

4 이 글을 읽고, ㉠의 의미를 가장 알맞게 이해한 것은 무엇인가요? ( )

① 이그노벨상을 받은 과학자는 대부분 노벨상을 받는다.
② 노벨상을 받는 것보다 이그노벨상을 받는 것이 더 쉽다.
③ 권위가 없는 상을 받아야 권위를 인정받는 상도 받을 수 있다.
④ 노벨상을 받기 위해서는 무조건 황당한 주제를 연구해야 한다.
⑤ 자유롭고 창의적으로 생각하는 것은 과학자에게 필요한 태도이다.

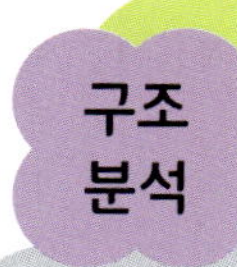

문단 요약

5 다음은 이 글에 나타난 각 문단의 중심 내용입니다. 글의 내용에 맞게 순서대로 기호를 쓰세요.

> ㉮ 노벨상을 익살스럽게 흉내 낸 이그노벨상
> ㉯ 창의적인 생각에 대한 깨달음을 주는 이그노벨상
> ㉰ 흑연에서 그래핀을 분리하여 노벨상을 받은 안드레 가임
> ㉱ 자석으로 개구리를 공중 부양시켜 이그노벨상을 받은 안드레 가임
> ㉲ 황당한 연구일지라도 실험 과정은 과학적이어야 한다는 원칙을 따르는 이그노벨상

(   ) → (   ) → (   ) → (   ) → (   )

핵심 내용

6 빈칸에 들어갈 알맞은 말을 이 글에서 찾아 쓰세요.

		대상	안드레 가임의 연구
이그노벨상		황당한 연구를 한 사람에게 줌.	자석으로 ( )를 공중에 부양시키는 연구를 함.
( )상		인류의 삶에 이바지한 사람이나 단체에게 줌.	'꿈의 신소재'인 ( )을 발견함.

⬇

이그노벨상의 의의	자유롭고 창의적인 생각을 지녀야 한다는 깨달음을 줌.

적용

7 다음 문장의 빈칸에 들어갈 알맞은 낱말을 보기 에서 찾아 쓰세요.

> **보기**
>
> 권위   신소재   이바지   공식적   익살스럽게

(1) 사회자는 (   ) 이야기하며 사람들을 웃겼다.
(2) 연구소에서 새로 개발한 (   )이/가 주목을 받고 있다.
(3) 그 소식은 오늘 신문 기사를 통해 (   )(으)로 발표되었다.
(4) 아인슈타인은 물리학에서 (   )을/를 인정받은 과학자이다.
(5) 그의 꿈은 선생님이 되어 학생들을 키우는 데에 (   )하는 것이다.

자석과 자석에 붙는 물체

정답과 해설 **17** 쪽

철을 끌어당기는 성질을 가진 물체를 '**자석**'이라고 해요. 냉장고 자석, 가방이나 지갑의 자석 단추, 현관문의 **방충망** 등 자석은 우리 생활 곳곳에서 사용돼요. 철에 붙는 자석의 성질을 이용해 자석을 쉽게 떼었다 붙일 수 있지요.

철은 자석에 붙는 성질을 지닌 금속이에요. 자석을 철로 만든 물건에 가까이 대면 일시적으로 그 물건도 자석처럼 변해 다른 쇠를 끌어당기는 성질을 가지게 돼요. 철로 된 클립이나 집게, 압정 등과 같이 철이 주요 성분인 물건은 자석에 붙어요. 하지만 종이, 유리, 나무, 고무장갑, 플라스틱 자, 알루미늄 캔 등과 같이 철이 아닌 물건은 자석에 붙지 않아요.

핵심 용어 다음 빈칸에 들어갈 알맞은 용어를 쓰세요.

(1) ☐☐

자(자기 磁) 석(돌 石): 끌어당기거나 밀어내는 성질을 지닌 돌.
- 뜻: 철을 끌어당기는 성질이 있는 물체.

(2) ☐

철(쇠 鐵): 쇠붙이.
- 뜻: 백색 광택이 나고, 물기가 묻으면 뻘건 녹이 슬며, 자석에 붙는 쇠붙이.

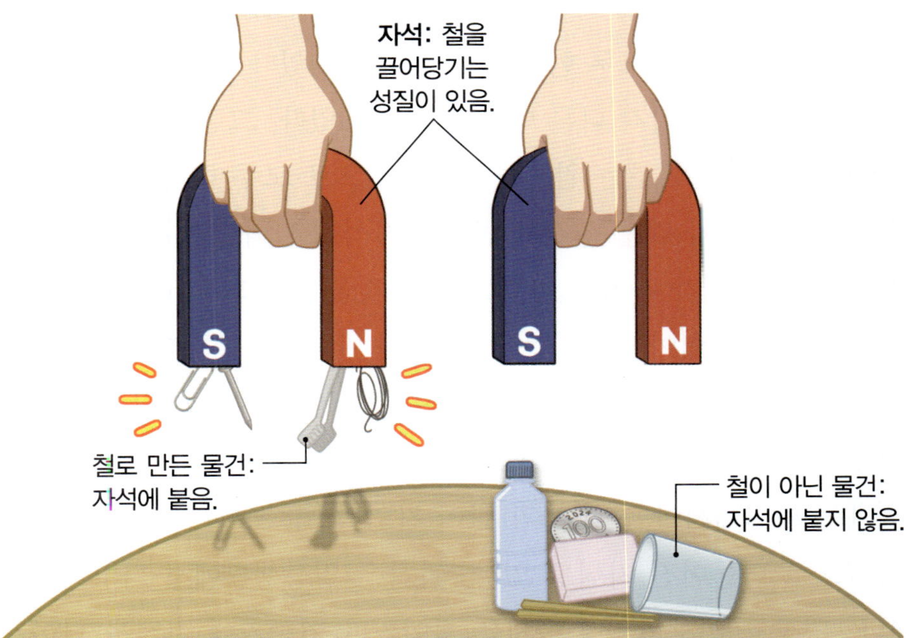

● **방충망** 해로운 벌레들이 날아들지 못하게 창문 같은 곳에 치는 망.

지문 분석

글자 수 840
800 900 1000

배를 끌어당기는 섬의 비밀

1 자석은 영어로 '마그넷(magnet)'이라고 한다. 이 말은 마그네시아 섬에서 나온 것으로 **전해진다**. 지금으로부터 2,600년 전 고대 그리스 시대에 마그네시아라는 섬이 있었는데, 이 섬에서 전해 오는 이야기가 있다. 철로 만든 물건을 가득 실은 배가 이 섬에 가까이 지나가면 배가 섬 쪽으로 저절로 끌려갔고, **선원**들은 배의 방향을 바꾸지 못하고 섬에 부딪히는 사고가 자주 일어났다고 한다. 이를 이상하게 여긴 그리스인들이 마그네시아 섬을 조사했더니 섬 전체가 철을 끌어당기는 성질을 지닌 돌로 이루어져 있음을 알게 되었다고 한다. 그리고 이 돌에서 자석을 뜻하는 말이 나오게 되었다고 전해진다.

2 마그네시아 섬의 돌에 대해 전해 내려오는 이야기처럼 자석은 철을 끌어당기는 힘이 있다. 그렇다면 철은 왜 자석에 끌려가 붙는 것일까? 자석과 철은 모두 **원자**라고 하는 아주 작은 알갱이들로 이루어져 있다. 자석을 이루는 원자들은 모두 한 방향으로 늘어서 있다. 그리고 철을 이루는 원자들은 평소에 각각 다른 방향을 향하고 있다. 그런데 철을 자석에 가까이 두면 철을 이루는 원자들이 순간적으로 모두 하나의 방향을 향하면서 철은 자석과 같은 성질로 변하여 자석에 달라붙게 된다. 이처럼 자석이 아닌 물체가 자석의 성질을 띠는 것을 '자기화'라고 한다. 그리고 이러한 자석의 힘이 작용하는 공간을 '자기장'이라고 한다. 철을 가득 실은 배가 마그네시아 섬으로 끌려간 이유도 섬의 자기장 안으로 배가 들어갔기 때문이다.

3 자석에는 마그네시아 섬의 돌과 같이 **자연적**으로 생긴 자석도 있지만 **인공적**으로 만들어진 자석도 있다. 자석은 일상생활에서 다양하게 활용된다. 냉장고에 자석으로 쪽지를 붙이거나 **기중기**에 자석을 달아 철로 된 물건을 붙게 하여 쉽게 쓰레기를 분리하기도 하고, 자동차를 만들 때 **부품**들을 자석으로 고정하기도 한다.

- **전해진다** 후대나 당대에 남겨진다.
- **선원** 배에서 일하는 사람.
- **원자** 물질을 이루며 그 물질의 성질을 나타내는 가장 작은 단위.
- **자연적**(自 스스로 자, 然 그럴 연, 的 과녁 적) 사람의 손길이 가지 않은 자연 그대로의 모습을 지닌 것.
- **인공적**(人 사람 인, 工 장인 공, 的 과녁 적) 사람의 힘으로 만든 것.
- **기중기** 무거운 물건을 위로 들어 올려 옮기는 기계.
- **부품** 기계 등의 전체 중 어느 한 부분을 이루는 물건.

내용 독해

핵심어

1 이 글에서 가장 중심이 되는 낱말을 찾아 두 글자로 쓰세요.

( )

내용 이해

2 이 글의 내용과 일치하지 <u>않는</u> 것은 무엇인가요? ( )

① 자기장은 자석의 힘이 작용하는 공간이다.
② 자석을 이루는 원자들은 전부 다른 방향을 향하고 있다.
③ 철을 자석에 가까이 두면 자석과 같은 성질을 띠게 된다.
④ 자석은 자연적으로 생기기도 하고 인공적으로 만들어지기도 한다.
⑤ 자석을 뜻하는 '마그넷'은 마그네시아라는 섬의 이름에서 나온 것으로 전해 진다.

추론

3 **1**문단에서 소개한 이야기를 읽고 짐작한 것으로 알맞은 것에 ○표 하세요.

(1) 마그네시아 섬의 돌은 자석의 성질을 지녔군. ( )
(2) 배에 나무만 실려 있었어도 배가 섬 쪽으로 끌려갔겠군. ( )
(3) 철을 실은 배가 섬과 멀어질수록 자기장의 세기는 세졌겠군. ( )
(4) 배가 섬에 가까이 갔을 때 철을 이루는 원자들은 각각 다른 방향을 향했겠 군. ( )

적용

4 이 글을 읽고 자석을 활용한 사례를 알맞게 말하지 <u>못한</u> 친구는 누구인지 쓰세요.

> 경원: 가방의 입구에 자석 단추를 달아서 가방을 쉽게 여닫을 수 있어.
> 채린: 냉장고 문에는 자석을 달아서 문을 끝까지 밀지 않아도 저절로 닫히는 기능이 있어.
> 아영: 드라이버 끝에 자석을 달면 철로 된 물체를 밀어내면서 벽에 더 잘 박 히게 할 수 있어.

( )

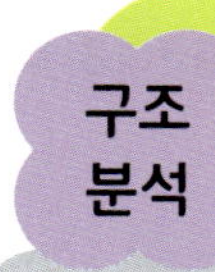

문단 요약

5 다음 빈칸에 들어갈 알맞은 말을 쓰며 이 글의 내용을 정리하세요.

문단	중심 내용
1	자석을 뜻하는 '마그넷'이라는 말의 유래와 마그네시아 섬의 전설
2	( )이 자석에 달라붙는 원리
3	( )의 종류와 활용 사례

핵심 내용

6 빈칸에 들어갈 알맞은 말을 이 글에서 찾아 쓰세요.

(   )이 자석에 붙는 원리

철을 ( ) 에 가까이 둠.	→	철을 이루는 ( )들이 하 나의 방향을 향하게 됨.	→	철의 성질이 자석 처럼 변해 철이 자석 에 붙게 됨.

이해

7 다음 낱말의 뜻을 알맞게 선으로 이으세요.

(1) 선원 •   • ㉮ 배에서 일하는 사람.

(2) 원자 •   • ㉯ 사람의 힘으로 만든 것.

(3) 부품 •   • ㉰ 기계 등의 전체 중 어느 한 부분을 이루는 물건.

(4) 인공적 •   • ㉱ 사람의 손길이 가지 않은 자연 그대로의 모습을 지닌 것.

(5) 자연적 •   • ㉲ 물질을 이루며 그 물질의 성질을 나타내는 가장 작은 단위.

자석과 자석에 붙는 물체 사이의 힘

정답과 해설 **18** 쪽

철과 같은 물체를 끌어당기는 자석의 힘을 **자기력**이라고 해요. 그리고 자석의 주위에서 자기력이 작용하는 **공간**을 **자기장**이라고 하지요. 하나의 자석에서 끌어당기는 힘이 가장 센 곳은 자석의 양끝 부분이에요. 그래서 자석의 양끝 부분과 거리가 가까울수록 철로 된 물체가 자석에 잘 달라붙어요.

자석의 주변에 철가루를 뿌려 보면 자기력의 크기와 자기장의 모습을 눈으로 확인할 수 있어요. 자기장의 세기와 방향은 **자기력선**으로 나타내요. 자기력선의 간격이 좁은 곳일수록 자기장의 세기가 강하다는 것을 알 수 있어요.

핵심 용어 다음 빈칸에 들어갈 알맞은 용어를 쓰세요.

(1) 

자(자석 磁) 기(기운 氣) 력(힘 力): 자석의 힘.
- 뜻: 자석이 서로 끌어당기거나 미는 힘.

(2) 

자(자석 磁) 기(기운 氣) 장(곳 場): 자석의 기운이 미치는 곳.
- 뜻: 자기력이 작용하는 자석 주위의 공간.

• 자기장의 형태

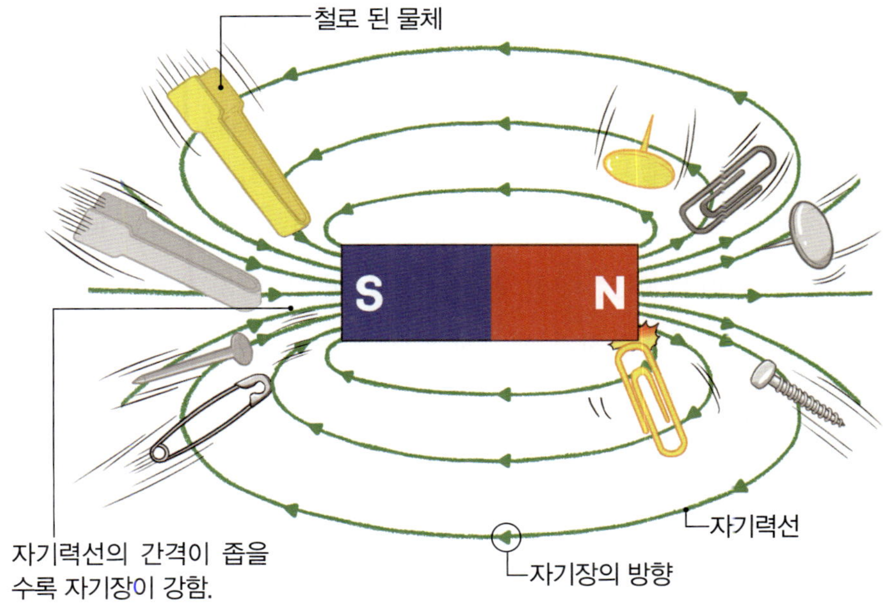

● **공간**(空 빌 공, 間 사이 간) 물질이 존재하고 여러 가지 현상이 일어나는 장소.
● **자기력선** 자기장의 크기와 방향을 나타내는 선. 유리판 위에 쇳가루를 뿌리고 그 유리판을 자석 위에 놓고 가볍게 흔들면 쇳가루가 자기력을 따라 줄지어 곡선 모양을 그림.

지문 분석

글자 수 840
800 900 1000

자석과 자석 사이의 힘

비행기보다 빠른

1 2022년 2월, 중국은 시속 1,000킬로미터가 넘는 **초고속** 자기 **부상** 열차를 **시험** 운행하는 것에 성공했다고 발표했다. 시속 1,000킬로미터는 서울과 부산을 20분 만에 이동할 수 있는 속도로, 우리나라에서 가장 빠른 열차인 케이티엑스(KTX)보다 빠른 것이다.

2 자기 부상 열차는 자석의 성질을 이용해 열차를 **선로**에서 8~10밀리미터 정도 공중에 띄워 달리는 **첨단** 교통수단이다. 자기 부상 열차는 선 5

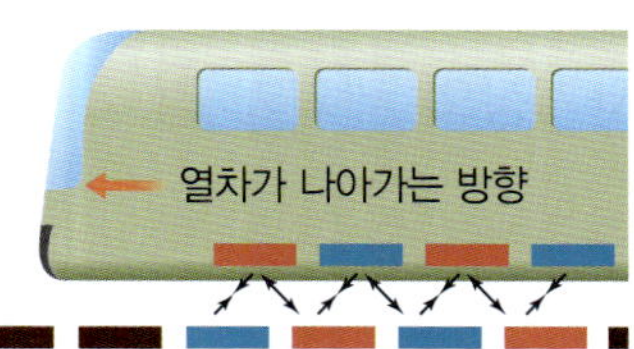

▲ 자기 부상 열차의 원리

로에 전류를 통하여 선로와 열차의 바닥의 자석을 같은 극으로 만들면 서로 밀어내는 힘이 작용하여 열차가 선로 위로 뜨게 된다. 그리고 열차의 바로 앞 선로를 열차와 다른 10 극으로 바꾸면 서로 끌어당기는 힘이 작용하여 열차가 앞으로 나아간다. 열차가 선로 쪽으로 접근하면 열차와 같은 극으로 바꾸어 열차를 밀어내는 동시에, 열차 앞의 선로는 열차와 다른 극으로 바꾸는 과정을 반복한다.

3 자기 부상 열차는 바퀴가 선로에 닿지 않아 기존 열차보다 **진동**이나 **소음**이 매우 적으며, 마찰력이 발생하지 않아 열차의 속도가 매우 빠르 15 다. 또한 석유 같은 화석 연료 대신 전류로 만들어 내는 자기력을 이용하므로 이산화 탄소나 미세먼지가 생기지 않아 친환경적이다.

4 이러한 장점으로 인해 세계 여러 나라에서 자기 부상 열차를 **차세대** 교통수단으로 연구하고 있다. 현재 일본은 최고 속도가 시속 600킬로미터가 넘는 자기 부상 열차의 시험 운행에 성공했으며, 캐나다는 시속 20 1,000킬로미터를 달릴 수 있는 열차를 개발 중이다. 우리나라는 2016년 인천 공항 주변을 도는 자기 부상 열차를 **운영하여** 실제로 승객을 태우고 운행하는 단계에 이르기도 했다. 자기 부상 열차와 관련한 연구가 활발히 진행되고, 여러 기술이 개발되고 있기 때문에 자기 부상 열차는 우리나라를 포함한 세계 여러 나라에서 편리하게 이용될 미래의 교통수 25 단으로 주목된다.

- **초고속** 더할 수 없을 정도로 매우 빠른 속도.
- **부상** 밑에서 위로, 또는 물 속에서 물 위로 떠오름.
- **시험** 어떤 계획이나 방법을 시행하기 전에 실제로 행하여 그 결과가 어찌 되는지를 미리 알아보는 것.
- **선로** 기차나 전차 등이 다니도록 깐 철길.
- **첨단** 사조, 학문, 유행 따위의 맨 앞장.
- **진동** 흔들려 움직임.
- **소음** 불규칙하게 뒤섞여 불쾌하고 시끄러운 소리.
- **차세대** 지금 세대가 지난 다음 세대.
- **운영하여** 조직이나 기구 등을 관리하고 이끌어 나가.

내용 독해

1 빈칸에 알맞은 말을 넣어 이 글의 제목을 완성하세요.

• 비행기보다 빠른 (   )

내용 이해

2 '자기 부상 열차'에 대한 설명으로 알맞지 <u>않은</u> 것에 ×표 하세요.

(1) 기존의 열차보다 진동이나 소음이 매우 적다. ( )
(2) 자석의 당기는 힘을 이용하여 선로 위에 뜬다. ( )
(3) 미래의 교통수단으로 여러 나라에서 연구하고 있다. ( )
(4) 자석의 당기는 힘과 밀어내는 힘을 이용하여 앞으로 나아간다. ( )

추론

3 이 글을 통해 답을 알 수 있는 질문은 무엇인가요? ( )

① 자기 부상 열차의 단점은 무엇인가요?
② 자기 부상 열차를 최초로 만든 사람은 누구인가요?
③ 자석의 같은 극끼리 서로 밀어내는 까닭은 무엇인가요?
④ 자기 부상 열차 같은 미래의 교통수단에는 어떤 것이 있나요?
⑤ 자기 부상 열차가 차세대 교통수단으로 주목받는 이유는 무엇인가요?

적용

4 다음은 자기 부상 열차가 공중에 떠서 달리는 원리를 설명한 글입니다. 이 글을 참고하였을 때 다음 문장에 들어갈 극으로 알맞은 것에 각각 ○표 하세요.

> 자석의 한쪽은 N극이고 반대쪽은 S극입니다. 열차의 바닥이 S극일 때, 열차가 달릴 선로를 ⑴ (N극, S극)으로 만들면 열차가 선로 위에 뜨게 됩니다. 그리고 열차 바로 앞의 선로를 ⑵ (N극, S극)으로 바꾸면 열차가 앞으로 나아갑니다.

구조
분석

문단 요약

5 다음은 이 글에 나타난 각 문단의 중심 내용입니다. 글의 내용에 맞게 순서대로 기호를 쓰세요.

> ㉮ 자기 부상 열차의 장점
> ㉯ 자기 부상 열차의 과학적 원리
> ㉰ 중국의 초고속 자기 부상 열차 시험 운행 성공 사례
> ㉱ 여러 나라의 연구 상황 및 자기 부상 열차에 대한 전망

(   ) → (   ) → (   ) → (   )

핵심 내용

6 빈칸에 들어갈 알맞은 말을 이 글에서 찾아 쓰세요.

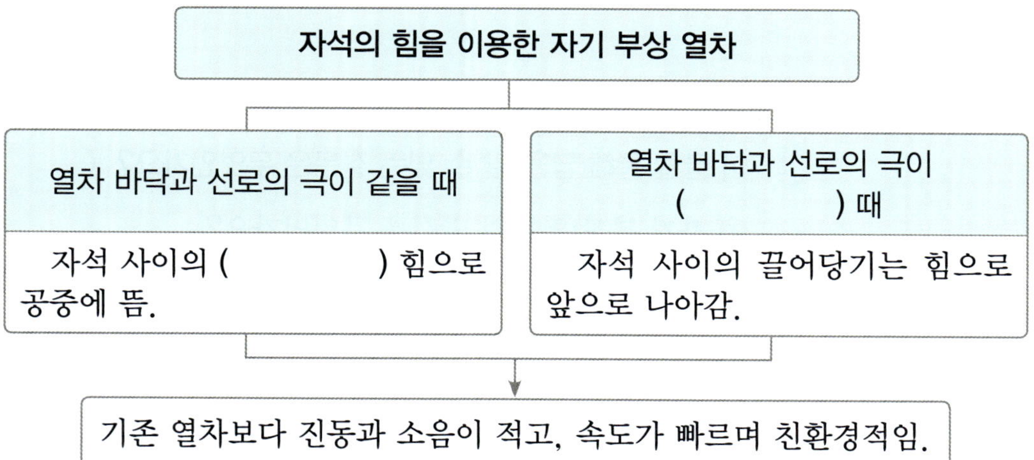

어휘

적용

7 다음 문장에 들어갈 알맞은 낱말에 ◯표 하세요.

⑴ 그는 동네에서 마트를 (운영, 운행)한다.

⑵ 기차와 지하철은 일정한 (선로, 진로)를 달린다.

⑶ 잠수함이 바닷물 위로 천천히 (부상, 향상)했다.

⑷ 과학자는 개발한 로봇이 작동되는지 (보험, 시험)해 보았다.

⑸ 그는 나이는 아직 어리지만, (과거, 차세대) 국가대표 선수로 떠오른다.

자석과 자석 사이의 힘

정답과 해설 **19** 쪽

모든 자석에는 N극과 S극이 있어요. N극과 S극처럼 서로 다른 극을 마주 보게 하여 가까이 가져가면 끌어당기는 힘이 작용하지요. 반대로 N극과 N극, 또는 S극과 S극처럼 서로 같은 극끼리 마주 보게 하여 가까이 가져가면 밀어내는 힘이 작용해요. 이처럼 서로 끌어당기는 힘을 **인력**이라고 하고, 서로 밀어내는 힘을 **척력**이라고 해요.

자석과 철 사이에는 서로 끌어당기는 힘인 인력단 작용하지만, 자석과 자석 사이에는 인력과 척력이 모두 작용해요. 인력과 척력은 자석과 자석 사이 또는 자석과 물체 사이의 거리가 멀어질수록 약해진다는 특징이 있어요.

• 자석과 자석 사이의 힘

▼ 인력

자석은 다른 극끼리는 끌어당기는 힘이 작용함.

▼ 척력

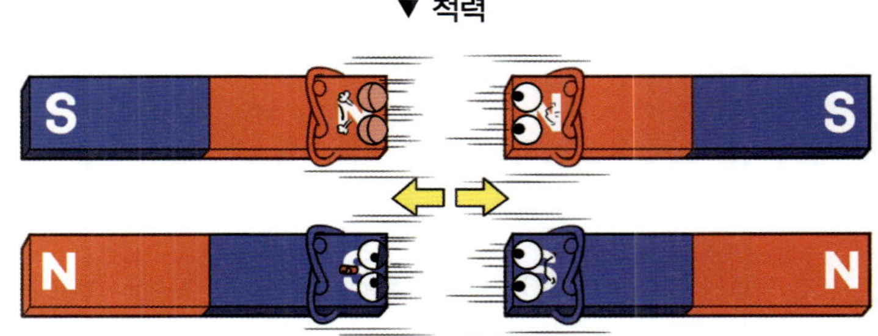

자석은 같은 극끼리는 밀어내는 힘이 작용함.

핵심 용어 다음 빈칸에 들어갈 알맞은 용어를 쓰세요.

(1) ☐☐

인(끌 引) 력(힘 力): 끌어당기는 힘.
• 뜻: 물체끼리 서로 끌어당기는 힘.

(2) ☐☐

척(물리칠 斥) 력(힘 力): 물리치는 힘.
• 뜻: 물체끼리 서로 밀어내는 힘.

지문 분석

글자 수 **980**
800 900 1000

나침반과 자석

지구 자기장을 이용해 길을 찾는 연어

1 강에서 **부화한** 연어는 먼바다로 떠나 그곳에서 약 삼사 년 동안 자란다. 그러다 **성체**가 되어 알을 낳을 때가 되면 수백에서 수천 킬로미터 되는 거리를 헤엄쳐 자신이 태어난 강으로 다시 돌아온다. 그리고 강에 이르면 알을 낳고 죽는다.

2 연어가 자신이 태어난 곳을 찾아오는 방법에 대한 여러 가지 주장이 있지만, 그중에서 연어가 지구 자기장을 이용해 길을 찾는다는 **학설**이 **유력하다**. 지구 자기장이란 지구가 지닌 자석의 성질로 인해 지구와 지구 주위에 나타나는 자기장을 말한다. 지구는 막대자석처럼 북극은 S극이, 남극은 N극이 만들어진다. 그래서 극지방으로 갈수록 자기장의 세기가 커지고, 적도 근처로 갈수록 자기장의 세기가 작아진다. 이 학설에 따르면, 연어는 지구 자기장의 세기를 ㉠**감지하는** 능력을 갖추고 태어난다. 그래서 연어는 지구 자기장을 지도처럼 이용해 멀리 떨어진 바다에서도 자신이 태어난 강이 있는 방향을 찾아 돌아올 수 있는 것이다.

3 미국의 한 과학자는 실제로 연어가 지구 자기장을 감지할 수 있는지 실험을 했다. 그는 한 번도 바다에서 헤엄쳐 본 적 없는 새끼 연어들을 넓은 **수조**에 넣고 자기장의 세기를 바꾸어 보았다. 연어가 살고 있는 곳보다 북쪽의 자기장을 세게 하면 연어는 자신의 위치가 처음보다 북쪽으로 이동했다고 **판단하여** 수조의 남쪽을 향해 움직이고, 남쪽의 자기장을 세게 하면 연어는 자신의 위치가 처음보다 남쪽으로 이동했다고 판단하여 수조의 북쪽을 향해 움직였다. 이는 연어가 태어날 때부터 ㉡__________________________ 그래서 연어는 자신이 태어난 곳에서 감지한 지구 자기장을 기억해 강으로 되돌아올 수 있는 것이다.

4 연어 외에도 자신이 태어난 해변으로 돌아와 알을 낳는 바다거북, 계절에 따라 남쪽과 북쪽을 오가는 철새, 바닷속을 수천 킬로미터 이상 이동하는 고래 등 지구의 많은 동물이 지구 자기장을 이용해 방향을 알아내는 것으로 **추측된다**.

5
10
15
20
25

- **부화한** 동물의 새끼가 알을 깨고 밖으로 나온.
- **성체** 다 자라서 생식 능력이 있는 동물. 또는 그런 몸.
- **학설**(學 배울 학, 說 말씀 설) 학문적 문제에 대하여 주장하는 이론.
- **유력하다** 가능성이 있거나 기대할 만하다.
- **감지하는** 느끼어 아는.
- **수조** 물을 담아두는 큰 통.
- **판단하여** 인식하여 논리나 기준 등에 따라 판정을 내려.
- **추측된다** 미루어져 생각되어 헤아려진다.

**내용
독해**

1 글쓴이가 이 글을 쓴 목적은 무엇인가요? (   )

① 연어가 다른 생물에 미치는 영향을 설명하기 위해
② 연어의 행동에 대한 여러 가지 학설을 소개하기 위해
③ 지구가 자석의 성질을 지니게 된 까닭을 설명하기 위해
④ 연어가 살기 좋은 환경을 만들어야 한다고 주장하기 위해
⑤ 연어가 지구 자기장을 이용해 강으로 돌아오는 원리를 설명하기 위해

2 이 글의 내용과 일치하지 <u>않는</u> 것에 ×표 하세요.

⑴ 연어는 지구 자기장을 이용해 자신이 태어난 강으로 돌아온다.　　(　　　)
⑵ 새끼 연어가 먼바다로 떠나면 자신이 태어난 곳을 기억하지 못한다.
　　　　　　　　　　　　　　　　　　　　　　　　　　　(　　　)
⑶ 바다거북은 연어처럼 자신이 태어난 곳으로 돌아와서 알을 낳는다.
　　　　　　　　　　　　　　　　　　　　　　　　　　　(　　　)
⑷ 연어는 태어날 때부터 지구 자기장을 이용해 방향을 알아내는 능력을 지닌다.
　　　　　　　　　　　　　　　　　　　　　　　　　　　(　　　)

3 ㉠과 바꾸어 쓸 수 있는 낱말은 무엇인가요? (   )

① 고치는　　　　　　② 느끼는　　　　　　③ 교체하는
④ 대처하는　　　　　⑤ 제작하는

4 ㉡에 들어갈 내용으로 알맞은 것은 무엇인가요? (   )

① 지구 자기장을 없앨 수 있다는 것을 의미한다.
② 지구 자기장을 바꿀 수 있다는 것을 의미한다.
③ 지구 자기장을 감지할 수 있다는 것을 의미한다.
④ 지구 자기장의 영향을 전혀 받지 않는다는 것을 의미한다.
⑤ 시간이 지나면 지구 자기장을 감지하지 못한다는 것을 의미한다.

**구조
분석**

5 각 문단의 중심 내용을 찾아 선으로 알맞게 이으세요.

1 문단 ·

· 지구 자기장을 이용하는 것으로 추측되는 여러 동물

2 문단 ·

· 지구 자기장을 이용해 자신이 태어난 곳을 찾아내는 연어

3 문단 ·

· 지구 자기장을 이용해 방향을 알아내는 연어의 능력에 대한 실험

4 문단 ·

· 강에서 태어나 바다로 갔다가 알을 낳을 때가 되면 태어난 강으로 돌아오는 연어

6 빈칸에 들어갈 알맞은 말을 이 글에서 찾아 쓰세요.

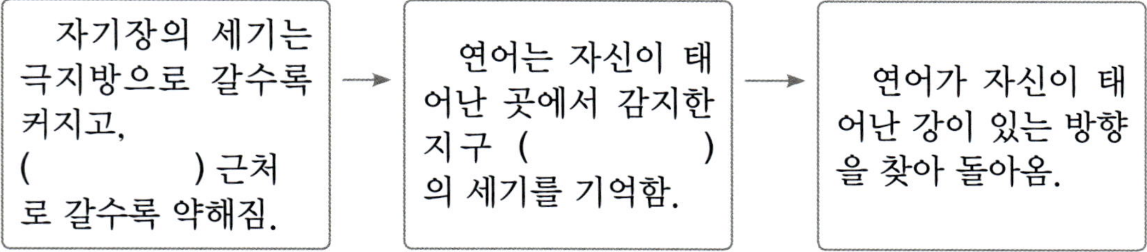

어휘

7 다음 문장에 들어갈 알맞은 낱말에 ◯표 하세요.

⑴ 그 작가는 노벨 문학상의 (무력, 유력)한 후보이다.
⑵ 동생이 시장에서 사 온 달걀을 (개화, 부화)시켰다.
⑶ 그는 상자의 크기를 보고 무게를 (정리, 추측)했다.
⑷ 지동설은 지구가 태양 주위를 돈다는 (전설, 학설)이다.
⑸ 개는 인간보다 코로 냄새를 (연구, 감지)하는 능력이 발달되어 있다.

나침반과 자석

지구는 하나의 커다란 자석이라고 볼 수 있어요. 지구 내부가 자석의 성질을 띠는 물질로 이루어졌기 때문이에요. 그래서 지구와 지구 주위에는 자석과 같은 성질이 나타나는데, 자석의 성질이 미치는 공간을 **지구 자기장**이라고 해요.

방향을 알 수 있도록 만든 기구인 **나침반**도 자석의 성질을 지니고 있어요. 나침반의 바늘은 N극과 S극으로 나누어져요. 나침반의 N극은 어디에 있든지 항상 지구의 북쪽을 가리키는데, 이는 지구 자기장의 영향 때문이에요. 자석의 다른 극끼리는 서로 끌어당기는 힘이 작용해요. 그런데 지구는 북극 부근을 S극, 남극 부근을 N극으로 하는 커다란 자석과 같기 때문에 나침반의 N극은 항상 지구의 S극인 북극을 가리키지요.

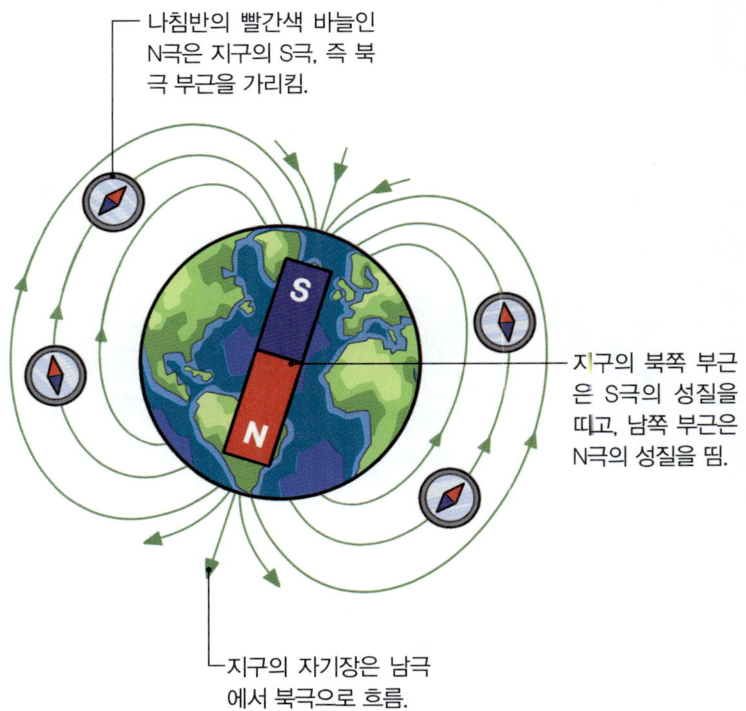

나침반의 빨간색 바늘인 N극은 지구의 S극, 즉 북극 부근을 가리킴.

지구의 북쪽 부근은 S극의 성질을 띠고, 남쪽 부근은 N극의 성질을 띰.

지구의 자기장은 남극에서 북극으로 흐름.

핵심 용어 다음 빈칸에 들어갈 알맞은 용어를 쓰세요.

(1) 지구 ☐ ☐ ☐

자(자석 磁) 기(기운 氣) 장(장소 場): 자석의 성질이 미치는 곳.
- 뜻: 지구의 자석으로서의 성질이 영향을 미치는 공간.

(2) ☐ ☐ ☐

나(그물 羅) 침(바늘 針) 반(받침 盤): 방향을 가리키는 바늘이 있는 받침.
- 뜻: 남북을 가리키는 자석의 성질을 이용해 동서남북의 방향을 알려 주는 기구.

지구와 우주

흐르는 물의 작용

강이 만든 터전, 메콩강 삼각주

1 메콩강은 세계에서 12번째로 긴 강으로, 티베트에서 시작되어 중국, 미얀마, 태국, 라오스, 캄보디아, 베트남 등 여러 나라를 거쳐 흐른다. 강을 따라 아래로 **운반된** 모래나 흙이 쌓여서 생긴 편평한 지형을 삼각주라고 하는데, 메콩강 하류에 있는 삼각주에는 약 1,750만 명 이상의 인구가 살고 있다. 메콩강 삼각주와 그 주변에 많은 사람이 모여 살게 5 된 이유는 무엇일까?

2 메콩강 삼각주 주변은 고대부터 문화가 발달한 곳이었다. 메콩강 삼각주 주변에 있는 나라들은 물길을 이용해 배를 타고 다른 나라와 **교류해** 왔다. 특히 베트남 남부에 있던 '옥에오'라는 항구에서는 여러 나라의 상인들이 물건을 교환했고, 이후 아라비아, 인도 등 여러 나라가 **교역하는** 10 데에 중요한 곳으로 발전했다.

3 삼각주로 들어온 물줄기는 땅의 성질을 바꾸어 놓는 역할도 했다. 메콩강 삼각주의 하류까지 운반된 모래와 흙에는 많은 영양분이 포함되어 있기 때문이다. 이로 인해 삼각주는 **기름진** 땅이 되었다. 땅이 기름지면 농사를 짓기 좋은 환경이 되므로 다양한 작물을 재배할 수 있다. 15 베트남 사람들도 이러한 삼각주의 장점을 이용해 쌀농사를 짓는다. 베트남은 세계 3위 쌀 **수출국**으로 쌀의 약 50퍼센트를 메콩강 삼각주에서 **수확하고** 있다.

4 삼각주는 여러 생물이 살기에도 좋은 환경이다. 메콩강 삼각주에는 다양한 종류의 물고기가 살고 있는데, 베트남에서 얻는 수산물의 약 65 20 퍼센트가 메콩강 삼각주에서 나온다. 사람들은 이러한 풍부한 수산물을 이용해 **생계**를 유지하고 경제를 **활성화한다**.

5 하지만 현재 메콩강 삼각주 지역은 사라질 위기에 처해 있다. 과학자들은 기후 변화로 **해수면**이 높아지고, 무분별한 댐 건설로 충분한 양의 퇴적물이 떠내려오지 않아 삼각주의 크기가 줄어들고 있다고 말한 25 다. 그리고 이러한 상황이 계속되면 머지않은 미래에는 메콩강 삼각주가 해수면 아래로 가라앉아 메콩강을 **터전**으로 살아가는 사람들에게 큰 위협이 될 것이라고 경고하고 있다.

- **운반된** 강물이나 바람에 의해 흙, 모래, 자갈 따위가 옮겨 날라진.
- **교류해** 문화나 사상 따위를 서로 통하게 해.
- **교역하는** 주로 나라와 나라 사이에서 물건을 사고팔고 하여 서로 바꾸는.
- **기름진** 땅이 매우 양분이 많은.
- **수출국** 상품이나 기술을 외국으로 팔아 내보내는 나라.
- **수확하고** 익거나 다 자란 농수산물을 거두어들이고.
- **생계** 살림을 살아 나갈 방도. 또는 현재 살림을 살아가고 있는 형편.
- **활성화한다** 사회나 조직 등의 기능을 활발하게 한다.
- **해수면** 바닷물의 표면.
- **터전** 생활의 근거지가 되는 곳

1 이 글은 무엇에 대해 설명하고 있는지 다음 빈칸에 들어갈 말을 찾아 세 글자로 쓰세요.

> 이 글은 메콩강 [   ]와 그 주변에 많은 사람이 모여 살게 된 까닭과 그 지역을 보존해야 하는 필요성을 설명하고 있다.

(   )

2 이 글의 내용과 일치하는 것은 무엇인가요? (   )

① 메콩강은 전 세계에서 가장 긴 강이다.
② 메콩강 삼각주에서는 생물이 살기 어렵다.
③ 해수면이 점점 낮아지면서 메콩강 삼각주가 사라질 위기에 있다.
④ 베트남에서 재배하는 과일의 50퍼센트를 메콩강 삼각주에서 만든다.
⑤ 삼각주는 강을 따라 운반되어 온 모래나 흙이 쌓여서 생긴 편평한 지형이다.

3 이 글을 통해 답을 알 수 있는 질문을 모두 찾아 ○표 하세요.

(1) 메콩강이 흐르는 지역은 어디인가요?　　　　　　　　　　(   )
(2) 메콩강 삼각주에 사는 물고기의 종류는 몇 가지인가요?　　(   )
(3) 메콩강 삼각주 주변에 있는 나라들은 어떤 물건을 교류했나요?　(   )
(4) 메콩강 삼각주가 농사를 짓기 유리한 땅인 까닭은 무엇인가요?　(   )

4 이 글을 읽고 삼각주에 대해 알맞게 말한 친구는 누구인지 쓰세요.

> 민수: 삼각주는 강의 하류에 생기는구나.
> 근영: 삼각주는 흐르는 물 때문에 땅이 깎여 만들어졌구나.
> 성훈: 삼각주는 흙이나 모래가 바다에서 녹아서 생긴 지형이구나.
> 재중: 삼각주 근처의 지역은 강물의 흐름이 세서 교류하기 어려웠겠구나.

(   )

구조 분석

문단 요약

5 다음은 이 글에 나타난 각 문단의 중심 내용입니다. 글의 내용에 맞게 문단의 순서대로 기호를 쓰세요.

> ㉮ 농사짓기에 좋은 삼각주
> ㉯ 메콩강 삼각주를 보전해야 할 필요성
> ㉰ 많은 사람이 모여 사는 메콩강 삼각주
> ㉱ 풍부한 수산물을 얻을 수 있는 삼각주
> ㉲ 물길을 통해 여러 나라와 교류하며 발전한 삼각주

( ) → ( ) → ( ) → ( ) → ( )

핵심 내용

6 빈칸에 들어갈 알맞은 말을 이 글에서 찾아 쓰세요.

( )의 뜻	삼각주에 사람들이 모여 사는 까닭
강을 따라 아래로 운반된 모래나 흙이 쌓여서 생긴 편평한 지형.	• 옛날부터 물길을 이용하여 배를 타고 여러 나라와 교류해 왔음. • 삼각주를 이루는 흙과 모래에 많은 영양분이 있어 ( )를 짓기 좋은 환경이 됨. • 풍부한 수산물을 활용할 수 있음.

어휘

적용

7 다음 문장의 빈칸에 들어갈 알맞은 낱말을 보기 에서 찾아 쓰세요.

보기

교역   수확   터전   해수면   활성화

⑴ 두 나라는 서로 오랫동안 물품을 ( )했다.
⑵ 지구 온난화로 인해 ( )이/가 점점 높아지고 있다.
⑶ 각 지역에서 전통 시장을 ( )하려고 노력하고 있다.
⑷ 기후 변화로 삶의 ( )을/를 잃은 사람들을 환경 난민이라고 한다.
⑸ 올해는 심한 더위가 계속되면서 쌀 ( )이/가 기대보다 줄어들었다.

흐르는 물의 작용

오랜 시간 동안 흐르는 물은 여러 가지 작용을 통해 지표의 모습을 변화시켜요. 흐르는 물에 지표의 바위나 돌, 흙이 깎여 나가는 것을 **침식 작용**, 깎여 나간 돌, 모래, 흙이 물에 의해 옮겨지는 것을 **운반 작용**, 운반된 돌, 모래, 흙이 쌓이는 것을 **퇴적 작용**이라고 해요.

침식 작용으로 만들어진 **지형**에는 절벽, **해식** 동굴, **브이자곡** 등이 있고, 퇴적 작용으로 만들어진 지형에는 갯벌과 삼각주, **선상지** 등이 있어요. 이처럼 물은 산에서 강과 바다로 흐르며 주변 지형을 다양하게 변화시켜요.

• 흐르는 물에 의한 작용

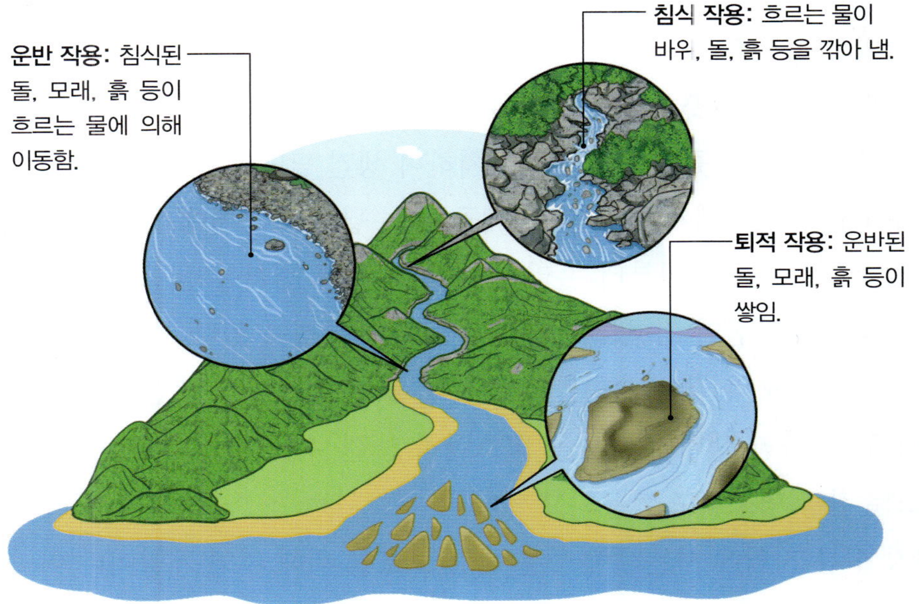

● **지형** 땅의 생긴 모양.
● **해식** '해안 침식'을 줄여 이르는 말.
● **브이자곡** 가로로 자른면이 'Ｖ' 모양으로 된 골짜기.
● **선상지** 골짜기 어귀에서 하천에 의하여 운반된 자갈과 모래가 평지를 향하여 부채 모양으로 퇴적하여 이루어진 지형.

---

(1) ☐☐ **작용**

침(적실 浸) 식(갉아먹을 蝕): 흐르는 물이 적시고 깎음.
• 뜻: 지표의 바위나 돌, 흙이 깎여 나가는 것.

(2) ☐☐ **작용**

운(운전할 運) 반(옮길 搬): 옮겨 나름.
• 뜻: 흙, 모래, 자갈 등이 흐르는 물에 의해 옮겨지는 것.

(3) ☐☐ **작용**

퇴(흙무더기 堆) 적(쌓을 積): 모래, 흙 등이 쌓임.
• 뜻: 운반된 자갈, 모래, 흙 등이 쌓이는 것.

지문 분석

글자 수 820
800 900 1000

강 주변의 모습

한강의 시작점은 어떤 모습일까?

1 한강은 한반도의 중심을 흐르는 강이다. 한강이라고 하면 대부분의 사람들은 서울을 가로지르는 넓은 강과 평평한 지형, 그리고 공원과 같은 시민들의 휴식 공간을 떠올린다. 그러나 우리가 떠올리는 이러한 한강의 모습은 강의 하류 부분이다. 한강의 시작점과 가까운 한강 상류는 하류에 비해 잘 알려지지 않은 편이다.　　　　　5

2 한강의 물줄기는 남한강에서 먼저 시작된다. 강원도 태백산맥 금대봉에 있는 검룡소에서는 날마다 2,000톤의 지하수가 나와 폭포를 이루는데, 이것이 흘러 내려와 남한강의 물줄기가 된다. 금강산 옥발봉에서 시작한 북한강의 물줄기와 남한강의 물줄기는 경기도 양평에 있는 '두물머리'에서 만난다. 두물머리에서 합쳐진 두 물줄기는 서울을 **관통한** 　10 다음 서해로 빠져나가는데, 검룡소에서 시작하여 서해로 빠져나가기까지 한강의 길이는 약 497.5킬로미터에 이른다.

3 한강의 상류는 깨끗하고 풍부한 **수자원**을 지니고 있다. 특히 북한강과 남한강이 만나는 곳에 팔당댐을 설치하며 생긴 팔당호는 약 2,600만 명의 **수도권** 주민들에게 마실 물을 제공한다. 팔당호 근처에 있는 **수력** 　15 **발전소**는 한강 상류에서부터 흘러온 물을 이용해 전기를 ㉠공급한다. 또한 한강의 시작점인 검룡소는 **경관**이 뛰어난 특징이 있다. 울창한 숲이나 계단식 폭포와 같은 지형뿐만 아니라 활짝 핀 야생화 같은 다양한 생물이 있어 자연 생태의 모습을 **고스란히** 느낄 수 있다. 그래서 최근 검룡소는 관광 **명소**로도 활용되고 있다. 　20

4 한강 상류 지역에 사는 주민들은 한강 보호를 위해 지역 개발이나 어업, 축산업 등의 활동에 제한을 받게 된다. 한강 하류 지역 주민들은 한강 상류 지역 주민들이 갖게 되는 이러한 경제적 **손해**를 지원하기 위해 '물 이용 부담금'을 낸다. 이 부담금은 지속적인 환경 보호와 이를 위해 **희생하는** 주민들의 생활을 **개선하기** 위해 다양하게 사용된다. 　25

- **관통한** 꿰뚫어서 통한.
- **수자원** 농업, 공업, 발전용으로 쓰일 수 있는 물.
- **수도권** 수도와 수도 근처의 지역.
- **수력 발전소** 수력 발전으로 전력을 발생시키는 발전소.
- **경관** 산이나 들, 강, 바다 따위의 자연이나 지역의 풍경.
- **고스란히** 건드리지 아니하여 조금도 축이 나거나 변하지 아니하고 그대로 온전한 상태로.
- **명소**(名 이름 명, 所 바 소) 아름다운 경치나 유적, 특산물 등으로 유명한 장소.
- **손해** 물질적으로나 정신적으로 밑짐.
- **희생하는** 다른 사람이나 어떤 목적을 위하여 목숨, 재산, 명예, 이익 따위를 바치거나 버리는.
- **개선하기** 잘못된 것이나 부족한 것, 나쁜 것 따위를 고쳐 더 좋게 만들기.

**내용
독해**

목적

1 글쓴이가 이 글을 쓴 목적은 무엇인가요? (   )

① 한강 하류의 중요성을 알리기 위해
② 한강 상류와 하류의 특징을 비교하기 위해
③ 한강 상류에 관광지를 만들어야 한다고 주장하기 위해
④ 한강 상류와 하류의 문제점과 해결 방안을 제시하기 위해
⑤ 한강 상류의 특징과 이를 보전하기 위한 노력을 설명하기 위해

내용 이해

2 '검룡소'에 대한 설명으로 알맞은 것은 무엇인가요? (   )

① 바닷물이 흐르는 곳이다.
② 북한강과 남한강이 만나는 지점이다.
③ 비가 오는 날에만 지하수가 솟아난다.
④ 한강의 물줄기가 처음 시작되는 곳이다.
⑤ 한강이 흘러 마지막으로 도착하는 곳이다.

내용 이해

3 이 글을 통해 알 수 있는 내용을 모두 찾아 ○표 하세요.

(1) 한강의 전체 길이 ( )
(2) 한강의 하류에서 볼 수 있는 동물 ( )
(3) 한강 상류의 환경이 훼손되는 원인 ( )
(4) 한강 상류가 수도권 주민들에게 제공하는 것 ( )

어휘·어법

4 ㉠과 뜻이 비슷한 낱말은 무엇인가요? (   )

① 공유 ② 발굴 ③ 발전
④ 제공 ⑤ 제시

**구조
분석**

5 다음은 이 글에 나타난 각 문단의 중심 내용입니다. 글의 내용에 맞게 순서대로 기호를 쓰세요.

> ㉮ 한강 시작점의 모습
> ㉯ 한강 하류에 비해 잘 알려지지 않은 한강 상류
> ㉰ 풍부한 수자원과 빼어난 경관을 지닌 한강 상류
> ㉱ 한강 상류의 환경을 보전하기 위한 주민들의 노력

(   ) → (   ) → (   ) → (   )

6 빈칸에 들어갈 알맞은 말을 이 글에서 찾아 쓰세요.

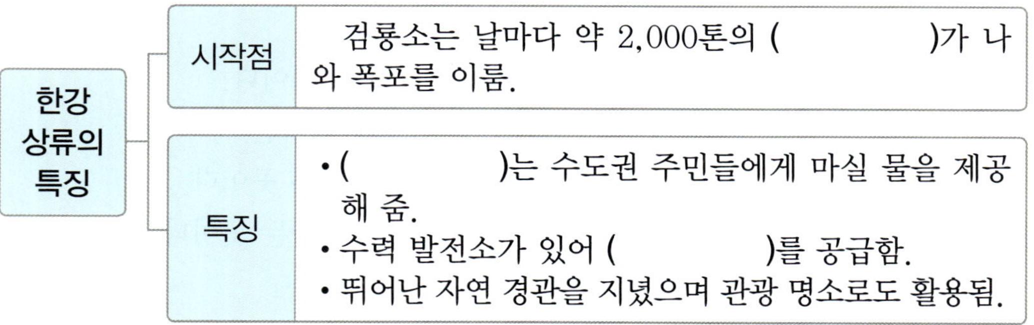

어휘

7 다음 낱말의 뜻을 알맞게 선으로 이으세요.

(1) 경관 •　　• ㉮ 수도와 수도 근처의 지역.

(2) 개선 •　　• ㉯ 농업, 공업, 발전용으로 쓰일 수 있는 물.

(3) 명소 •　　• ㉰ 산이나 들, 강, 바다 따위의 자연이나 지역의 풍경.

(4) 수자원 •　　• ㉱ 아름다운 경치나 유적, 특산물 등으로 유명한 장소.

(5) 수도권 •　　• ㉲ 잘못된 것이나 부족한 것, 나쁜 것 따위를 고쳐 더 좋게 만듦.

강 주변의 모습

강의 물줄기는 높은 곳에서 시작해서 낮은 곳으로 흘러요. 강이 시작되는 위쪽 부분을 '**상류**'라고 하고, 강의 아래쪽 부분을 '**하류**'라고 해요.

강의 상류는 **강폭**이 하류보다 좁고, 경사도 **급해요**. 그래서 상류에서 흐르는 물의 양은 적지만 물이 흘러가는 속도가 빨라요. 또한 강의 상류는 물에 의해 쌓이는 퇴적 작용보다 깎여 나가는 침식 작용이 활발하게 일어나요. 그래서 크고 모난 바위나 자갈, 돌 등이 많아요.

반면, 강의 하류는 강폭이 상류보다 넓고, 경사가 **완만해요**. 하류에서는 흐르는 물의 양이 많고, 아래쪽으로 갈수록 흐르는 속도가 점점 느려져요. 또한 강의 하류는 침식 작용보다 퇴적 작용이 **활발**하게 일어나요. 그래서 모래나 고운 흙이 많아요.

핵심 용어 다음 빈칸에 들어갈 알맞은 용어를 쓰세요.

(1) ☐☐

상(위 上) 류(흐를 流): 흐르는 강의 위쪽.
- 뜻: 강이나 내의 시작점에 가까운 부분.

(2) ☐☐

하(아래 下) 류(흐를 流): 흐르는 강의 아래쪽.
- 뜻: 강이나 내의 아래쪽 부분.

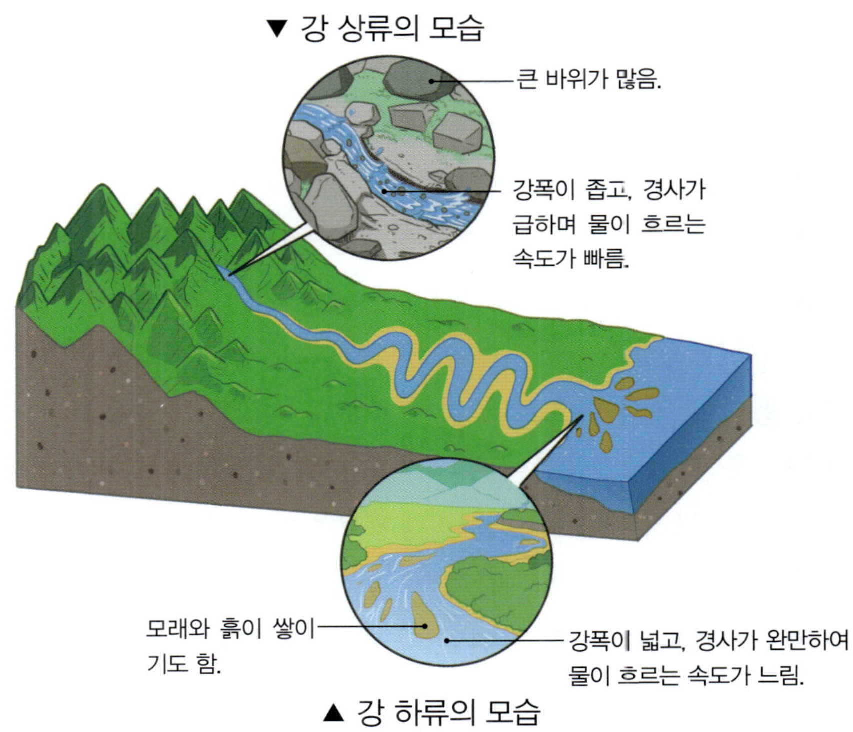

- **강폭** 강을 가로질러 잰 길이. 강의 너비를 이름.
- **급해요** 기울기나 경사가 가팔라요.
- **완만해요** 비스듬히 기울어진 정도가 급하지 않아요.

화산

화산 활동으로 만들어진 섬, 하와이

1 하와이 제도는 미국의 50번째 주로, 일 년 내내 거의 비슷한 기후와 아름다운 자연 경관으로 많은 사람들이 찾는 곳이다. 하와이 제도는 화산 활동으로 만들어진 섬으로 이루어져 있는데, 그중 주민들이 살고 있는 섬은 총 8개이다.

2 화산 활동은 땅속에 있던 **마그마**가 땅의 갈라진 틈을 뚫고 **분출하는** 5 현상을 말한다. 하와이 제도를 이루는 화산섬들은 하와이의 땅속 깊은 곳에 있는 '하와이 열점'에서 마그마가 분출하여 만들어졌다. 열점은 마그마를 분출하는 곳으로, 지구 표면을 덮고 있는 **지각판**인 대륙판이나 해양판에 고정되어 있다. 하와이 열점은 해양판이 조금씩 움직이면서 계속 새로운 위치에서 마그마를 분출하여 바다 위에 하와이를 이루는 10 여러 개의 섬들이 줄지어 만들어졌다.

3 그중에서 가장 최근에 만들어진 섬은 '하와이섬'이다. 하와이섬은 하와이에 있는 다른 모든 섬을 합친 **면적**보다 두 배 이상 커서 '빅 아일랜드'라는 별명을 가지고 있다. 이곳에는 하와이 화산 국립 공원이 있는데, 이 안에는 지금도 화산 활동이 일어나는 마우나로아 화산과 킬라우 15 에아 화산이 있다. 이 두 화산은 열점에서 공급하고 있는 마그마를 쏟아낸다. 이로 인해 마그마가 지표로 흘러나온 상태인 용암이 바다로 흘러가 **급격히** 식어 굳어지며 새로운 땅이 만들어진다.

4 하와이 화산 국립 공원에서는 화산 활동으로 생긴 독특한 지형을 볼수 있다. 용암이 녹아서 흐르던 지하 통로가 식으면서 만들어진 '나후 20 쿠–서스턴 용암 동굴,' 용암이 부서지면서 생긴 검은색 모래가 가득한 '푸날루우 검은 모래 해변'이 이런 지형에 속한다. 이곳에서는 화산이 만들어 내는 자연의 모습을 실제로 만날 수 있다. 하와이 화산 국립 공원은 이러한 독특한 지형들로 자연의 다양성을 인정받아 1987년에 유네스코 세계 자연유산으로 **등재되었다.** 25

- **마그마** 땅속 깊은 곳에서 암석이 녹아 액체 상태로 있는 것.
- **분출하는** 액체나 기체 상태의 물질이 솟구쳐서 뿜어져 나오는.
- **지각판** 지구의 겉 부분을 둘러싸는, 두께 100킬로미터 안팎의 암석 판.
- **면적** 일정한 평면이나 곡면이 차지하는 크기.
- **급격히** 변화의 속도가 매우 빠르게.
- **등재되었다** 이름이나 어떤 내용이 장부에 적혀 올려졌다.

**내용
독해**

1 **이 글은 무엇에 대해 설명하고 있는지 빈칸에 알맞은 말을 찾아 두 글자로 쓰세요.**

> 이 글은 [   ] 활동으로 생긴 하와이의 다양한 지형에 대해 설명하고 있다.

(   )

2 **이 글의 내용과 일치하지 <u>않는</u> 것은 무엇인가요? (   )**

① 열점은 고정되어 있지 않아 위치가 계속 변한다.
② 하와이 제도에서 크기가 가장 큰 섬은 '빅 아일랜드'이다.
③ 하와이 화산 국립 공원은 1987년에 세계 자연유산으로 등재되었다.
④ 마우나로아 화산과 킬라우에아 화산은 지금도 화산 활동을 하고 있다.
⑤ 하와이 제도는 화산 활동으로 만들어진 섬인 화산섬으로 이루어져 있다.

3 **이 글을 통해 답을 알 수 있는 질문에 모두 ○표 하세요.**

(1) 화산 활동으로 만들어진 독특한 지형에는 무엇이 있나요? (   )
(2) 하와이에서 현재 만들어지고 있는 섬의 이름은 무엇인가요? (   )
(3) 화산 활동으로 인해 하와이가 입은 피해에는 무엇이 있나요? (   )
(4) 하와이가 줄지어진 여러 개의 섬으로 이루어진 까닭은 무엇인가요?

(   )

4 **이 글을 읽고 하와이의 화산 활동에 대해 알맞게 말하지 <u>못한</u> 친구는 누구인가요?**

(   )

① 승연: 땅속에 있던 마그마가 열점을 통해 분출되었구나.
② 민지: 지금도 하와이에서는 화산 활동이 일어나고 있구나.
③ 경연: '나후쿠―서스틴 용암 동굴'은 바위가 파도에 깎여 만들어진 동굴이구나.
④ 윤호: 용암이 바다로 흘러 들어가 굳어지면 새로운 땅을 만들기도 하는구나.
⑤ 예리: '푸날루우 검은 모래 해변'의 검은색 모래는 화산 활동으로 생긴 용암
이 부서져 만들어진 것이구나.

구조 분석

5 각 문단의 중심 내용으로 알맞은 것에 ○표, 틀린 것에 ×표를 하세요.

1 문단	하나의 화산섬으로 이루어진 하와이	( )
2 문단	하와이 열점에서 생긴 하와이의 섬들	( )
3 문단	하와이섬에 있는 마우나로아 화산과 킬라우에아 화산의 화산 활동	( )
4 문단	하와이 화산 국립 공원에서 볼 수 있는 빅 아일랜드의 독특한 지형	( )

6 빈칸에 들어갈 알맞은 말을 이 글에서 찾아 쓰세요.

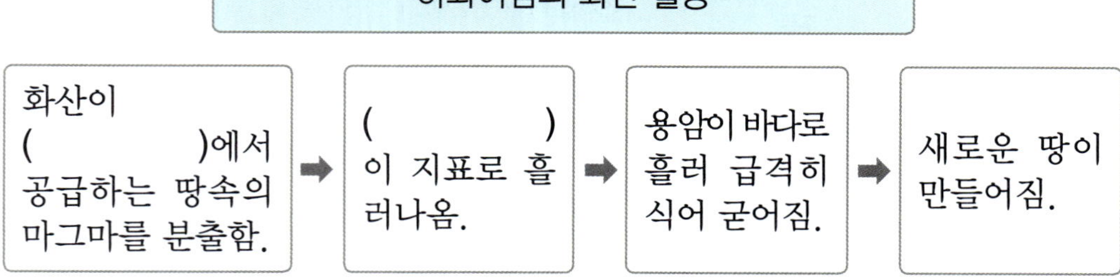

어휘

7 다음 문장의 빈칸에 들어갈 알맞은 낱말을 보기 에서 찾아 쓰세요.

보기

등재　　면적　　분출　　급격히　　마그마

⑴ ( )이/가 땅을 뚫고 솟아올랐다.

⑵ 사막 한가운데에서 석유가 ( )되었다.

⑶ 창덕궁이 세계 문화유산으로 ( )되었다.

⑷ 산꼭대기에 올라갔더니 기온이 ( ) 내려갔다.

⑸ 동아시아에서 ( )이/가 가장 넓은 나라는 중국이다.

화산

화산은 땅속 깊은 곳에서 암석이 높은 열에 의해 녹아 만들어진 마그마가 지표면으로 분출하여 생긴 지형을 말해요. 화산의 꼭대기에는 마그마가 지표면으로 분출하면서 용암이나 화산 가스 등을 내뿜는 입구인 분화구가 있는 경우도 있는데, 이 분화구에 물이 고이면 커다란 호수나 물웅덩이가 생기기도 해요.

보통 산은 화산과 다르게 이어져 능선을 이루거나 골짜기가 발달해요. 또한 화산과 달리 분화구가 없어서 꼭대기가 불룩한 모양이 많지요.

• 화산인 산과 화산이 아닌 산

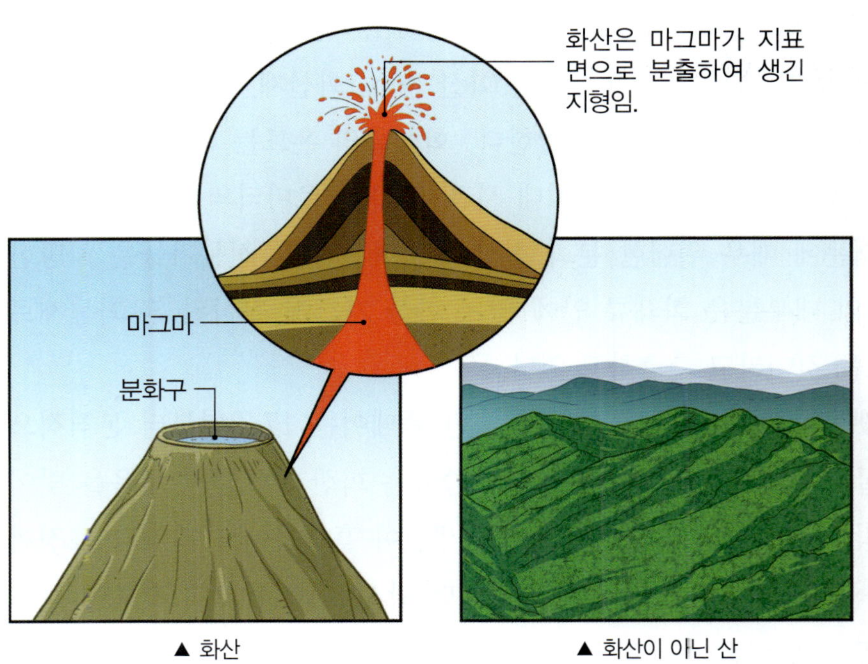

핵심 용어 다음 빈칸에 들어갈 알맞은 용어를 쓰세요.

(1) ☐ ☐

화(불 火) 산(산 山) : 땅속에서 뜨거운 열을 내뿜는 마그마가 분출하여 생긴 산.
• 뜻: 땅속 깊은 곳에서 높은 열에 의하여 암석이 녹은 마그마가 지표면으로 분출하여 생긴 지형.

(2) ☐ ☐ ☐

• 뜻: 땅속 깊은 곳에서 암석이 녹아 액체 상태로 있는 것.

(3) ☐ ☐ ☐

분(뿜을 噴) 화(불 火) 구(입구 口): 뜨거운 용암이나 화산 가스 등을 내뿜는 입구.
• 뜻: 땅속 마그마가 용암이나 화산 가스를 땅 위로 분출하는 구멍.

● **지표면**(地 땅 지, 表 겉 표, 面 얼굴 면) 지구나 땅의 겉면.
● **능선** 산등성이를 따라 죽 이어진 선.

화산 분출물

폼페이가 갑자기 사라진 이유

1 폼페이는 고대 로마 제국의 도시로, 기후가 따뜻하며 기름지고 평평한 땅이 있어 농업과 상업이 발달한 곳이었다. 폼페이는 원형 경기장과 공중목욕탕 등 다양한 문화 시설을 지니며 고대 로마 제국의 **전성기**를 누렸던 곳이기도 하다.

2 그런데 폼페이 도시가 한순간 사라지는 사건이 발생했다. 79년 8월 폼페이에서 약 10킬로미터 떨어진 곳에 있던 베수비오 화산이 갑자기 폭발했다. 폼페이와 주변 도시는 순식간에 어둠에 휩싸였고 용암과 화산재가 **솟구치기** 시작했다. 화산재는 약 18시간 만에 3미터 높이로 쌓였고, 폼페이는 흔적도 없이 사라졌다. 이로 인해 폼페이 인구 중 2,000명이 넘는 주민들이 목숨을 잃었다.

3 폼페이 시민들이 폼페이에서 빨리 탈출하지 못한 이유는 무엇일까? 베수비오 화산이 폭발할 당시 화쇄류가 15분 동안 분출되면서 도시가 **초토화되었기** 때문이다. 화쇄류란 화산 가스, 화산재, 암석 등이 빠르게 흘러 땅 위를 덮치는 현상을 말한다. 화쇄류의 온도는 최대 1,000도에 이르며, 산의 **경사면**을 따라 최대 시간당 700킬로미터의 빠르기로 내려오기 때문에 매우 위험한 분화 현상으로 여겨진다. 전문가들은 사망한 사람들의 대부분은 화쇄류 안에 있는 화산 가스에 **질식된** 후 화산재로 뒤덮였을 것이라고 추측하고 있다.

4 오랫동안 화산재 속에 묻혀 있었던 폼페이는 1748년부터 **본격적**으로 **발굴되기** 시작했다. 발굴된 것들 중에는 화산재에 묻혀 죽음을 맞이한 사람들의 시체도 있었는데, 오랜 세월이 흘렀음에도 자세와 표정까지 화석으로 그대로 남아 고통스러웠던 당시 상황을 그대로 보여 주고 있다. 또한 발굴된 폼페이에는 당시 고대 로마 제국의 생활 모습이 그대로 남아 있어서 **고고학**적 가치가 높아 1997년 유네스코 세계 문화유산으로 등재되었다.

5

10

15

20

25

- **전성기** 힘이나 세력 등이 한창 왕성한 시기.
- **솟구치기** 아래에서 위로, 또는 안에서 밖으로 세차게 솟아오르기.
- **초토화되었기** 땅이 불에 타서 검게 그을리거나 불에 탄 것처럼 못 쓰게 되었기.
- **경사면** 비스듬히 기울어진 면
- **질식된** 숨통이 막히거나 산소가 부족하여 숨을 쉴 수 없게 된.
- **본격적** 모습을 제대로 갖추고 적극적인 것.
- **발굴되기** 땅속에 묻혀 있던 것이 파내지기.
- **고고학** 고대의 유품이나 발굴품에 관하여 연구하는 학문.

내용
독해

설명 대상

1 이 글은 무엇에 대해 쓴 글인가요? (   )

① 고대 로마 제국이 사라진 원인
② 과거 폼페이 주민들의 문화생활
③ 폼페이가 전성기를 누릴 수 있었던 이유
④ 유네스코 세계 문화유산으로 등재된 세계의 여러 지역
⑤ 화산 폭발 당시 폼페이의 피해 상황과 발굴된 폼페이의 가치

내용 이해

2 이 글의 내용과 일치하지 <u>않는</u> 것은 무엇인가요? (   )

① 베수비오 화산 폭발로 폼페이가 사라지게 되었다.
② 폼페이는 과거에 농업과 상업이 발달한 곳이었다.
③ 화산 폭발 당시 폼페이의 생활 모습은 알 수 없다.
④ 폼페이는 고대 로마 제국의 전성기를 누렸던 곳이다.
⑤ 발굴된 폼페이는 유네스코 세계 문화유산으로 등재되었다.

추론

3 이 글을 읽고 알 수 있는 내용을 모두 찾아 ○표 하세요.

(1) 과거 폼페이의 인구 (   )
(2) 고대 로마 제국의 문화 시설 (   )
(3) 베수비오 화산이 갑자기 폭발한 원인 (   )
(4) 화산 폭발 당시 폼페이 시민들이 빨리 탈출하지 못한 원인 (   )

적용

4 다음에서 설명하는 것을 이 글에서 찾아 세 글자로 쓰세요.

> 화산의 폭발로 분출된 화산 가스, 화산재, 암석 등이 뒤섞여 빠르게 흐르는 것을 말한다. 온도는 최대 1,000도이며, 속도는 평균적으로 시간당 100킬로미터를 움직이고, 최대 700킬로미터 이상 움직이기도 한다.

(   )

구조
분석

문단 요약

5 다음은 어느 문단의 중심 내용인지 문단의 번호를 쓰세요.

발굴된 폼페이의 고고학적 가치	( )문단
베수비오 화산 폭발로 사라진 폼페이	( )문단
폼페이 시민들이 빨리 탈출하지 못한 원인	( )문단
로마 제국의 전성기를 누렸던 폼페이의 과거 모습	( )문단

핵심 내용

6 빈칸에 들어갈 알맞은 말을 이 글에서 찾아 쓰세요.

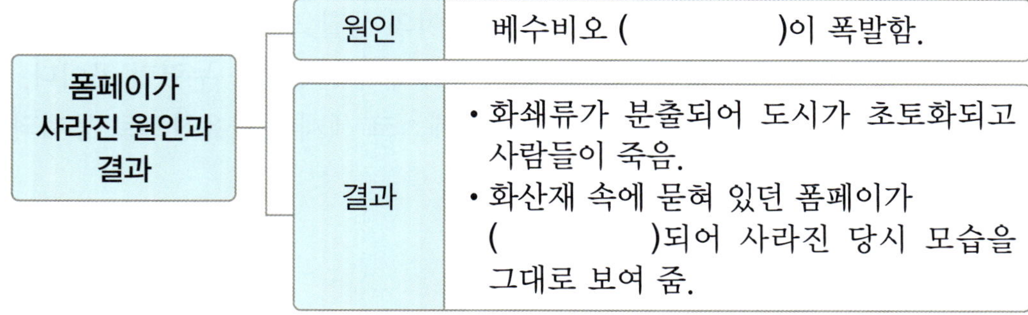

어휘

이해

7 다음 낱말의 뜻을 알맞게 선으로 이으세요.

(1) 발굴 •
(2) 경사면 •
(3) 고고학 •
(4) 본격적 •
(5) 전성기 •

• ㉮ 비스듬히 기울어진 면.

• ㉯ 땅속에 묻혀 있던 것을 파냄.

• ㉰ 힘이나 세력 등이 한창 왕성한 시기.

• ㉱ 모습을 제대로 갖추고 적극적인 것.

• ㉲ 고대의 유품이나 발굴품에 관하여 연구하는 학문.

화산 분출물

비주얼 과학 교과서 개념

화산이 활동할 때 여러 가지 물질이 분화구 밖으로 뿜어져 나와요. 이때 분화구에서 뿜어져 나오는 물질을 **화산 분출물**이라고 해요.

화산 분출물은 세 가지의 상태로 있어요. 땅 위에 지표를 뚫고 마그마에서 기체가 빠져나간 액체 상태로 흘러나오는 붉은색의 **용암**, 수증기가 많이 포함된 기체 상태로 나오는 화산 가스, 돌가루나 암석 조각처럼 고체 상태로 나오는 **화산재**와 화산 암석 등이에요.

이러한 화산 분출물은 마을이나 **농경지**를 뒤덮고 햇빛을 가려 사람과 동식물에 큰 피해를 주어요.

• **화산이 폭발할 때 나오는 물질**

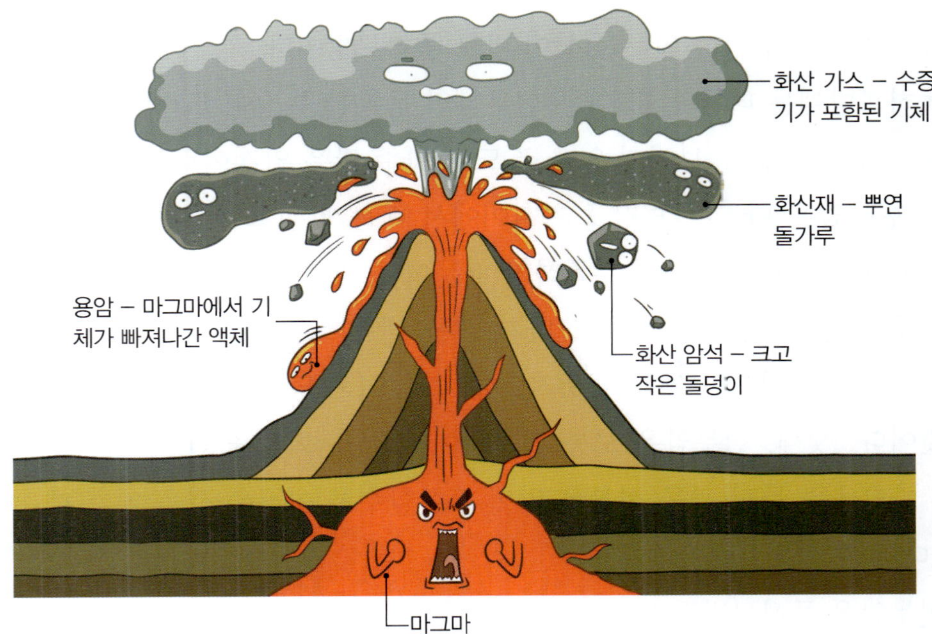

• **농경지** 농사짓는 데 쓰는 땅.

핵심 용어 다음 빈칸에 들어갈 알맞은 용어를 쓰세요.

(1) **화산** ☐ ☐ ☐

분(뿜을 噴) **출**(날 出) **물**(만물 物): 뿜어져 나오는 것.
• 뜻: 화산이 분출할 때 나오는 용암, 가스, 수증기와 같은 물질.

(2) ☐ ☐

용(쇠 녹일 鎔) **암**(바위 巖): 바위가 녹은 것.
• 뜻: 마그마가 지표로 분출하면서 화산 가스 등의 기체 물질이 빠져나간 액체 상태의 물질.

(3) ☐ ☐ ☐

화(불 火) **산**(산 山) **재**: 화산에서 분출되는 가루.
• 뜻: 화산에서 분출된 용암의 부스러기 가운데 크기가 4밀리미터보다 작은 알갱이.

현무암과 화강암

제주도의 돌하르방과 현무암

1 돌하르방은 제주도를 대표하는 **상징물** 중 하나이다. 돌하르방은 '돌'과 '할아버지'라는 뜻의 제주도 **방언**인 '하르방'이 합쳐진 말로, 돌로 만든 할아버지라는 뜻이다. 돌하르방의 형태는 다양하지만, 대체로 **감투**를 쓰고 배 위에 손을 올린 모습을 하고 있다. 돌하르방을 자세히 들여다보면 검은색의 돌로 만들었는데, 돌의 표면에는 작은 구멍들이 숭숭 5
뚫려 있다. 이러한 돌하르방의 모습은 제주도의 **지질학**적인 특성과 깊은 관련이 있다.

2 제주도는 약 200만 년 전 마그마가 지표 밖으로 분출되어 만들어진 섬이다. 마그마가 식어 굳어지면 암석이 만들어지는데 마그마가 지표 가까이에서 빠르게 식어 만들어진 암석이 현무암이다. [㉠   ] 제주 10
도의 지형 대부분이 현무암으로 이루어져 있다. 제주도에서 쉽게 구할 수 있는 현무암을 깎아 만든 **석상**이 바로 돌하르방이다.

3 돌하르방에는 다른 돌과 다른 현무암의 독특한 특징이 드러나 있다. 첫째, 현무암은 눈에 보이지 않을 정도로 아주 작은 알갱이로 구성되어 있다. 현무암은 마그마가 지표 가까이에서 빠르게 식으며 굳어져서 알 15
갱이의 크기가 커질 시간이 부족하기 때문이다. 둘째, 현무암 표면에 구멍이 뚫려 있는 것이 있다. 마그마가 식을 때 가스가 빠져나간 자리가 메워지기 전에 식으면 **흔적**이 생기는데, 그것이 구멍의 형태로 남아 있는 것이다. 셋째, 현무암은 보통 검은색이나 짙은 회색을 띤다. 암석이 철과 마그네슘 등의 **광물** 성분을 많이 포함할수록 어두운 색을 띠기 때 20
문이다.

4 현무암은 돌하르방뿐만 아니라 일상생활의 다양한 곳에서도 쓰인다. 현무암의 독특한 표면의 모양을 살려 건물의 벽이나 정원을 장식하거나 담장을 쌓기도 하고, 단단한 성질을 이용해서 맷돌을 만들어 사용하기도 한다. 25

- **상징물** 추상적인 개념을 구체적으로 나타낸 물체.
- **방언** 어떤 지역이나 계층의 사람들만 쓰는 독특한 언어.
- **감투** 머리에 쓰던 말총, 가죽, 헝겊 등으로 만든 작은 모자.
- **지질학** 지구의 거죽을 이루고 있는 물질들의 성질과 상태를 연구하는 학문.
- **석상** 돌을 조각하여 만든 사람이나 동물의 형상.
- **흔적** 사물이나 현상이 없어지거나 지나간 뒤에 남겨진 것.
- **광물** 금, 은, 철 등과 같은 금속을 포함하는 자연에서 생기는 무기 물질.

내용 독해

1 이 글의 설명 방법으로 알맞은 것은 무엇인가요? (   )

① 돌하르방을 만드는 과정을 차례대로 설명하고 있다.
② 화산 활동이 일어나는 원리를 분석하여 설명하고 있다.
③ 돌하르방과 다른 지역의 석상을 비교하여 설명하고 있다.
④ 화산 활동으로 만들어진 여러 암석을 비교하여 설명하고 있다.
⑤ 돌하르방에 사용된 현무암의 특징과 일상 속 현무암의 쓰임을 설명하고 있다.

내용 이해

2 이 글의 내용과 일치하지 <u>않는</u> 것은 무엇인가요? (   )

① 제주도에서는 현무암을 구하기 쉽다.
② 돌하르방은 돌로 만든 할아버지라는 뜻이다.
③ 돌하르방에는 현무암의 특징이 잘 드러나 있다.
④ 돌하르방은 제주도를 대표하는 상징물 중 하나이다.
⑤ 돌하르방은 제주도에서 정한 하나의 형태로만 만든다.

추론

3 ❸문단을 읽고 현무암에 대해 짐작할 수 있는 내용을 알맞게 말한 친구는 누구인지 쓰세요.

> 근영: 마그마가 식을 때 가스가 빠져나가지 못한 흔적이 현무암 표면의 구멍이구나.
> 성윤: 암석이 철과 마그네슘과 같은 광물 성분을 많이 포함할수록 밝은색을 띠겠구나.
> 채은: 마그마는 빠르게 식으면 알갱이의 크기가 작은 암석이 되고, 천천히 식으면 알갱이의 크기가 큰 암석이 되겠구나.

(   )

어휘·어법

4 ㉠에 들어갈 알맞은 말은 무엇인가요? (   )

① 그래서   ② 그러나   ③ 그러면
④ 하지만   ⑤ 왜냐하면

구조 분석

5 다음은 이 글에 나타난 각 문단의 중심 내용입니다. 글의 내용에 맞게 순서대로 기호를 쓰세요.

> ㉮ 현무암의 구체적인 특징
> ㉯ 일상에서 현무암이 활용되는 예
> ㉰ 제주도를 대표하는 상징물인 돌하르방
> ㉱ 화산 활동으로 생긴 현무암과 제주도의 지질학적 특징

(   ) → (   ) → (   ) → (   )

6 빈칸에 들어갈 알맞은 말을 이 글에서 찾아 쓰세요.

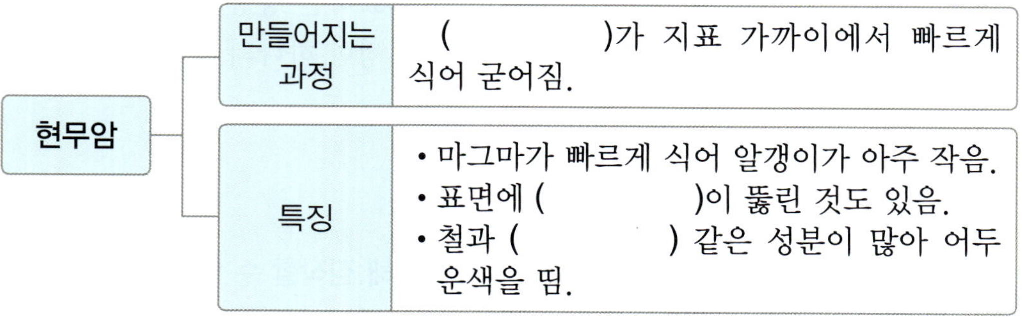

어휘

7 다음 낱말의 뜻을 보기 에서 찾아 기호를 쓰세요.

> **보기**
> ㉮ 추상적인 개념을 구체적으로 나타낸 물체.
> ㉯ 돌을 조각하여 만든 사람이나 동물의 형상.
> ㉰ 어떤 지역이나 계층의 사람들만 쓰는 독특한 언어.
> ㉱ 사물이나 현상이 없어지거나 지나간 뒤에 남겨진 것.
> ㉲ 지구의 거죽을 이루고 있는 물질들의 성질과 상태를 연구하는 학문.

(1) 방언 　(　　　) 　　　 (2) 석상 　(　　　)

(3) 흔적 　(　　　) 　　　 (4) 지질학 　(　　　)

(5) 상징물 　(　　　)

현무암과 화강암

화산 활동에 의해 마그마가 식어서 만들어진 암석을 **화성암**이라고 해요. 화성암의 대표적인 암석에는 현무암과 화강암이 있어요. 마그마가 **지표** 가까이에서 빠르게 식으면서 만들어지는 암석은 **현무암**, 마그마가 땅속 깊은 곳에서 천천히 식으면서 만들어지는 암석은 **화강암**이에요.

현무암은 주로 어두운색을 띠고, 암석을 이루는 알갱이가 작으며, 표면에 구멍이 있는 것도 있어요. 제주도의 돌하르방이 바로 현무암으로 만들어졌어요. 반면 화강암은 주로 밝은색을 띠는 경우가 많고, 암석을 이루는 알갱이가 현무암보다 커요. 경주의 석굴암이 바로 이 화강암으로 만들어졌어요.

• 현무암과 화강암이 만들어지는 곳

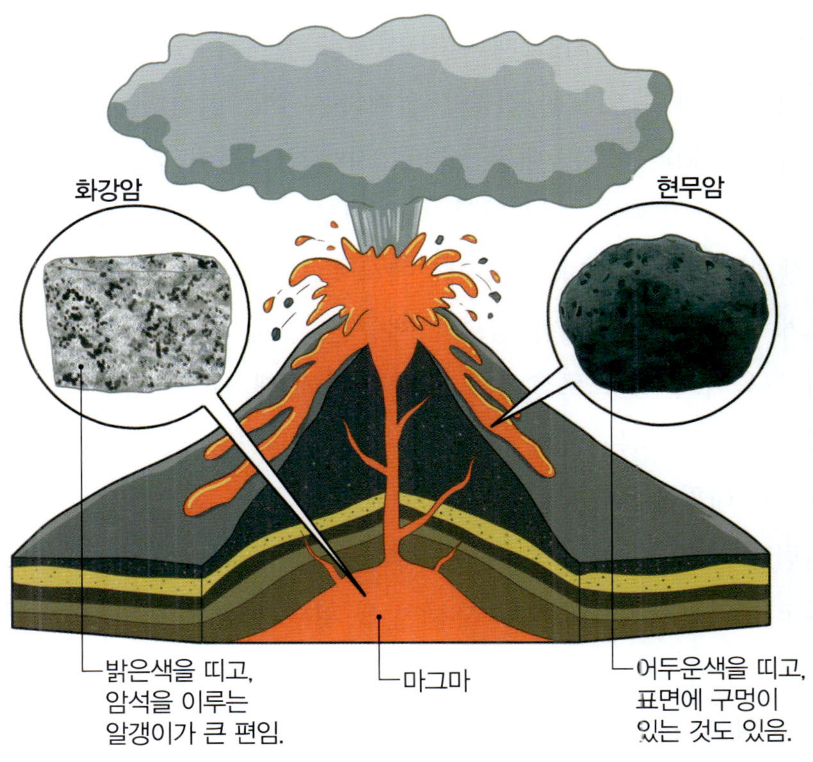

핵심 용어 다음 빈칸에 들어갈 알맞은 용어를 쓰세요.

(1) ☐ ☐ ☐

화(열 火) 성(이룰 成) 암(바위 巖): 열에 의해 생긴 암석.
• 뜻: 마그마가 식거나 굳어서 만들어진 암석.

(2) ☐ ☐ ☐

현(검을 玄) 무(굳셀 武) 암(바위 巖): 검고 단단한 바위.
• 뜻: 지표 가까이에서 마그마가 빠르게 굳어져 생긴 암석.

(3) ☐ ☐ ☐

화(꽃 花) 강(언덕 崗) 암(바위 岩): 무늬가 아름답고 주로 언덕 위에 많이 있는 바위.
• 뜻: 땅속 깊은 곳에서 마그마가 천천히 굳어져 생긴 암석.

● **지표** 지구의 표면 또는 땅의 겉면.

지문 분석

글자 수 896
800 900 1000

일본에서 왜 지진이 자주 일어날까?

1 일본은 크고 작은 지진을 자주 겪는 나라 중 하나이다. 일본의 기상청 자료에 따르면 1978년부터 2022년까지 일본에서 약한 건물이 파괴될 수 있는 규모 5.0 이상의 지진이 발생한 횟수는 무려 4,788회이다. 이는 일 년에 평균 111회의 지진이 발생한 것이다.

2 일본에서 유난히 지진이 자주 발생하는 것은 일본의 지형적인 특성 때문이다. 판 구조론에 따르면 지구 표면은 약 10개의 거대한 지각판으로 나누어져 있다. 지진은 지각판이 지구 내부의 열의 움직임을 따라 이동하다가 충돌하면서 발생하며, 주로 판이 충돌하는 곳에서 자주 일어난다. 지진이 활발하게 발생하는 지점을 연결한 띠 모양의 지역을 '지진대'라고 한다. 일본은 태평양을 둘러싸고 네 개의 지각판이 만나는 환태평양 지진대에 속해 있기 때문에 지진에 매우 **취약하다**.

3 일본은 잦은 지진에 **대비하기** 위해 여러 가지 방법을 마련해 두고 있다. 첫 번째로, 건물을 지을 때 내진 설계를 철저히 한다. 내진 설계란 지진을 견디어 낼 수 있도록 건물을 **설계하는** 것을 말한다. 실제로 일본의 건물 중 약 80퍼센트는 내진 설계로 지어져 건물이 무너지는 피해를 줄이고 있다. 두 번째로, 체계적인 지진 **경보** 시스템을 갖추고 있다. 지진이 발생하면 공공장소나 주요 시설에서 즉시 경보음이 울려 사람들에게 빠르게 지진 발생에 대한 정보를 제공한다. 세 번째로, **정기적**인 지진 대피 교육과 훈련 프로그램을 통해 지진에 **대처하는** 방법을 **숙지시키고** 있다. 학교에서는 학생들에게 반복적인 훈련을 하여 지진이 일어나면 빠르게 대처할 수 있도록 한다.

4 이처럼 일본은 지진의 피해를 줄이기 위해 여러 방면에서 노력하고 있다. 우리나라는 1978년 이후 지진 발생 횟수가 점점 늘고 있어 더 이상 지진으로부터 안전한 나라가 아니다. ㉠우리나라도 지진 피해를 줄이기 위해 일본의 지진 경험과 대비 방법을 참고하여 **철저히** 대비하는 것이 중요하다.

- **취약하다** 무르고 약하다.
- **대비하기** 앞으로 있을지도 모를 힘들거나 어려운 일을 겪지 않기 위해서 미리 준비하기.
- **설계하는** 건축, 토목, 기계 등에 관한 계획을 세우거나 그 계획을 그림 등으로 나타내는.
- **경보** 위험이 닥쳐올 때 경계하도록 미리 알리는 일. 또는 그 보도나 신호.
- **정기적** 기한이나 기간이 일정하게 정하여져 있는 것.
- **대처하는** 어떤 어려운 일이나 상황을 이겨 내기에 알맞게 행동하는.
- **숙지시키고** 익숙하게 또는 충분히 알게 하고.
- **철저히** 속속들이 꿰뚫어 미치어 밑바닥까지 빈틈이나 부족함이 없이.

1 문단 **1**~**4**에 사용된 설명 방법으로 알맞은 것을 모두 찾아 ○표 하세요.

(1) **1** : 구체적인 자료를 제시하였다. (　　　)

(2) **2** : 원인과 결과에 따라 설명하였다. (　　　)

(3) **3** : 시간의 순서에 따라 설명하였다. (　　　)

(4) **4** : 다른 사람의 말을 인용하고 있다. (　　　)

2 이 글의 내용과 일치하는 것은 무엇인가요? (　　　)

① 지각판은 지구 내부의 열의 움직임을 따라 이동한다.

② 판 구조론에 따르면 지구는 네 개의 지각판으로 나누어져 있다.

③ 지진은 지구 표면의 거대한 지각판들이 가만히 멈춰 있어서 발생한다.

④ 일본에서 지진이 자주 발생하는 이유는 지진대에서 벗어나 있기 때문이다.

⑤ 우리나라는 환태평양 지진대에 속해 있지 않아서 지진이 거의 발생하지 않는다.

3 이 글의 내용을 알맞게 이해하지 <u>못한</u> 친구를 찾아 ✕표 하세요.

(1) 하은: 내진 설계로 지은 건물은 그냥 지은 건물보다 지진을 잘 견딜 수 있겠구나. (　　　)

(2) 재희: 우리나라는 일본보다 지진이 훨씬 많이 일어나기 때문에 일본의 지진 대비 방법을 참고해야 해. (　　　)

(3) 민성: 지진이 일어났을 때 빠르게 대처할 수 있도록 평소에도 지진 대비 방법을 잘 숙지하고 있어야겠어. (　　　)

(4) 성진: 일본은 지진 경보 시스템을 잘 갖추고 있어서 지진이 났을 때 사람들이 빠르게 대처할 수 있을 거야. (　　　)

4 ㉠에 어울리는 한자 성어는 무엇인가요? (　　　)

① 작심삼일: 결심이 오래가지 못하는 것을 이르는 말.

② 사필귀정: 모든 일은 반드시 바른길로 돌아감을 이르는 말.

③ 동문서답: 물음과는 전혀 상관없는 엉뚱한 대답을 이르는 말.

④ 유비무환: 평소에 준비를 철저히 해 놓으면 후에 근심이 없다는 말.

⑤ 감언이설: 귀가 솔깃하도록 남의 비위에 맞게 이로운 듯이 꾸며서 하는 말.

구조 분석

문단 요약

5 다음은 이 글에 나타난 각 문단의 중심 내용입니다. 글의 내용에 맞게 순서대로 기호를 쓰세요.

> ㉮ 지진을 자주 겪는 나라인 일본
> ㉯ 일본에서 지진이 자주 발생하는 이유
> ㉰ 우리나라에서 지진에 철저히 대비할 필요성
> ㉱ 일본이 지진에 대비하기 위해 마련한 여러 가지 방법

(   ) → (   ) → (   ) → (   )

핵심 내용

6 빈칸에 들어갈 알맞은 말을 이 글에서 찾아 쓰세요.

일본에서 ( )이 자주 발생하는 원인	환태평양 ( )에 속해 있기 때문임.
일본의 지진 대비 방법	• 건물의 ( ) 설계 • 체계적인 지진 경보 시스템 • 정기적인 지진 대피 교육 및 훈련

어휘

적용

7 다음 낱말이 들어갈 문장을 찾아 선으로 알맞게 이으세요.

(1) 경보 •   • ㉮ 이곳은 홍수에 매우 (   )한 지역이다.

(2) 대비 •   • ㉯ 건축가는 새로 지을 학교를 (   )하였다.

(3) 설계 •   • ㉰ 폭풍이 불기 시작하자 (   )이/가 울렸다.

(4) 취약 •   • ㉱ 우리 반은 한 달에 두 번씩 (   )(으)로 회의를 한다.

(5) 정기적 •   • ㉲ 우리나라 선수들은 올림픽 경기에 (   )해 훈련에 들어갔다.

지진의 피해와 대처 방법

정답과 해설 **26** 쪽

땅은 지구 내부에서 힘을 오랫동안 받으면 휘어지거나 끊어질 수 있어요. 이렇게 땅이 끊어지며 흔들리는 것을 **지진**이라고 해요.
지진의 세기를 **수치**로 나타낸 것을 규모라고 하는데, 지진의 규모가 클수록 강한 지진이에요. 규모가 큰 지진이 발생하면 건물, 구조물 등이 무너지거나 **인명** 피해 등의 **지진 피해**가 발생하기도 해요. 그런데 같은 규모의 지진이 발생해도 지진에 대비한 정도에 따라 지진의 피해 정도가 달라질 수 있어요. 따라서 평소에도 지진에 대처하는 방법을 잘 알아 두고 철저히 대비하는 것이 중요해요.

핵심 용어 다음 빈칸에 들어갈 알맞은 용어를 쓰세요.

(1) ☐☐

지(땅 地) 진(흔들릴 震): 땅의 흔들림.
• 뜻: 땅이 흔들리거나 끊어지는 것.

(2) ☐☐☐☐

지(땅 地) 진(흔들릴 震) 피(당할 被) 해(손해 害): 지진으로 손해를 당함.
• 뜻: 지진으로 입는 여러 가지 피해.

• **지진 피해 사례**

땅이 갈라짐.

건물이 무너짐.

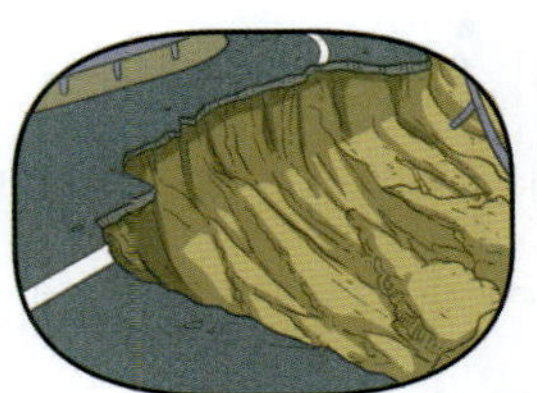

도로가 끊어짐.

• **지진 대처 방법**

머리를 보호하며 넓은 곳으로 이동해야 함.

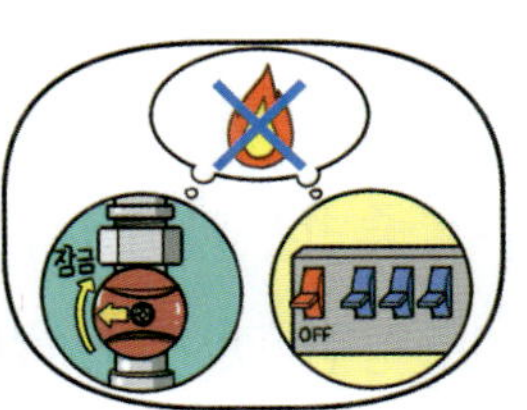

흔들림이 멈추면 전기와 가스를 차단해야 함.

지진 정보를 확인하고 정보에 따라 행동해야 함.

● **수치** 계산하여 얻은 값.
● **인명** 사람의 목숨.

여러 날 동안 변하는 달의 모양

작품에 나타난 달의 독특한 모양

1 조선 시대의 화가인 신윤복은 일상의 모습을 작품에 **사실적**으로 **묘사하는** 것으로 유명하다. 신윤복의 대표 작품 중 하나인 「월하정인」은 '달빛 아래 정 깊은 사람들'이라는 뜻으로, 밤중에 담 아래에서 등불을 든 선비와 치마를 두른 여인이 만나는 모습을 그린 것이다. 그런데 이 그림에 나타난 달은 눈썹처럼 위쪽만 둥근 모양을 하고 있다. 평소 밤하 5 늘에서 오른쪽이 둥근 눈썹 모양인 초승달이나 왼쪽이 둥근 눈썹 모양 인 그믐달은 볼 수 있어도 위쪽만 둥근 눈썹 모양의 달은 볼 수 없다. 신 윤복은 왜 이러한 달의 모양을 그리게 된 것일까?

2 한 천문학자의 추측에 따르면, 「월하정인」에 나타난 달은 월식이 일 어났을 때만 볼 수 있는 독특한 모양이다. 월식은 태양과 지구와 달이 10 나란히 **일렬**로 놓이면서 달이 지구의 그림자에 가려지는 현상을 말한 다. 월식은 둥근 모양의 보름달이 되었을 때만 나타나는데, 보름달이 전 부 가려지는 현상을 ㉠개기 월식, 보름달이 일부분만 가려지는 현상을 부분 월식이라고 한다. 그림에 나타난 달은 지구 그림자의 모양을 따라 보름달의 일부만 가려진 모양이므로, 부분 월식 때의 모습으로 ㉡**추정** 15 할 수 있다.

3 천문학자는 「월하정인」 속 달의 모양이 부분 월식을 나타낸 것임을 밝히고, 그 내용을 바탕으로 작품이 그려진 날짜도 추정하였다. 이것은 신윤복의 활동 **시기**였던 18세기 중반부터 19세기 중반까지 부분 월식 이 관측된 기록을 통해 날짜를 추정한 것이다. 컴퓨터 **시뮬레이션**을 통 20 해 분석했을 때, 당시 그림과 같이 위로 둥근 모양의 달이 나타난 날짜 는 1784년 8월 30일과 1793년 8월 21일이었다. 하지만 1784년 8월 29일부터 3일 내내 비가 내렸다는 기록이 있으므로, 그때는 달이 보이 지 않았을 것이다. 따라서 이 작품은 1793년 8월 21일에 그려진 것으로 **짐작할** 수 있다. 오로지 달의 모양만으로 조선 시대의 화가가 그림을 그 25 린 날짜를 밝혀낼 수 있었던 것은 태양과 지구, 달의 위치가 일정한 **주 기**마다 바뀌는 현상을 이용한 덕분이다.

- **사실적** 사물을 있는 그대로 그려 내는 것.
- **묘사하는** 어떤 대상이나 현 상을 보이는 대로 서술하거 나 그리는.
- **일렬** 하나로 벌인 줄.
- **추정할** 미루어 생각하여 판 정할.
- **시기** 어떠한 때로부터 다른 때까지의 동안.
- **시뮬레이션** 복잡한 문제나 사회 현상 따위를 해석하고 해결하기 위하여 실제와 비 슷한 모형을 만들어 모의적 으로 실험하여 그 특성을 파 악하는 일.
- **짐작할** 사정이나 형편 따위 를 어림잡아 헤아릴.
- **주기** 같은 현상이나 특징이 한 번 나타나고부터 다음 번 되풀이되기까지의 기간.

**내용
독해**

1 이 글은 무엇에 대해 쓴 글인가요? (　　　　)

① 달의 표면의 모습

② 조선 시대를 대표하는 여러 화가

③ 작품에서 볼 수 있는 조선 시대 사회 모습

④ 날짜에 따라서 달의 위치가 달라지는 이유

⑤ 작품 속 달의 모양으로 제작 날짜를 추정한 과정

2 이 글의 내용과 일치하는 것은 무엇인가요? (　　　　)

① 위쪽만 둥근 눈썹 모양의 달은 초승달이다.

② 월식은 초승달이 되었을 때만 나타나는 현상이다.

③ 「월하정인」이 제작된 시기는 1784년으로 추정된다.

④ 달이 지구의 그림자에 가려지는 현상을 월식이라고 한다.

⑤ 「월하정인」 속 달의 모양은 개기 월식 때의 모습으로 추정된다.

3 이 글을 읽고 알 수 있는, ㉠이 일어났을 때 달의 모양으로 알맞은 것을 찾아 기호
를 쓰세요.

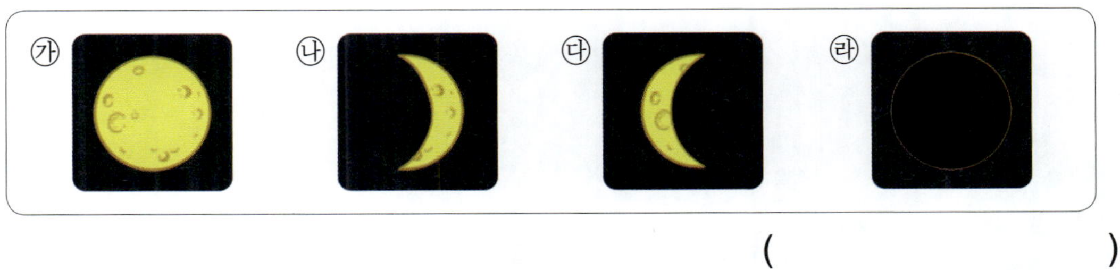

(　　　　　　　　　　　　)

4 ㉡과 바꾸어 쓸 수 있는 낱말은 무엇인가요? (　　　　)

① 결정　　　　　　② 대비　　　　　　③ 선정

④ 짐작　　　　　　⑤ 추가

구조 분석

문단 요약

5 각 문단의 중심 내용으로 알맞은 것에 ○표, 틀린 것에 ✕표를 하세요.

1 문단	신윤복의 작품인 「월하정인」에 나타난 독특한 달의 모양	( )
2 문단	개기 월식으로 추정되는 「월하정인」 속 달의 모양	( )
3 문단	「월하정인」 속 달의 모양을 통해 밝혀낸 신윤복이 그림을 그린 날짜	( )

핵심 내용

6 빈칸에 들어갈 알맞은 말을 이 글에서 찾아 쓰세요.

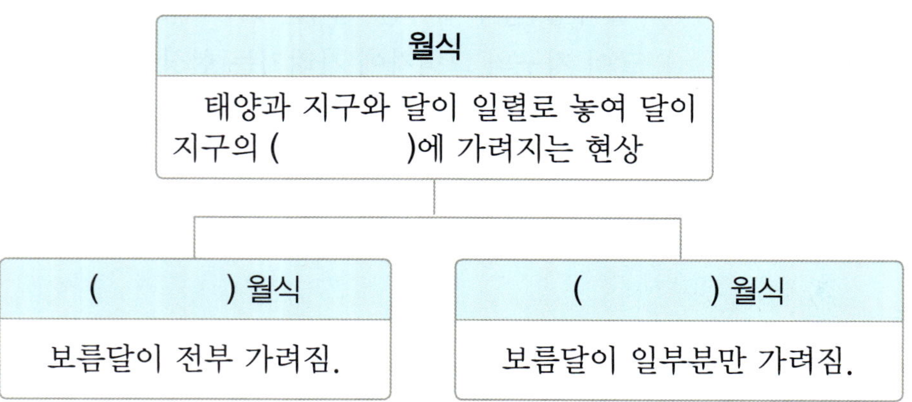

어휘

적용

7 다음 문장의 빈칸에 들어갈 알맞은 낱말을 보기 에서 찾아 쓰세요.

보기

묘사	시기	일렬	추정	사실적

⑴ 사람들이 (   )(으)로 줄을 섰다.
⑵ 경찰은 증거를 가지고 범인을 (   )했다.
⑶ 청소년기는 미래를 결정하는 중요한 (   )이다.
⑷ 사진은 그림보다 사물의 모습을 (   )(으)로 나타낸다.
⑸ 그 화가는 주변의 풍경을 섬세하게 (   )하는 것으로 유명하다.

여러 날 동안 변하는 달의 모양

달을 여러 날 동안 관찰하다 보면 달의 모양이 계속 변한다는 것을 알 수 있어요. 그 이유는 달이 지구를 **공전하면서** 달의 위치가 변하는데, 그에 따라 달이 태양 빛을 받는 부분도 달라지기 때문이지요. 그래서 실제로 달의 모양이 변하는 것은 아니지만, 우리 눈에 보이는 달의 모양이 달라져요.

그림과 같이 달은 북반구에서 보면 약 29.5일마다 '초승달→**상현달**→보름달→**하현달**→그믐달'의 순서로 모양이 변해요. 이처럼 지구에서 볼 때 바뀌는 달의 모습을 **달의 위상**이라고 해요. 초승달은 오른쪽이 둥근 눈썹 모양의 달이고, 그믐달은 왼쪽이 둥근 눈썹 모양의 달이에요. 상현달은 오른쪽이 둥근 모양의 반달이고, 하현달은 왼쪽이 둥근 모양의 반달이에요.

• **북반구에서 본 여러 날 동안의 달의 모양**

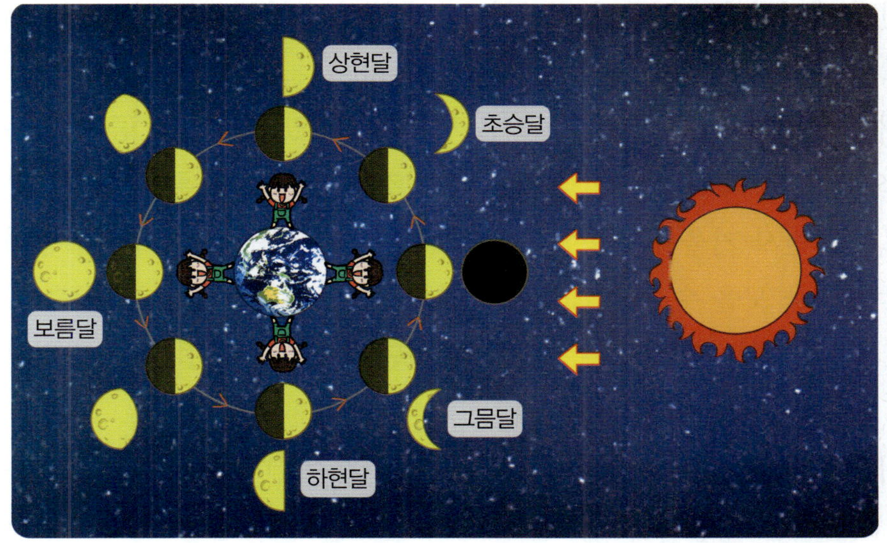

핵심 용어 다음 빈칸에 들어갈 알맞은 용어를 쓰세요.

(1) ⬜⬜ 달

상(위 上) 현(활시위 弦): 위로 향하는 활 모양.
• 뜻: 오른쪽이 둥근 반원 모양의 달.

(2) ⬜⬜ 달

하(아래 下) 현(활시위 弦): 아래로 향하는 활 모양.
• 뜻: 왼쪽이 둥근 반원 모양의 달.

(3) 달의 ⬜⬜

위(위치 位) 상(모양 相): 위치와 모양.
• 뜻: 지구에서 볼 때 달의 표면이 빛을 받아 여러 가지 모양으로 달라지는 것.

● **공전하면서** 한 천체가 다른 천체의 둘레를 일정한 시간 간격으로 돌면서.

지문 분석

글자 수 930
800 900 1000

태양계의 구성원과 특징

망원경으로 발견한 천왕성

1 옛날부터 지구와 비교적 가까이 있는 수성, 금성, 화성, 목성 그리고 토성은 밤하늘에서 맨눈으로도 쉽게 **관측되었다.** ⊙ 옛날 사람들은 오랫동안 행성이 지구를 포함해 총 여섯 개인 것으로 알았다. ⓛ 시간이 지날수록 점차 관측 기술이 발달하고 망원경과 같은 **장비**의 **성능**도 좋아지면서 우주를 더 자세히 관측할 수 있게 되었다. 그 결과 새로운 행성이 태양계에서 발견되었다.

2 망원경을 사용해 새로운 행성을 최초로 발견한 사람은 독일의 천문학자인 윌리엄 허셜과 캐롤라인 허셜 남매이다. 1781년 두 남매는 직접 만든 망원경으로 별을 관측하다가 쌍둥이자리 근처에서 파란빛의 작은 원반 모양의 물체를 발견했다. 허셜 남매는 몇 달 동안 그 물체를 관찰하며 자세하게 기록했다. 많은 과학자들이 허셜 남매의 기록을 확인해 보니 그것은 지금까지 발견되지 않았던 행성이었고, 결국 태양계의 일곱 번째 행성이라는 결론이 내려졌다. 이 행성의 이름은 그리스 신화에 나오는 인물의 영어식 이름인 '우라누스(Uranus)'라고 붙여졌다.

3 허셜 남매가 천왕성(우라누스)을 발견할 수 있었던 이유 중 하나는 허셜의 망원경 덕분이었다. 허셜의 망원경은 당시의 다른 망원경보다 큰 크기의 **반사** 거울을 사용했다. 허셜의 망원경은 큰 반사 거울을 통해 더 많은 빛을 모을 수 있었고, 그 덕분에 어두운 별도 선명하게 볼 수 있었다. 허셜남매는 맨눈으로는 볼 수 없었던 천왕성을 직접 만든 망원경으로 자세히 관측할 수 있었다.

4 허셜 남매의 발견은 천문학에 큰 변화를 가져왔다. 천왕성의 발견을 통해 사람들은 태양계에 새로운 행성이 존재할 수 있음을 알게 되면서 천문학에 대한 사람들의 지식을 **확장시킬** 수 있었다. 또한 허셜 남매가 만든 망원경은 행성을 관측하는 데에 장비와 방법이 중요한 역할을 한다는 것을 깨닫게 했다. 이후 사람들은 이전보다 더욱 **정밀한** 망원경을 개발하기 위해 노력했다.

- **관측되었다** 눈이나 기계로 자연 현상이 관찰되고 측정되었다.
- **장비** 어떤 일을 하기 위하여 갖추어야 할 물건이나 시설.
- **성능** 기계 등이 지닌 성질이나 기능.
- **반사** 빛이나 전파 등이 다른 물체의 표면에 부딪혀서 나아가던 방향이 반대 방향으로 바뀌는 현상.
- **확장시킬** 범위, 규모, 세력 따위를 늘려서 넓힐.
- **정밀한** 아주 정교하고 치밀하여 빈틈이 없고 자세한.

내용 독해

설명 대상

1 **이 글에서 설명하는 것은 무엇인가요? (   )**

① 천왕성의 구조와 특징
② 태양계를 구성하는 행성의 특징
③ 허셜 남매가 태양계에 관심을 가진 이유
④ 옛날 사람들이 행성을 볼 수 있었던 이유
⑤ 허셜 남매가 천왕성을 발견한 과정과 그 의의

내용 이해

2 **이 글의 내용과 일치하는 것은 무엇인가요? (   )**

① 허셜 남매는 큰 반사 거울을 사용해 망원경을 만들었다.
② 허셜 남매가 발견한 것은 태양계의 여덟 번째 행성이었다.
③ 허셜 남매는 가족에게 물려받은 망원경으로 밤하늘을 관측했다.
④ 허셜 남매는 장비를 사용하지 않고 맨눈으로 천왕성을 발견했다.
⑤ 옛날 사람들은 오랫동안 행성의 개수가 총 일곱 개라고 생각했다.

추론

3 **이 글을 읽고 짐작한 것으로 알맞지 <u>않은</u> 것에 ×표 하세요.**

(1) 허셜 남매가 만든 망원경을 통해 새로운 행성이 발견되었군.   (   )
(2) 망원경의 반사 거울이 클수록 어두운 행성을 선명하게 볼 수 있군.   (   )
(3) 허셜 남매가 만든 망원경은 큰 크기의 반사 거울을 사용한 것이 특징이군.
(   )
(4) 허셜 남매가 발견하기 이전에 천왕성이 관측되지 않았던 것은 천왕성이 너무 밝았기 때문이군.   (   )

어휘·어법

4 **㉠과 ㉡에 들어갈 말로 가장 알맞은 것을 보기 에서 각각 찾아 쓰세요.**

보기
또한   그래서   그러나   예컨대   왜냐하면

(1) ㉠: (   )   (2) ㉡: (   )

구조
분석

문단 요약

5 다음은 이 글에 나타난 각 문단의 중심 내용입니다. 글의 내용에 맞게 순서대로 기호를 쓰세요.

> ㉮ 허셜 남매가 천문학에 미친 영향
> ㉯ 망원경을 사용해 천왕성을 발견한 허셜 남매
> ㉰ 큰 반사 거울을 사용하여 만든 허셜 남매의 망원경
> ㉱ 관측 기술과 장비의 발달로 인한 새로운 행성의 발견

(   ) → (   ) → (   ) → (   )

핵심 내용

6 빈칸에 들어갈 알맞은 말을 이 글에서 찾아 쓰세요.

허셜 남매의 업적
• 일곱 번째 행성인 (   )을/를 발견함. • 큰 크기의 (   ) 거울을 사용하여 망원경을 만듦.

→

허셜 남매가 천문학에 미친 영향
• 천문학에 대한 사람들의 지식을 확장시킴. • 정밀한 망원경을 개발하는 데 영향을 줌.

어휘

적용

7 다음 문장의 빈칸에 들어갈 알맞은 낱말을 보기 에서 찾아 쓰세요.

> 보기
>
> 관측   반사   성능   정밀   확장

(1) 햇빛의 (   ) 때문에 눈이 부셨다.
(2) 그 자동차는 낡았지만 (   )은/는 훌륭하다.
(3) 도로가 (   )되면 길이 덜 막힐 것으로 예상된다.
(4) 천문학자는 밤마다 망원경으로 별의 움직임을 (   )했다.
(5) 그 사고의 원인을 알아내기 위해서는 (   )한 조사가 필요하다.

우리가 사는 지구는 **태양계**에 속해요. 태양의 영향이 미치는 공간과 그 공간에 있는 천체를 모두 '태양계'라고 해요. 태양계를 이루는 것들에는 태양과 여덟 개의 행성이 있어요. **행성**은 지구와 같이 태양의 주위를 도는 둥근 천체를 말해요. 달과 같은 **위성**과 **소행성**, 그리고 **혜성** 등도 태양계에 속해요.

태양은 태양계의 중심에 위치하며, 태양계에서 유일하게 스스로 빛을 내는 천체예요. 태양계를 이루는 여덟 개의 행성은 둥근 공 모양으로, 태양의 주위를 돌지요. 태양에서 거리가 가까운 행성 순서대로 수성, 금성, 지구, 화성, 목성, 토성, 천왕성, 해왕성이 있어요. 행성마다 행성의 크기나 색깔, 고리나 줄무늬의 있고 없음 등이 모두 달라요.

• 태양계의 구성원

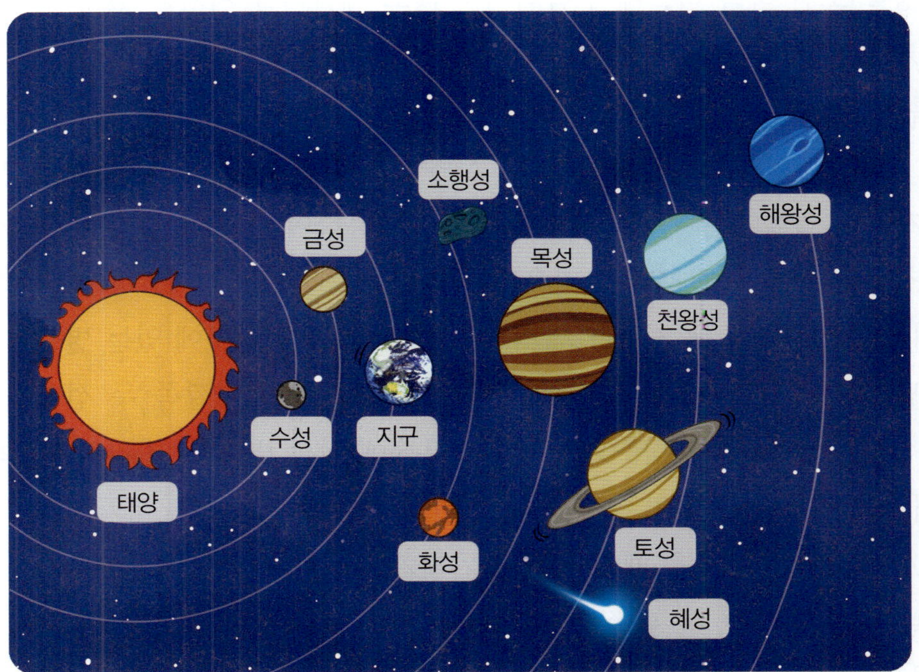

핵심용어 다음 빈칸에 들어갈 알맞은 용어를 쓰세요.

(1) ☐☐☐

태(클 太) 양(별 陽) 계(이을 系): 태양을 중심으로 한 집단.
• 뜻: 태양과 태양의 영향을 받는 천체들. 그리고 그 공간.

(2) ☐☐

행(다닐 行) 성(별 星): 운행하는 천체.
• 뜻: 스스로 빛을 내지 못하고 태양의 주위를 도는 둥근 천체.

● **위성** 행성 주위를 도는 천체.
● **소행성** 행성보다 크기가 작고, 주로 화성과 목성 사이에서 띠 모양을 이루며 태양 주위를 도는 작은 천체.
● **혜성** 태양 둘레를 타원이나 포물선 모양으로 도는, 긴 꼬리를 가진 천체.

지문 분석

글자 수 **974**
800 900 1000

별과 별자리

1 어두운 밤, 깊은 산속이나 넓은 사막에서 길을 잃었을 때 옛날 사람들은 어떻게 길을 찾았을까? 지도나 나침반이 없었던 옛날 사람들은 밤하늘에 떠 있는 별을 이용해 길을 찾았다. 지구의 **북반구** 사람들은 북쪽을 찾는 **길잡이**로 수많은 별 가운데에서도 북쪽 하늘에 떠 있는 북극성을 이용했다. 5

2 북극성은 다른 별들과 달리 일 년 내내 거의 같은 곳에 있는 것처럼 보인다. 그것은 북극성의 위치와 관련이 있다. 지구는 **자전축**을 중심으로 서쪽에서 동쪽으로 하루에 한 바퀴씩 도는데, 이러한 지구의 움직임으로 인해 밤하늘의 별들은 지구가 도는 방향과 반대로 움직이는 것처럼 보인다. 그런데 북극성은 지구의 자전축을 북쪽으로 그대로 쭉 늘려 10 놓은 선과 아주 가까이 있다. 따라서 자전축을 중심으로 도는 지구에서 북극성을 보면 북쪽 하늘에서 움직이지 않고 제자리를 지키고 있는 것처럼 보이는 것이다.

3 북극성은 북쪽 밤하늘에 보이는 가장 밝은 별이 아니기 때문에 맨눈으로 바로 찾기 쉽지 않았다. 그래서 사람들은 봄과 여름에는 북두칠성 15 을, 가을과 겨울에는 카시오페이아자리를 이용하여 북극성을 찾았다. 북두칠성을 이루는 7개의 별 가운데 국자 모양 끝부분에 해당하는 별 두 개를 찾은 뒤, 그 둘 사이 거리의 다섯 배만큼 떨어진 곳에 있는 별을 찾으면 그 별이 북극성이다. 카시오페이아자리에서는 바깥쪽 두 선을 길게 늘여 만나는 점을 찾고, 그 점과 가운데에 있는 별 사이 거리의 다 20 섯 배만큼 떨어진 곳에 있는 별을 찾으면 그 별이 북극성이다. 북극성을 바라보면서 팔을 벌렸을 때 오른팔이 가리키는 방향이 동쪽, 왼팔이 가리키는 방향이 서쪽, 등 뒤쪽의 방향이 남쪽이다.

4 넓은 바다를 **항해하는** 사람들에게 북극성은 중요한 천체였다. 고대의 항해사들은 해가 지면 북극성을 기준으로 항해할 방향을 정했다. 중 25 세 시대 유럽에 살던 **바이킹**은 북극성을 이용해 바닷길을 **개척하여** 유럽인 최초로 북아메리카에 **진출할** 수 있었다.

- **북반구** 적도를 경계로 지구를 둘로 나누었을 때의 북쪽 부분.
- **길잡이** 길을 인도해 주는 사람이나 사물.
- **자전축** 천체가 자전할 때 중심이 되는 축.
- **항해하는** 배를 타고 바다 위를 다니는.
- **바이킹** 배를 타고 유럽의 여러 해안에서 약탈을 하던 민족.
- **개척하여** 새로운 길, 방법, 활동 분야 등을 찾아.
- **진출할** 어떤 방면으로 활동 범위나 세력을 넓혀 나아갈.

1 이 글의 제목으로 가장 알맞은 것은 무엇인가요? (   )

① 별자리를 관측하는 방법
② 밤하늘의 나침반, 북극성
③ 계절에 따라 바뀌는 별자리
④ 북극성에 얽힌 신화와 전설
⑤ 여름철에 볼 수 있는 별자리

2 이 글을 통해 알 수 있는 내용을 모두 찾아 ○표 하세요.

(1) 별자리가 생긴 유래 ( )
(2) 밤하늘에서 가장 빛나는 별자리 ( )
(3) 북극성의 위치가 거의 바뀌지 않는 까닭 ( )
(4) 북두칠성을 이용해 북극성의 위치를 파악하는 방법 ( )

3 북극성에 대한 설명으로 알맞은 것은 무엇인가요? (   )

① 북극성은 별 중에서 가장 밝게 보이는 별이다.
② 북극성을 보려면 반드시 망원경을 사용해야 한다.
③ 북극성은 계절에 따라 위치가 달라져서 특정한 시기에만 볼 수 있다.
④ 북극성을 바라보면서 팔을 벌렸을 때 왼팔이 가리키는 방향이 동쪽이다.
⑤ 북극성은 지구의 자전축을 늘려 놓은 선과 가까이 있어서 움직이지 않는 것처럼 보인다.

4 보기 에서 북극성과 비슷한 역할을 하는 별자리로 가장 알맞은 것을 찾아 기호를 쓰세요.

보기

㉮ 남십자성은 바다를 항해하는 사람들이 방향을 파악하는 데에 도움을 준다.
㉯ 오리온자리를 이루는 세 개의 별은 밤하늘에서 쉽게 보여서 다른 별들을 찾는 데에 도움이 된다.
㉰ 북두칠성은 봄에 북쪽 밤하늘에서 볼 수 있어서, 조상들은 북두칠성이 보이는 시기에 맞추어 농사를 했다.

(   )

구조 분석

5 각 문단의 중심 내용으로 알맞은 것에 ○표, 틀린 것에 ×표를 하세요.

1 문단	북반구 사람들의 길잡이 역할을 한 북극성	( )
2 문단	북극성이 시간을 확인하는 데 유용하게 쓰인 이유	( )
3 문단	다른 별자리를 이용해 북극성을 찾는 방법과 북극성을 이용해 방향을 아는 방법	( )
4 문단	고대와 중세 시대에 북극성을 이용해 하늘길을 개척한 사례	( )

6 빈칸에 들어갈 알맞은 말을 이 글에서 찾아 쓰세요.

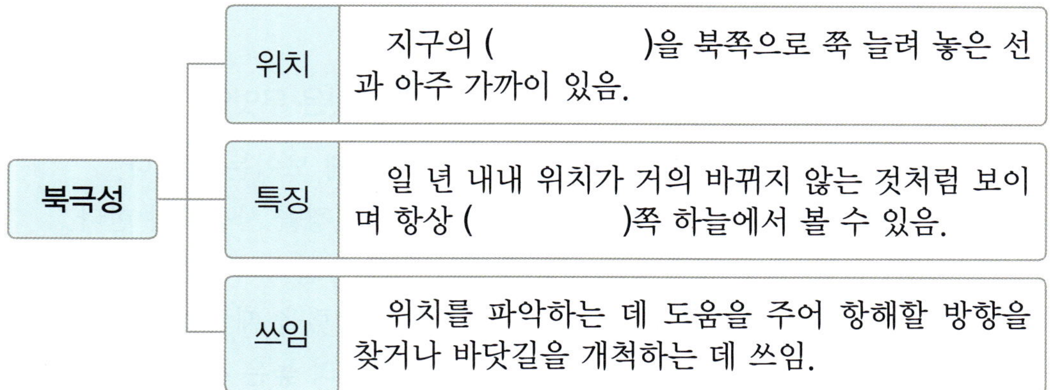

어휘

7 다음 문장의 빈칸에 들어갈 알맞은 낱말을 보기 에서 찾아 쓰세요.

보기

개척　진출　항해　길잡이　자전축

(1) 언니는 성인이 되자 사회로 (   )하였다.
(2) 지구는 남극과 북극을 잇는 (   )을/를 중심으로 돈다.
(3) 오래전부터 나침반은 사람들에게 (   ) 역할을 해 주었다.
(4) 그는 도전을 계속하며 자신의 운명을 (   )하려고 노력했다.
(5) 바다를 (   )하는 사람들은 날씨의 변화를 주의 깊게 살핀다.

별과 별자리

정답과 해설 **29** 쪽

밤하늘에는 수많은 **천체**가 있어요. 천체는 별, 행성, 위성, 혜성, **인공위성**처럼 우주에 존재하는 모든 물체를 말해요. 옛날 사람들은 천체 중에서 스스로 빛을 내는 별을 무리 지어 사람이나 동물 또는 물건의 모습으로 떠올리고 이름을 붙였는데 그것을 **별자리**라고 하지요.

옛날에는 방향을 확인할 나침반이나 지도가 없었기 때문에 하늘에 있는 별자리를 보고 방향을 확인했어요. 그중에서 '작은곰자리'를 이루는 별인 **북극성**은 항상 북쪽 하늘에 떠 있어서 북반구 사람들은 북극성을 보고 방향을 찾았다고 해요. 북극성을 포함한 작은곰자리와 북두칠성을 포함한 큰곰자리, 그리고 카시오페이아자리는 북극성과 가까운 별자리로, 북쪽 밤하늘에서 거의 일 년 내내 볼 수 있어요.

• 북쪽 밤하늘의 별자리

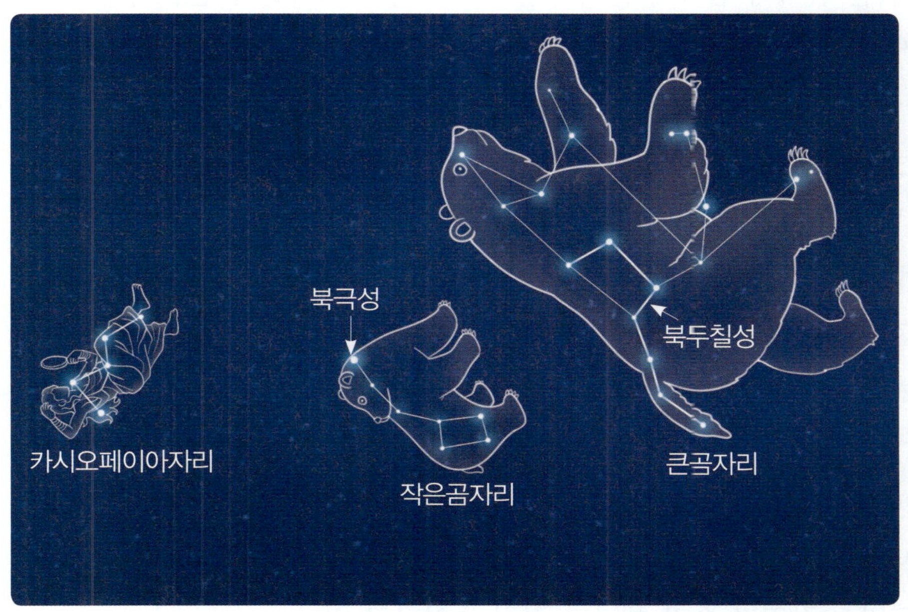

핵심 용어 다음 빈칸에 들어갈 알맞은 용어를 쓰세요.

(1) ☐☐

천(하늘 天) 체(물체 體): 우주를 이루는 물체.
• 뜻: 우주에 존재하는 모든 물체.

(2) ☐☐☐

• 뜻: 하늘의 별을 무리 지어 동물, 물건, 신화 속 인물을 떠올려 이름을 붙인 것.

(3) ☐☐☐

북(북녘 北) 극(다할 極) 성(별 星): 북쪽 하늘에 뜨는 별자리의 끝에 있는 별.
• 뜻: 북쪽 하늘의 작은곰자리에서 가장 밝은 별.

● **인공위성** 지구 따위의 행성 둘레를 돌도록 로켓을 이용하여 쏘아 올린 인공의 장치.

제2의 코로나를 부르는 기후 변화

1 2019년 말 발생한 코로나바이러스가 전 세계로 **확산한** 이후 많은 사람이 목숨을 잃었다. 이제 코로나바이러스의 확산은 잠잠해졌지만, 전문가들은 **머지않아** 또 다른 **대규모** 감염병이 발생할 것이라고 경고하고 있다. 감염병의 발생 및 확산이 기후 변화와 **밀접한** 관련이 있다는 것이다. 5

2 전문가들은 기후 변화로 인해 야생 동물의 **서식지**와 활동 범위가 바뀐 것을 감염병 발생의 원인으로 꼽는다. 코로나바이러스가 발생한 곳으로 알려진 중국 남부 지역은 키가 작은 나무들이 주로 자라던 지대였으나 기후 변화로 인해 숲이 많은 낙엽수 삼림 지대로 바뀌었다. 이렇게 바뀐 지대는 코로나바이러스의 **매개체**로 알려진 박쥐가 선호하는 환경 10 이다. 그 결과 많은 수의 박쥐가 중국 남부 지역으로 서식지를 바꾸었고, 박쥐의 서식지와 사람들이 사는 곳이 겹치게 되었다. 이로 인해 박쥐와 인간 사이의 접촉이 늘어나면서 새로운 **바이러스**가 인간에게 옮겨 퍼지게 되었다는 것이다.

3 **더불어** 기후 변화로 지구의 기온이 오르면서 열대 지역의 감염병을 15 옮기는 매개체의 수가 늘어난 것도 중요한 원인으로 꼽는다. 뎅기열은 뎅기 바이러스가 사람에게 감염되어 생기는 병으로, 열대 지방에서 많이 나타난다. 이것은 모기가 주요 매개체인데, 기후 변화로 기온이 오르면 습하고 따뜻한 곳을 좋아하는 모기의 개체 수는 눈에 띄게 늘어난다. 모기는 주변 온도에 따라 체온이 변하는 **변온** 동물로, 기온이 오를수록 20 더 활발하게 활동하기 때문이다. 그래서 따뜻한 지역이 많아질수록 모기가 더 빨리 성장하고 더 많이 생존하게 된다. 이전에는 주로 열대 지역에서만 발생하던 뎅기열과 같은 감염병이 열대 지역이 아닌 곳에서도 발견되면서 감염자 수가 해마다 점점 늘어나고 있다.

4 코로나바이러스와 관련된 이러한 연구 결과는 기후 변화가 감염병의 25 발생과 확산에 어떻게 영향을 미칠 수 있는지 보여 준다. 만약 기후 변화 문제를 해결하지 않는다면, 대규모 감염병의 발생과 그로 인한 피해는 피할 수 없는 우리의 미래가 될지도 모른다.

- **확산한** 흩어져 널리 퍼진.
- **머지않아** 시간적으로 멀지 않아.
- **대규모** 넓고 큰 범위나 크기.
- **밀접한** 아주 가깝게 맞닿은 관계에 있는.
- **서식지** 야생 동물이 자연 상태로 사는 곳.
- **매개체** 병원균이나 기생 생물을 최종 숙주에게 옮기는 중간 숙주와 같은 생물이나 무생물.
- **바이러스** 유행성 감기, 소아마비 등의 감염성 병원체가 되는 아주 작은 미생물.
- **더불어** 어떤 일이 동시에 일어나.
- **변온** 온도가 변함.

내용 독해

목적

1 글쓴이가 이 글을 쓴 목적은 무엇인가요? (   )

① 기후 변화에 대비하는 방법을 알려 주기 위해
② 코로나바이러스와 다른 감염병을 비교하기 위해
③ 기후 변화가 발생한 다양한 원인을 알려 주기 위해
④ 코로나바이러스로 인한 피해 사례를 설명하기 위해
⑤ 기후 변화와 감염병의 발생이 서로 관련 있음을 설명하기 위해

내용 이해

2 이 글의 내용과 일치하는 것은 무엇인가요? (   )

① 사람이 사는 곳이 바뀌면서 감염병이 발생했다.
② 뎅기열은 열대 지역에서만 발생하는 감염병이다.
③ 기후 변화는 감염병을 옮기는 매개체의 수를 늘어나게 한다.
④ 코로나바이러스는 인간과 야생 동물의 접촉이 줄어들면서 발생했다.
⑤ 기후 변화로 기온이 내려가면 열대 지역에서 발생하는 감염병이 확산된다.

추론

3 이 글을 통해 답을 알 수 있는 질문을 모두 찾아 ○표 하세요.

(1) 고대에 발생한 감염병에는 무엇이 있나요?   (   )
(2) 감염병을 옮기는 매개체에는 어떤 것이 있나요?   (   )
(3) 야생 동물의 활동 범위가 감염병 확산에 어떤 영향을 미치나요?   (   )
(4) 기후 변화에 대응하기 위해 구체적으로 어떤 노력을 해야 하나요? (   )

추론

4 이 글을 통해 짐작할 수 있는 내용을 알맞게 말한 친구는 누구인지 쓰세요.

> 민규: 서식지를 잃은 야생 동물을 집으로 데려와서 보호해야겠어.
> 신애: 감염병의 발생을 막으려면 인간과 야생 동물이 직접 접촉하지 않는 것이
>   좋겠어.
> 희수: 인간이 사는 지역을 야생 동물이 활동하기 좋은 환경으로 바꾸면 인간과
>   동물에게 모두 이로운 일이 될 거야.

(   )

구조 분석

문단 요약

5 다음은 어느 문단의 중심 내용인지 문단의 번호를 쓰세요.

감염병 확산이 기후 변화와 관련 있다는 연구가 나옴.	( )문단
기후 변화로 야생 동물의 서식지와 활동 영역이 바뀜.	( )문단
기후 변화로 열대성 감염병을 옮기는 매개체의 수가 늘어남.	( )문단
감염병 발생과 확산을 막기 위해 기후 변화 문제를 해결해야 함.	( )문단

핵심 내용

6 빈칸에 들어갈 알맞은 말을 이 글에서 찾아 쓰세요.

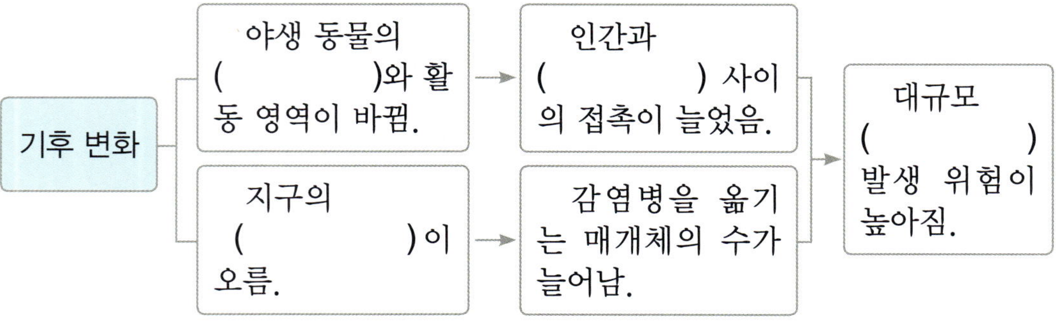

어휘

이해

7 다음 낱말의 뜻을 알맞게 선으로 이으세요.

(1) 밀접 • • ㉮ 온도가 변함.

(2) 변온 • • ㉯ 흩어져 널리 퍼짐.

(3) 확산 • • ㉰ 넓고 큰 범위나 크기.

(4) 대규모 • • ㉱ 아주 가깝게 맞닿은 관계에 있음.

(5) 서식지 • • ㉲ 야생 동물이 자연 상태로 사는 곳.

기후 변화

오늘날 전 세계는 **기후 변화**로 여러 가지 문제를 겪고 있어요. 기후 변화란 기후가 오랜 시간에 걸쳐 변화하는 현상이에요. 날씨는 날마다 변할 수 있지만, 기후는 특정 지역에서 오랜 기간 나타나는 날씨의 **평균** 상태이기 때문에 기후가 변화하게 되면 지구 생태계에 심각한 영향을 미쳐요.

기후 변화는 사람들이 자동차나 기계를 움직이기 위해 화석 연료를 태우면서 배출하는 이산화 탄소의 영향을 받아요. 이산화 탄소 때문에 지구 기온이 점점 높아지면 **지구 온난화**가 일어나지요. 지구 온난화로 **한파**, 홍수, 가뭄이나 폭설이 지속되기도 하고, 해수면이 상승하거나 생물이 멸종하는 등 생태계에 큰 문제가 발생해요. 지구를 보호하기 위해서는 우리 모두가 화석 연료 사용을 줄이려는 노력이 필요해요.

핵심 용어 다음 빈칸에 들어갈 알맞은 용어를 쓰세요.

(1) ☐☐☐☐

기(날씨 氣) **후**(상태 候) **변**(변할 變) **화**(될 化): 날씨의 상태가 변화하는 것.
- 뜻: 기후가 오랜 시간에 걸쳐서 변화하는 현상.

(2) **지구** ☐☐☐

온(따뜻할 溫) **난**(따뜻할 暖) **화**(될 花): 점점 따뜻해지는 것.
- 뜻: 지구의 기온이 높아지는 현상.

• 지구 온난화의 여러 문제

- **평균** 수나 양, 정도의 중간값을 갖는 수.
- **한파** 겨울철에 기온이 갑자기 내려가는 현상.

과학 교과 연계 비문학 독해 특화 훈련서

초등 비문학 독해

통합과학

4학년

정답과 해설

동아출판

- **글의 종류** 설명하는 글
- **글의 특징** 이 글은 물이 상태를 바꾸며 순환하는 과정과 그것이 생태계에 미치는 영향을 설명하고 있습니다.
- **주제** 순환하는 물

017~018 쪽

1 ②　　**2** ⑤　　**3** 혜림

4 (1) 고체　(2) 액체　(3) 기체

5

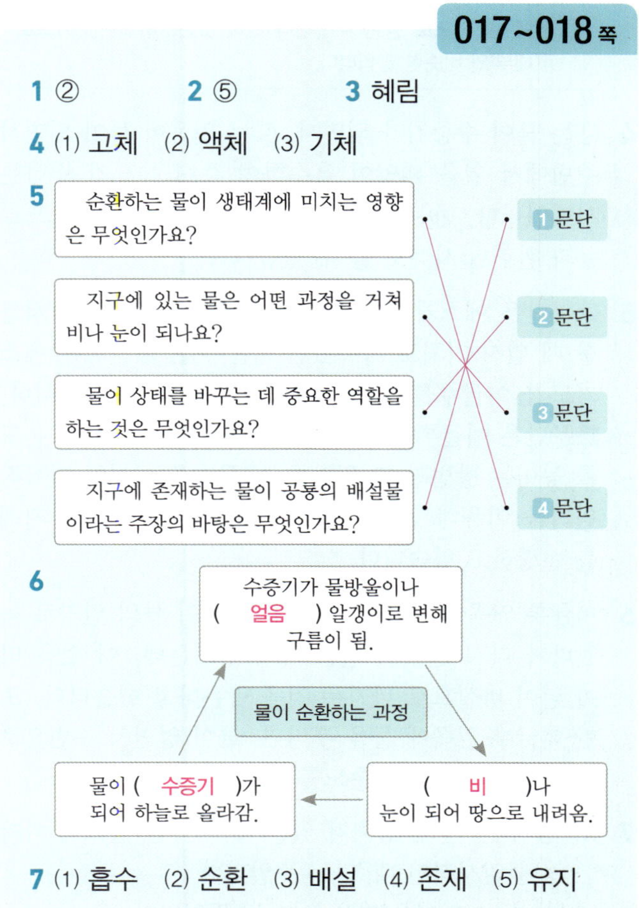

6

7 (1) 흡수　(2) 순환　(3) 배설　(4) 존재　(5) 유지

1 1 문단은 물이 공룡의 오줌이라는 주장의 바탕이 되는 물의 특성을, 2 문단은 물의 순환에 중요한 역할을 하는 태양의 열을, 3 문단에서는 물이 순환하는 과정과 그 경로를, 4 문단은 순환하는 물이 생태계에 미치는 영향을 설명하고 있으므로 '지구를 끊임없이 순환하는 물'을 이 글의 주제로 볼 수 있습니다.

2 3 문단에 따르면 물은 수증기가 되었다가 물방울이나 얼음 알갱이로 바뀌어 비나 눈이 되고, 다시 땅으로 내려오는 과정을 거치며 순환한다고 했습니다.

오답 풀이

① 물은 수증기가 되어 하늘로 올라갑니다.
② 물은 순환하면서 새로 생기거나 없어지지 않습니다.
③ 땅속의 물은 식물의 뿌리로 흡수되었다가 잎을 통해 수증기가 되어 날아갑니다.
④ 수증기가 물방울이나 얼음 알갱이가 되어 구름을 이루고 나면 비나 눈이 되어 다시 땅으로 내려옵니다.

3 물은 계속 상태를 바꾸면서 지구를 순환합니다.

오답 풀이

준기: 땅속 깊이 스며든 물은 지하수가 되었다가 수증기로 바뀌면서 순환할 것입니다.
승연: 지구의 물은 새로 생기거나 없어지지 않고 순환하므로 지구에 존재하는 물의 양은 변화가 없습니다.

4 2 문단에 따르면, 액체 상태의 물은 온도가 높아지면 기체 상태인 수증기가 되고, 수증기는 온도가 낮아지면 다시 물방울이 되거나, 고체 상태인 얼음 알갱이로 바뀐다고 했습니다. 따라서 물이 얼음으로 된 상태는 고체 상태, 물은 액체 상태, 물이 수증기가 된 상태는 기체 상태입니다.

5 1 문단에서는 지구에 존재하는 물이 공룡의 오줌이라는 주장의 바탕은 순환하는 것에 있음을, 2 문단에서는 물이 상태를 바꾸며 순환하는 데 중요한 역할을 하는 것은 태양의 열임을 알 수 있습니다. 3 문단에서는 지구의 물이 수증기가 되었다가 다시 비나 눈이 되어 순환하는 과정을, 4 문단에서는 순환하는 물이 인간과 다른 생물에 미치는 영향을 알 수 있습니다.

6 이 글을 통해 지구에 있는 물이 순환하는 과정을 정리할 수 있습니다. 땅에 있는 물은 수증기가 되어 하늘로 올라간 뒤 구름이 되었다가 비나 눈이 되어 땅으로 내려오고, 다시 수증기가 되는 과정을 반복합니다.

7 (1) '흡수'는 '안으로 빨아들임.'이라는 뜻입니다.
(2) '순환'은 '주기적으로 자꾸 되풀이하여 돎.'이라는 뜻입니다.
(3) '배설'은 '생명체가 영양소를 섭취한 후 생긴 노폐물을 몸 밖으로 내보냄.'이라는 뜻입니다.
(4) '존재'는 '현실에 실제로 있음.'이라는 뜻입니다.
(5) '유지'는 '어떤 상태나 상황을 그대로 보존하거나 변함없이 계속하여 지탱함.'이라는 뜻입니다.

비주얼 과학 교과서 개념　**019 쪽**

(1) 물　　(2) 얼음　　(3) 수증기

(1) '강, 호수, 바다, 지하수 등에 있으며 순수한 것은 빛깔, 냄새, 맛이 없고 투명한 액체.'를 '물'이라고 합니다.

(2) '물이 얼어서 굳어진 고체 상태의 물질.'을 '얼음'이라고 합니다.

(3) '기체 상태로 되어 있는 물.'을 '수증기'라고 합니다.

- **글의 종류** 설명하는 글
- **글의 특징** 이 글은 에스키모가 임시로 거주했던, 얼음과 눈덩이로 만든 집인 이글루에 담긴 과학적 원리를 설명하는 글입니다.
- **주제** 이글루에 담긴 과학적 원리

021~022 쪽

1 ①　　**2** ②　　**3** ②　　**4** ㉮

5
㉮ 에스키모의 임시 거처인 이글루
㉯ 에스키모의 지혜가 담긴 이글루
㉰ 에스키모가 이글루를 만드는 방법
㉱ 이글루 내부의 온도를 높이는 방법과 그 원리

(㉮) → (㉰) → (㉱) → (㉯)

6

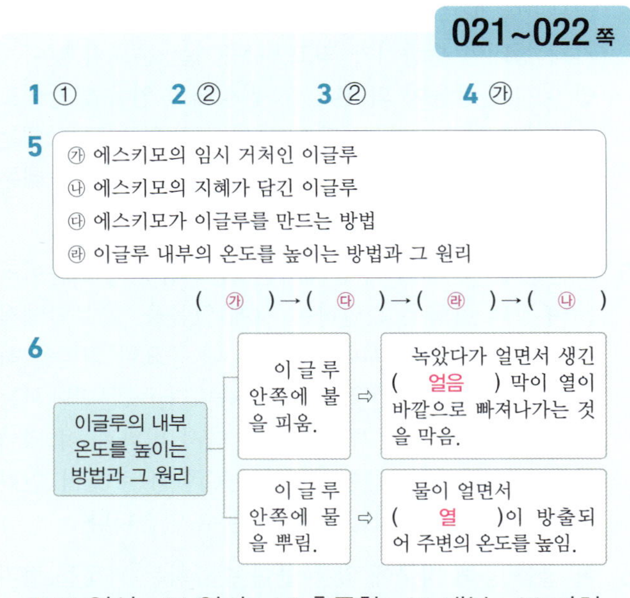

| 이글루의 내부 온도를 높이는 방법과 그 원리 | 이글루 안쪽에 불을 피움. ⇒ 녹았다가 얼면서 생긴 (**얼음**) 막이 열이 바깥으로 빠져나가는 것을 막음. |
| | 이글루 안쪽에 물을 뿌림. ⇒ 물이 얼면서 (**열**)이 방출되어 주변의 온도를 높임. |

7 (1) 임시　(2) 열기　(3) 혹독한　(4) 내부　(5) 거처

1 ❶문단에서는 에스키모의 임시 거처인 이글루를, ❷문단에서는 이글루를 만드는 방법을 설명하고 있습니다. ❸문단에서는 이글루 내부의 온도를 높이는 방법과 그 원리를 설명하고, ❹문단에서는 이글루에 에스키모의 지혜가 담겨 있음을 드러내고 있습니다. 따라서 이 글은 이글루에 담겨 있는 과학적 원리를 설명하는 글입니다.

2 ❶문단에 따르면 이글루는 에스키모가 겨울철 사냥을 나갈 때나 낚시를 할 때 등 추위를 견디기 위해 임시 거처로 삼은 곳입니다.

① ❸문단에 따르면 바깥 온도가 영하 20~30도일 때 이글루 내부는 약 5도를 유지한다고 했으므로, 이글루는 바깥 온도보다 높은 온도를 유지합니다.
③ 이글루의 안쪽 얼음 벽이 불의 열기로 녹았다가 다시 얼면서 얼음 막이 만들어집니다.
④ 이글루를 만들 때 바람을 피할 수 있도록 바람이 부는 방향과 반대로 땅을 파서 입구를 만듭니다.
⑤ 이글루를 만들 때 벽돌 모양의 눈이 무너지지 않도록 엇갈리게 쌓아야 합니다.

3 '냉기'는 '찬 기운.'이라는 뜻이므로, '따뜻한 기운.'이라는 뜻을 지닌 ㉡'온기'와 반대되는 말입니다. '온기'와 비슷한말에는 '난기'가 있습니다.

① '심한'은 '정도가 지나친.'이라는 뜻이므로 ㉠'혹독한'과 비슷한 말입니다.
③ '잠시'는 '짧은 시간.'이라는 뜻이므로 ㉢'임시'와 비슷한 말입니다.
④ '집'은 '사람이나 동물이 추위, 더위, 비바람 따위를 막고 그 속에 들어 살기 위하여 지은 건물.'이라는 뜻이므로 ㉣'거처'와 비슷한 말입니다.
⑤ '안쪽'은 '안으로 향한 부분이나 안에 있는.'이라는 뜻이므로 ㉤'내부'와 비슷한 말입니다.

4 ㉯는 물이 수증기가 되면서, ㉱는 얼음이 물이 되면서 주변에서 열을 빼앗아 흡수하여 주변 온도가 변하는 사례입니다. ㉮는 물의 상태 변화와 관련이 없으므로 ㉯과 관련한 사례로 볼 수 없습니다.

5 ❶문단은 에스키모가 겨울철 사냥을 나가거나 낚시를 할 때 임시 거처로 사용했던 이글루를, ❷문단은 에스키모가 이글루를 만드는 방법을 설명하고 있습니다. ❸문단은 이글루에 불을 피우고, 물을 뿌려 내부 온도를 높이는 방법과 그 원리를, ❹문단은 이러한 과학적 원리를 이용해 만든 이글루에 담긴 에스키모의 지혜를 설명하고 있습니다.

6 이글루 안쪽에 불을 피우면 얼음 벽이 불의 열기로 녹았다가 다시 얼면서 얼음 막이 생기는데, 이 얼음 막이 열이 바깥으로 나가는 것을 막는다고 했습니다. 또한 이글루 안쪽에 물을 뿌리면, 물이 얼면서 주변으로 열이 방출되어 내부 온도를 높입니다.

7 (1) '임시'는 '본래 정해져 있는 때가 아닌 필요에 따라 정한 일시적인 때.'라는 뜻입니다.
(2) '열기'는 '뜨거운 기운.'이라는 뜻입니다.
(3) '혹독한'은 '몹시 심한.'이라는 뜻입니다.
(4) '내부'는 '안쪽의 부분.'이라는 뜻입니다.
(5) '거처'는 '일정하게 자리를 잡고 사는 일. 또는 그 장소.'라는 뜻입니다.

비주얼 과학 교과서 개념　　023 쪽

(1) 상태 변화　　(2) 온도

(1) '물이 물질 자체는 변하지 않고 상태만 변하는 것.'을 '물의 상태 변화'라고 합니다.

(2) '물질의 차갑거나 따뜻한 정도나 그것을 나타내는 수치.'를 '온도'라고 합니다.

겨울철 강이나 호수, 바다의 변화

- **글의 종류** 설명하는 글
- **글의 특징** 이 글은 물이 얼음이 될 때 나타나는 성질과 소금이 물의 어는점을 낮추는 성질을 설명하고 있습니다. 이러한 특성 때문에 강이나 호수의 표면에만 물이 얼고, 바닷물은 잘 얼지 않습니다.
- **주제** 물이 얼음이 될 때 나타나는 성질과 물의 어는점을 낮추는 소금의 성질

025~026 쪽

1 ②, ④　　**2** ⑤　　　**3** 부피　　**4** (4) ○

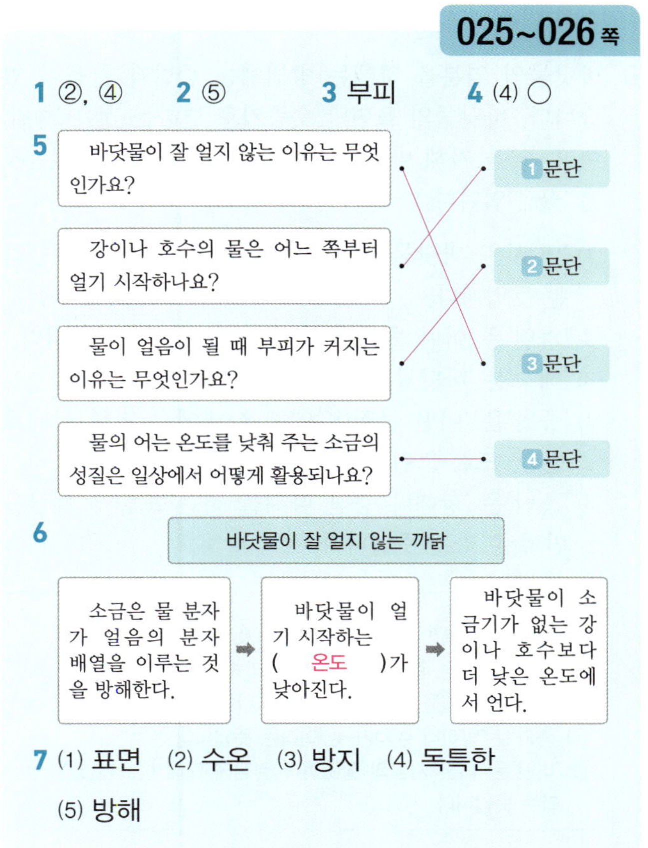

7 (1) 표면　(2) 수온　(3) 방지　(4) 독특한
　　(5) 방해

1 이 글은 액체 상태인 물이 고체 상태인 얼음으로 바뀔 때 부피가 커지는 성질과 바닷물이 잘 얼지 않는 까닭을 설명하고 있습니다.

2 3문단에 따르면 소금에 있는 염소 성분은 물을 이루는 분자들이 얼음의 분자 배열을 이루는 것을 방해한다고 했습니다.

> **오답 풀이**
> ① 2문단에 따르면 물이 얼음이 될 때 부피가 커지면 얼음은 무게가 늘어나지 않아 밀도가 작아진다고 했습니다.
> ② 3문단에 따르면 바닷물에 있는 소금기가 물이 얼기 시작하는 온도를 낮추어 강이나 호수의 물의 표면이 언 모습은 볼 수 있지만, 바닷물이 언 모습은 보기 어렵다고 했습니다.
> ③ 2문단에 따르면 물은 고체 상태가 될 때 부피가 커진다고 했습니다.
> ④ 2문단에 따르면 추운 날씨에 기온이 내려가면 강이나 호수의 아래쪽이 아닌 표면부터 얼기 시작한다고 했습니다.

3 이 글에 따르면, 물은 얼음이 될 때 부피가 커지는 성질이 있습니다. 조상들은 이러한 물의 성질을 이용하여 바위에 부어 둔 물이 얼어 부피가 커지면서 바위의 구멍이 더 크게 벌어지게 함으로써 바위를 쪼갰습니다.

4 부동액이 냉각수의 어는점을 낮추는 사례는 눈이 내릴 때 길에 염화 나트륨을 뿌려 길이 얼기 시작하는 온도를 낮춰 주는 것과 비슷한 예입니다.

5 바닷물은 바닷물 속 소금이 물이 어는 온도를 낮춰 주기 때문에 잘 얼지 않습니다. 이에 대한 설명은 3문단에 나타나 있습니다. 강이나 호수의 물은 표면부터 얼기 시작합니다. 이에 대한 설명은 1문단에 나타나 있습니다. 물이 얼음이 될 때 부피가 커지는 까닭은 물이 얼음이 될 때 밀도가 낮아지기 때문입니다. 이에 대한 설명은 2문단에 나타나 있습니다. 길가에 염화 나트륨을 뿌리는 것은 물이 얼기 시작하는 온도를 낮춰 주는 소금의 성질을 이용한 사례입니다.

6 3문단에 따르면 소금 속 염소 성분은 물을 이루는 분자들이 얼음의 분자 배열을 이루는 것을 방해합니다. 이로 인해 바닷물이 얼기 시작하는 온도가 더 낮아지고, 바닷물은 소금기가 없는 강이나 호수보다 더 낮은 온도에서 얼게 됩니다.

7 (1) '표면'은 '사물의 가장 바깥쪽. 또는 가장 윗부분.'이라는 뜻입니다.
　(2) '유지'는 '어떤 상태나 상황을 그대로 보존하거나 변함없이 계속하여 지탱함.'라는 뜻입니다.
　(3) '방지'는 '어떤 일이나 현상이 일어나지 못하게 막음.'이라는 뜻입니다.
　(4) '수온'은 '물의 온도.'라는 뜻입니다.
　(5) '방해'는 '남의 일을 간섭하고 막아 해를 끼침.'이라는 뜻입니다.

비주얼 과학 교과서 개념　　**027 쪽**

(1) 융해　　(2) 응고

(1) '고체에 열을 가했을 때 액체로 변하는 현상.'을 '융해'라고 합니다.

(2) '액체가 냉각되어 고체로 변하는 현상.'을 '응고'라고 합니다.

- **글의 종류** 설명하는 글
- **글의 특징** 이 글은 바닷물을 마실 수 있는 물로 만드는 방법을 설명하는 글입니다.
- **주제** 바닷물의 염분을 없애는 방법

029~030 쪽

1 ⑤　**2** (1) ○　(3) ○　**3** ⑤　**4** 동준

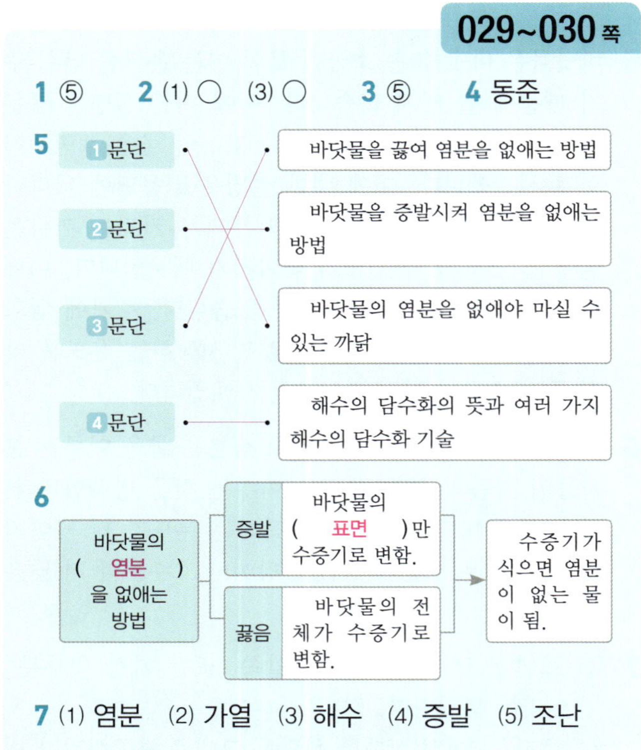

7 (1) 염분　(2) 가열　(3) 해수　(4) 증발　(5) 조난

1 이 글은 증발과 끓음을 통해 바닷물을 담수로 만드는 방법을 설명하고 있습니다.

> **오답 풀이**
> ① ②문단에서 바닷물을 끓여 염분을 없애는 방법을 설명하고 있지만, 소금을 얻는 방법은 설명하지 않았습니다.
> ② ④문단에서 해수의 담수화 기술을 소개하고 있지만, 다른 나라의 해수의 담수화 기술은 설명하지 않았습니다.
> ③ 이 글에서 오염된 물을 깨끗하게 바꾸는 방법은 나타나 있지 않습니다.
> ④ 이 글에 바닷물을 이용해 전기를 만드는 방법은 나타나 있지 않습니다.

2 ①문단에서 상상할 수 있는 상황을 제시하여 독자의 호기심을 유발하고, ③문단에서 끓음을 이용한 방법의 장단점을 증발을 이용한 방법과 비교하여 제시하였습니다. 질문의 방식을 활용한 문단은 ②문단이 아니라 ①문단입니다.

3 ②문단과 ③문단을 통해 증발과 끓음을 이용한 방법은 둘 다 바닷물이 수증기로 변하는 과정을 거친다는 것을 알 수 있습니다.

4 ④문단에서 해수의 담수화 기술은 물 부족 문제를 해

결하는 방법이라고 했으므로, 기후 변화로 인해 물 부족 문제가 심각해지면 해수의 담수화 기술이 더 많이 사용될 것임을 알 수 있습니다.

5 ①문단은 마실 물을 얻기 위해 바닷물의 염분을 없애야 하는 까닭을, ②문단은 증발을 이용해 바닷물의 염분을 없애는 방법을 설명하고 있습니다. 또한 ③문단은 끓음을 이용해 바닷물의 염분을 없애는 방법을, ④문단은 해수의 담수화의 뜻과 여러 가지 해수의 담수화 기술을 설명하고 있습니다.

6 바닷물의 염분을 없애는 방법에는 증발과 끓음이 있습니다. 바닷물의 표면만 수증기로 변하는 것은 '증발'이고, 열을 가해 바닷물의 전체가 수증기로 변하는 것은 '끓음'입니다.

7 (1) '염분'은 '바닷물 따위에 포함되어 있는 소금기.'라는 뜻입니다.
(2) '가열'은 '어떤 물질에 열을 가함.'이라는 뜻입니다.
(3) '해수'는 '바닷물.'이라는 뜻입니다.
(4) '증발'은 '어떤 물질이 액체 상태에서 기체 상태로 변함. 또는 그런 현상.'이라는 뜻입니다.
(5) '조난'은 '항해나 등산 따위를 하는 도중에 재난을 만남.'이라는 뜻입니다.

> **오답 어휘 설명**
> (1) '수분'은 '축축한 물의 기운.'이라는 뜻입니다.
> (2) '가속'은 '점점 속도를 더함. 또는 그 속도.'라는 뜻입니다.
> (3) '가로수'는 '길을 따라 줄지어 심은 나무.'라는 뜻입니다.
> (4) '증가'는 '양이나 수치가 늚.'이라는 뜻입니다.
> (5) '비난'은 '다른 사람의 잘못이나 결점에 대해 나쁘게 말함.'이라는 뜻입니다.

비주얼 과학 교과서 개념　**031 쪽**

(1) 기화　(2) 증발　(3) 끓음

(1) '액체 상태의 물질이 기체 상태로 변하는 현상.'을 '기화'라고 합니다. 기화는 증발과 끓음을 모두 포함합니다.

(2) '물의 표면에서 액체인 물이 기체인 수증기로 상태가 변하는 현상.'을 '증발'이라고 합니다.

(3) '물의 표면뿐만 아니라 물속에서도 액체인 물이 기체인 수증기로 상태가 변하는 현상.'을 '끓음'이라고 합니다.

- **글의 종류** 설명하는 글
- **글의 특징** 이 글은 구름이 만들어지는 과정과 구름이 하늘에 떠 있는 이유, 구름의 고도와 모양 등 구름에 담긴 과학적 원리를 설명하고 있습니다.
- **주제** 구름에 관한 여러 과학적 원리

033~034 쪽

1 ⑤　　**2** (1) ◯　(2) ◯　(4) ◯　**3** ④

4 ㉑

5

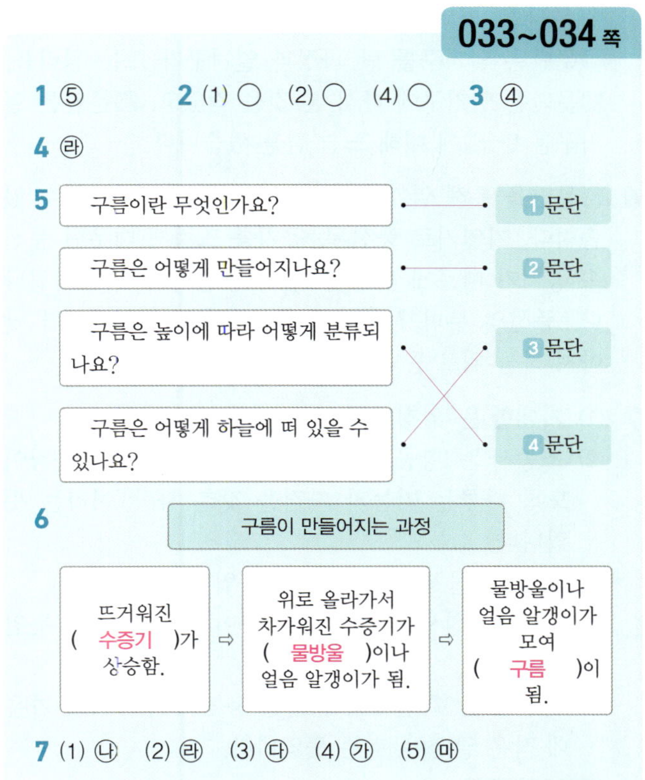

6

7 (1) ㉻　(2) ㉑　(3) ㉺　(4) ㉮　(5) ㊀

1 이 글은 구름이 만들어지는 과정, 구름이 하늘에 떠 있는 원리, 높이에 따른 구름의 분류 등 구름에 대한 여러 가지 내용을 두루 설명하고 있습니다.

2 1 문단을 통해 구름은 물방울과 얼음 알갱이가 모여 만들어져 있다는 것을, 2 문단을 통해 구름은 수증기가 상승하면서 상태가 바뀌는 과정을 거쳐 생긴다는 것을, 4 문단을 통해 상승기류의 세기에 따라 구름의 모양이 달라진다는 것을 알 수 있습니다.

3 1 문단에 따르면, 구름은 물방울과 얼음 알갱이가 모여 만들어진 것이라고 했습니다.

오답 풀이
① 4 문단에 따르면, 하층운은 주로 물방울로 이루어졌다고 했습니다.
②, ③ 4 문단에 따르면, 상승기류가 강할 때는 위로 솟은 모양이 되고, 상승기류가 약할 때는 구름이 옆으로 퍼진 모양이 된다고 했습니다.
⑤ 4 문단에 따르면, 구름을 '상층운, 중층운, 하층운'으로 나눈 것은 구름이 떠 있는 높이에 따라 분류한 것입니다.

4 구름은 하늘에 떠 있는 것처럼 보이지만 중력에 이끌려 아래로 조금씩 떨어지고 있고, 위로 올라가는 공기의 흐름인 상승기류가 구름이 떨어지는 속도를 늦춰 주면서 구름이 하늘에 계속 떠 있는 것처럼 보이는 것입니다.

오답 풀이
㉮ 중력은 지구가 끌어당기는 힘이므로 구름이 중력에 의해 아래로 조금씩 떨어지고 있는 것입니다.
㉯ 2 문단을 통해 구름은 수증기가 위로 떠오르면서 만들어진다는 것을 알 수 있습니다.
㉰ 이 글에 구름이 무게가 없다는 내용은 나타나 있지 않습니다. 구름은 중력에 의해 아래로 이끌리고 있지만, 상승기류가 구름을 위로 받쳐 주면서 천천히 떨어집니다.

5 구름은 물방울이나 얼음 알갱이가 모여 하늘에 떠 있는 것입니다. 이는 1 문단에 나타나 있습니다. 구름은 수증기가 위로 올라가면서 만들어집니다. 이 과정은 2 문단에 나타나 있습니다. 구름의 종류는 떠 있는 높이에 따라 '하층운, 중층운, 상층운'으로 분류됩니다. 이에 대한 설명은 4 문단에 나타나 있습니다. 또한 구름은 상승기류에 의해 아래로 떨어지는 속도가 늦춰 져서 우리 눈에는 구름이 하늘에 계속 떠 있는 것처럼 보입니다. 이에 대한 설명은 3 문단에 나타나 있습니다.

6 2 문단을 통해 구름이 만들어지는 과정을 알 수 있습니다. 땅에서 올라오는 열을 받아 뜨거워진 수증기가 하늘로 올라가는 동안 점점 차가워지면서 물방울이나 얼음 알갱이로 바뀝니다. 이렇게 만들어진 물방울과 얼음 알갱이가 모여 하늘에 떠 있는 것이 구름입니다.

7 (1) '분류'는 '종류에 따라서 가름.'이라는 뜻입니다.
(2) '중력'은 '지구가 끌어당기는 힘으로, 지구 위의 물체가 지구로부터 받는 힘.'이라는 뜻입니다.
(3) '특정'은 '특별히 정하여져 있음.'이라는 뜻입니다.
(4) '데워진'은 '식었거나 찬 것이 덥혀진.'이라는 뜻입니다.
(5) '상대적'은 '서로 맞서거나 비교되는 관계에 있는 것.'이라는 뜻입니다.

비주얼 과학 교과서 개념　　**035 쪽**

(1) **응결**　　(2) **구름**

(1) '기체인 수증기가 액체인 물로 상태가 변하는 현상.'을 '응결'이라고 합니다.
(2) '물방울이나 얼음 알갱이가 뭉쳐 하늘에 떠 있는 것.'을 '구름'이라고 합니다.

- **글의 종류** 기행문
- **글의 특징** 이 글은 튀르키예를 여행하면서 느낀 점을 적은 기행문입니다. 특히 카파도키아에서 열기구를 탄 경험을 제시하며 열기구가 하늘에 뜨는 원리와 열기구를 탄 소감을 밝히고 있습니다.
- **주제** 튀르키예의 카파도키아에서 열기구를 탄 일

037~038 쪽

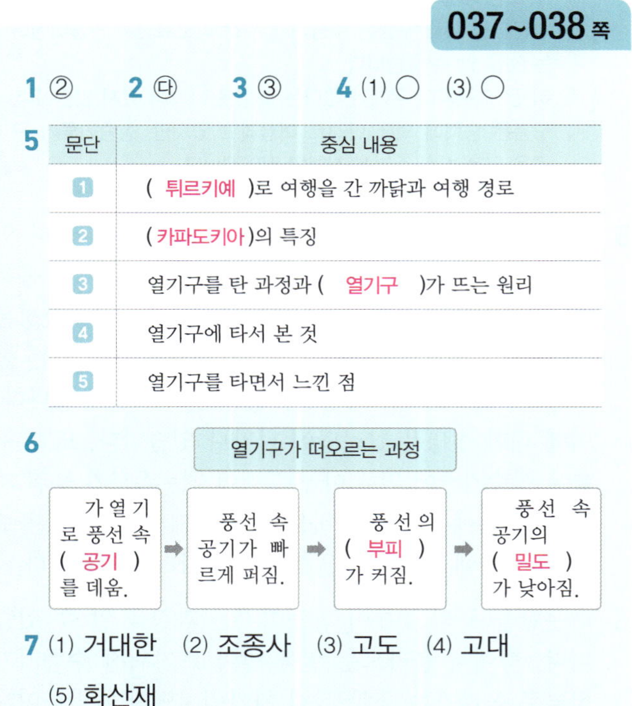

1 ②　2 ㉔　3 ③　4 (1) ○　(3) ○

5
문단	중심 내용
1	(튀르키예)로 여행을 간 까닭과 여행 경로
2	(카파도키아)의 특징
3	열기구를 탄 과정과 (열기구)가 뜨는 원리
4	열기구에 타서 본 것
5	열기구를 타면서 느낀 점

6 **열기구가 떠오르는 과정**

가열기로 풍선 속 (공기)를 데움. → 풍선 속 공기가 (빠)르게 퍼짐. → 풍선의 (부피)가 커짐. → 풍선 속 공기의 (밀도)가 낮아짐.

7 (1) 거대한　(2) 조종사　(3) 고도　(4) 고대
　(5) 화산재

1 글쓴이는 열기구가 하늘로 떠올랐다가 다시 내려오는 과정을 자세하게 밝히고 있습니다.

2 ②문단에서 카파도키아가 화산 폭발 후 만들어진 지역이라는 내용은 나와 있지만, 카파도키아에서 현재 화산 활동이 일어나고 있다는 내용은 나와 있지 않습니다.

3 ④문단에서 조종사는 열기구의 고도를 낮출 때 가열기의 불을 줄였습니다. 불을 줄이면 풍선 속 공기의 온도가 식으면서 밀도가 커져 아래로 가라앉기 때문입니다. 따라서 열기구에 사람이 적게 탔더라도 불의 세기를 줄여 열기구의 고도를 낮출 수 있습니다.

오답 풀이

① 열기구의 풍선 속 공기를 가열기로 데우기 때문에 열기구의 풍선은 높은 온도를 견딜 수 있는 소재로 만들어야 합니다.
② 열기구에 더 많은 사람들을 태우면 무게도 커지므로 열기구의 밀도가 낮아지기 위해서는 열기구 풍선이 더 커져야 합니다.
④ 가열기의 불을 더 세게 가하면 공기가 더 빨리 뜨겁게 데워지므로, 열기구의 풍선을 빠르게 부풀릴 수 있습니다.
⑤ 풍선 속 공기가 차가워지면 열기구가 땅으로 내려오므로, 열기구가 날아오른 뒤에도 가열기로 계속 공기를 데워야 열기구가 하늘 위에 떠 있을 수 있습니다.

4 열기구는 공기를 뜨겁게 데워서 풍선의 부피를 크게 만듭니다. 이와 같이 찌그러진 탁구공이 뜨거운 물에 담기면 탁구공 속에 있는 공기가 뜨거워지며 공의 부피가 커집니다. 또한 봉지 속에 뜨거운 빵을 넣으면 봉지 속에 있는 공기가 뜨거워지며 봉지의 부피가 커집니다.

5 ①문단은 글쓴이가 여행을 가게 된 계기와 경로를, ②문단은 카파도키아의 특징을 밝히고 있습니다. ③문단은 열기구를 탄 과정과 열기구가 뜨는 원리를, ④문단은 열기구에 타서 본 것을 적었고, ⑤문단은 열기구를 탄 일에 대해 느낀 점을 썼습니다.

6 ③문단을 통해 열기구가 하늘을 나는 원리를 알 수 있습니다. 가열기로 풍선 속 공기를 뜨겁게 데우면 풍선 속 공기가 빠르게 퍼지게 되고, 풍선의 부피가 커집니다. 풍선의 부피가 커지면 풍선 속 공기의 밀도가 낮아져 하늘 위로 뜹니다.

7 (1) '거대한'은 '엄청나게 큰.'이라는 뜻입니다.
(2) '조종사'는 '항공기를 일정한 방향과 속도로 움직이도록 다루는 기능과 자격을 갖춘 사람.'이라는 뜻입니다.
(3) '고도'는 '물체의 높이.'라는 뜻입니다.
(4) '고대'는 '원시 시대와 중세 사이의 시대.'라는 뜻입니다.
(5) '화산재'는 '화산에서 분출된 용암의 부스러기 가운데 작은 알갱이.'라는 뜻입니다.

오답 어휘 설명

(1) '중대한'은 '가볍게 여길 수 없을 만큼 매우 중요하고 큰'이라는 뜻입니다.
(2) '조련사'는 '동물에게 재주를 가르치고 훈련하는 사람.'이라는 뜻입니다.
(3) '각도'는 '한 점에서 갈리어 나간 두 직선의 벌어진 정도.'라는 뜻입니다.
(4) '고가'는 '비싼 가격. 또는 값이 비싼 것.'이라는 뜻입니다.
(5) '서리'는 '대기 중의 수증기가 지상의 물체 표면에 얼어붙은 것.'이라는 뜻입니다.

비주얼 과학 교과서 개념　**039 쪽**

(1) 기체　(2) 부피

(1) '일정한 모양과 부피가 없고, 담긴 그릇을 가득 채우는 물질의 상태.'를 '기체'라고 합니다.
(2) '넓이와 높이를 가진 물건이 공간에서 차지하는 크기.'를 '부피'라고 합니다.

- **글의 종류** 설명하는 글
- **글의 특징** 이 글은 연금술에서 벗어나 현대 화학의 기틀을 마련한 보일의 업적에 대해 설명하고 있습니다.
- **주제** 최초의 화학자로 불리는 보일의 업적

041~042 쪽

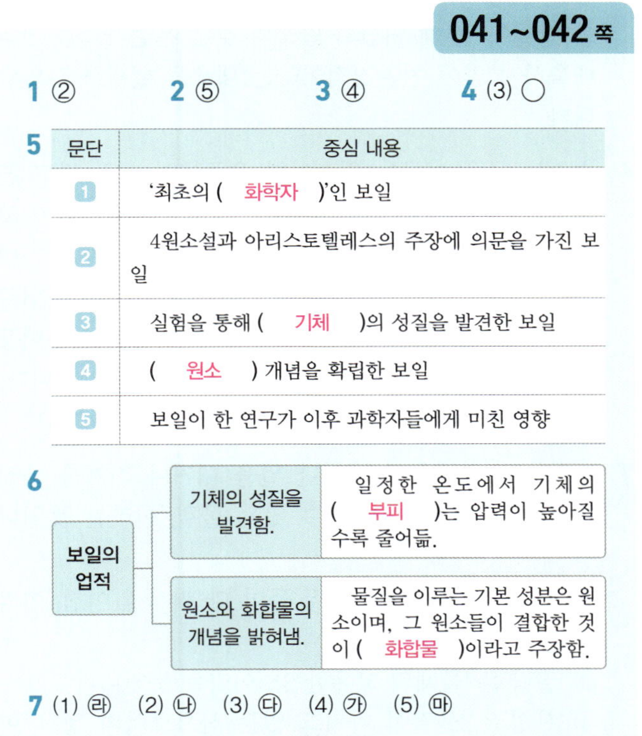

1 ②   **2** ⑤   **3** ④   **4** (3) ○

5

문단	중심 내용
1	'최초의 (화학자)'인 보일
2	4원소설과 아리스토텔레스의 주장에 의문을 가진 보일
3	실험을 통해 (기체)의 성질을 발견한 보일
4	(원소) 개념을 확립한 보일
5	보일이 한 연구가 이후 과학자들에게 미친 영향

6

보일의 업적	기체의 성질을 발견함.	일정한 온도에서 기체의 (부피)는 압력이 높아질수록 줄어듦.
	원소와 화합물의 개념을 밝혀냄.	물질을 이루는 기본 성분은 원소이며, 그 원소들이 결합한 것이 (화합물)이라고 주장함.

7 (1) 라   (2) 나   (3) 다   (4) 가   (5) 마

1 이 글은 '최초의 화학자'라고 불린 보일의 과학적 업적에 대해 소개하고 있습니다.

> **오답 풀이**
> ① 보일이 연금술에 성공했다는 내용은 나타나 있지 않습니다.
> ③ 연금술이 과학자들에게 어떤 영향을 미쳤는지에 대한 내용은 나타나 있지 않습니다.
> ④ 보일이 보일의 법칙을 발견한 실험에 대한 내용은 있지만, 보일이 실험에 실패했다는 내용은 나타나 있지 않습니다.
> ⑤ 이 글은 4원소설에 의문을 제기하며 과학적 실험을 통해 현대 화학의 기틀을 마련한 보일에 관한 내용을 중점적으로 다루고 있으므로 네 가지 원소에 대한 내용은 이 글의 주제가 아닙니다.

2 4 문단을 통해 보일이 실험을 통해 물질 사이에 빈 공간이 있다는 것을 증명했음을 알 수 있습니다.

3 보일은 유리관에 수은을 넣고 기체의 부피 변화를 관찰하는 실험을 통해 온도가 일정할 때 압력이 높아질수록 기체의 부피가 줄어든다는 사실을 발견했습니다.

4 보일의 법칙은 온도가 일정할 때 압력이 높아질수록 기체의 부피가 작아지고, 압력이 낮아질수록 기체의 부피가 커진다는 법칙입니다. 따라서 온도가 같을 때

주사기의 밀대를 세 배의 힘을 가해 누르면 주사기 안 기체의 부피는 세 배 더 작아집니다.

5 1 문단은 보일이 '최초의 화학자'라는 별명을 얻었음을, 2 문단은 4원소설과 아리스토텔레스의 주장에 의문을 가진 보일을, 3 문단은 실험을 통해 온도가 일정할 때 압력이 높아질수록 기체의 부피가 일정하게 줄어든다는 성질을 발견한 보일을, 4 문단은 원소 개념을 확립한 보일을, 마지막으로 5 문단은 보일이 한 연구가 현대 화학의 기틀을 마련하며 과학자들에게 중요한 영향을 미쳤음을 설명하고 있습니다.

6 3 문단에 따르면, 보일은 온도가 일정할 때 기체의 부피는 압력이 높아질수록 줄어드는 성질을 발견했습니다. 4 문단에 따르면, 보일은 물질을 이루는 기본 성분이 원소이며, 그 원소들이 결합한 것이 화합물이라고 주장하여 원소와 화합물의 개념을 밝혀냈습니다.

7 (1) '결합'은 '둘 이상의 사물이나 사람이 서로 관계를 맺어 하나가 됨.'이라는 뜻입니다.
(2) '기반'은 '기초가 되는 바탕. 또는 사물의 토대.'라는 뜻입니다.
(3) '성분'은 '물질을 이루고 있는 화학적 구성 요소.'라는 뜻입니다.
(4) '확립'은 '생각이나 체계 등이 굳게 섬.'이라는 뜻입니다.
(5) '반박'은 '어떤 의견, 주장, 논설 따위에 반대하여 말함.'이라는 뜻입니다.

비주얼 과학 교과서 개념   **043 쪽**

(1) **압력**   (2) **기압**

(1) '물체와 물체의 접촉면 사이에 작용하는 서로 수직으로 미는 힘.'을 '압력'이라고 합니다.
(2) '공기의 무게 때문에 나타나는 압력.'을 '기압'이라고 합니다.

- **글의 종류** 설명하는 글
- **글의 특징** 이 글은 에너지원으로 활용되는 수소의 여러 특징을 설명하고 있습니다.
- **주제** 수소의 여러 가지 특징

045~046 쪽

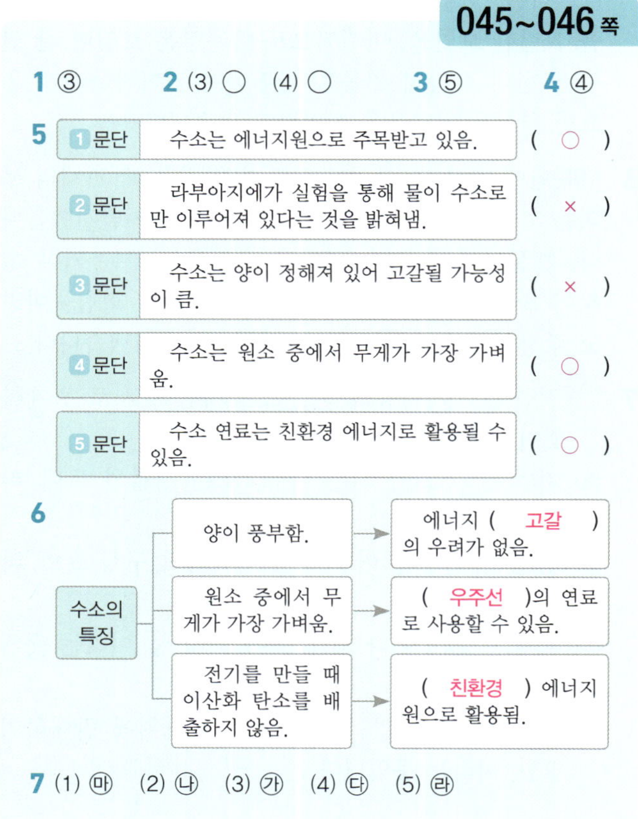

1 이 글은 수소에 대해 이해하는 데 도움이 되는 여러 가지 특징을 나열하여 설명하고 있습니다.

2 2문단에 따르면, 라부아지에가 물이 수소와 산소로 이루어져 있다는 사실을 밝혔습니다. 또한 3문단에 따르면, 수소는 우주에도 풍부해서 고갈될 우려가 거의 없다고 하였습니다.

3 수소를 이용한 수소 연료 전지는 전기를 만들어 낼 때 온실가스를 거의 배출하지 않으므로 친환경 에너지로 활용될 수 있습니다.

> **오답 풀이**
> ① 원소 중에서 가장 가벼운 것은 수소라고 했지만, 가장 무거운 원소는 무엇인지 나타나 있지 않습니다.
> ② 수소의 이름의 의미는 나타나 있지만, 산소의 이름의 의미는 나타나지 않았습니다.
> ③ 수소의 맛이나 향에 대한 내용은 나타나지 않았습니다.
> ④ 수소가 폭발 위험이 있다는 내용은 나타나 있지 않습니다.

4 ㉠'지속'은 '어떤 상태가 오래 계속됨.'이라는 뜻이므로 '유지'와 뜻이 비슷한 낱말입니다.

5 1문단은 수소가 여러 분야에서 에너지원으로 주목받고 있음을, 2문단은 라부아지에의 실험을 통해 물이 수소와 산소로 이루어져 있다는 것을 밝힌 사실을 설명하고 있습니다. 3문단은 수소는 양이 풍부해서 고갈될 가능성이 거의 없다는 내용을, 4문단은 수소의 무게가 가벼워 우주선의 연료로 사용할 수 있다는 내용을 설명하고 있습니다. 5문단은 수소 연료가 전기를 만들어 낼 때 이산화 탄소와 같은 온실가스를 거의 배출하지 않아 친환경적이라는 내용을 설명하고 있습니다.

6 수소는 물을 이루는 원소이며 우주에서 가장 많고 흔합니다. 따라서 수소가 에너지로 활용될 때 에너지 고갈에 대한 우려가 없습니다. 또한 수소는 무게가 가볍습니다. 이러한 수소의 특징을 이용해 우주선의 연료로 사용할 수 있습니다. 또한 수소 연료 전지를 이용해 전기를 만들 때 이산화 탄소를 배출하지 않습니다. 따라서 수소는 친환경 에너지로 활용될 수 있습니다.

7 (1) '연료'는 '태워서 빛이나 열을 내거나 기계를 움직이는 에너지를 얻을 수 있는 물질.'이라는 뜻입니다.
(2) '고갈'은 '자원이나 물질 등이 다 써서 없어짐.'이라는 뜻입니다.
(3) '질량'은 '물체의 고유한 양.'이라는 뜻입니다.
(4) '산성'은 '물질이 가지고 있는 산으로서의 성질.'이라는 뜻입니다.
(5) '온실가스'는 '지구 대기를 오염시켜 온실 효과를 일으키는 가스를 모두 이르는 말.'이라는 뜻입니다.

비주얼 과학 교과서 개념　　**047 쪽**

(1) 산소　　(2) 수소

(1) '숨을 쉬는 데 필요한 기체.'를 '산소'라고 합니다.
(2) '모든 물질 가운데 가장 가벼운 기체.'를 '수소'라고 합니다.

- **글의 종류** 설명하는 글
- **글의 특징** 이 글은 균류에 속하는 버섯에 대해 설명하고 있습니다. 버섯의 구조는 자실체와 균사체로 나뉘며, 자실체는 포자를 퍼뜨려 번식하고, 균사체는 양분을 빨아들입니다. 버섯의 포자는 바람, 물, 다른 동물 등을 통해 퍼져 번식합니다.
- **주제** '균류'에 속하는 버섯의 특징과 구조 및 번식 방법

051~052쪽

1 ⑤　　2 ⑤　　3 (1) ○　(2) ○　　4 ㉑

5
문단		
1문단	버섯이 속한 균류의 개념 및 특징	(○)
2문단	버섯의 균사체의 구조와 역할	(×)
3문단	버섯의 자실체의 구조와 역할	(×)
4문단	버섯이 바람, 물, 동물 등을 통해 포자를 퍼뜨려 번식하는 방법	(○)

6
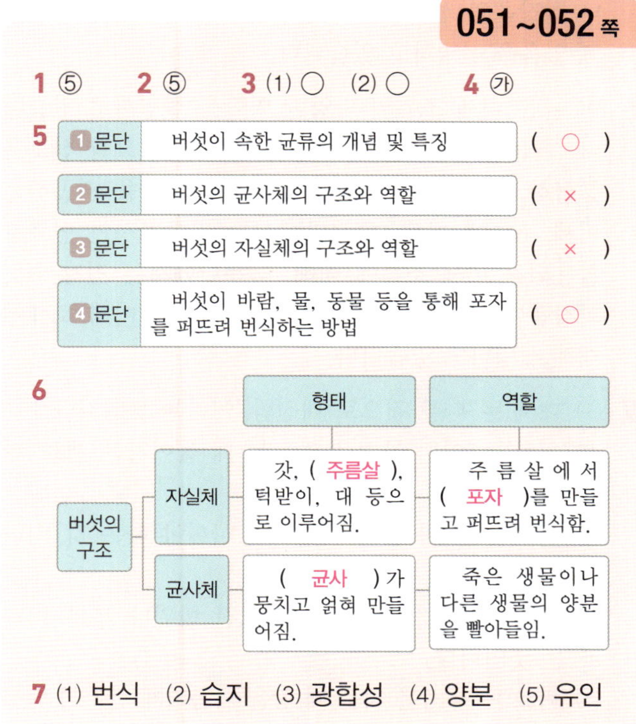

버섯의 구조		형태	역할
	자실체	갓, (주름살), 턱받이, 대 등으로 이루어짐.	주름살에서 (포자)를 만들고 퍼뜨려 번식함.
	균사체	(균사)가 뭉치고 얽혀 만들어짐.	죽은 생물이나 다른 생물의 양분을 빨아들임.

7 (1) 번식　(2) 습지　(3) 광합성　(4) 양분　(5) 유인

1 이 글은 **1**문단에서 균류의 개념과 특징 및 예를 설명하고, 이어서 **2**문단과 **3**문단에서는 균류에 속하는 버섯의 구조와 각 부분의 역할을, **4**문단에서는 버섯의 번식 방법을 설명하고 있습니다. 따라서 이 글은 '균류인 버섯의 특징과 번식 방법'에 대해 쓴 글이라고 볼 수 있습니다.

2 **2**문단에서 버섯의 자실체가 아닌 균사체가 양분을 빨아들이는 역할을 한다고 했습니다.

오답 풀이

①, ④ **2**문단에 따르면 자실체의 주름살에서 포자를 만든다는 것을 알 수 있습니다.
② **1**문단에 따르면 버섯은 죽어 가는 생물에 붙어 살면서 영양분을 얻는다고 했으므로, 스스로 양분을 만들 수 없음을 알 수 있습니다.
③ **1**문단에 따르면 버섯과 곰팡이는 모두 균류에 속한다는 것을 알 수 있습니다.

3 **1**문단에 따르면 식물은 광합성을 통해 양분을 만들지만, 균류는 광합성을 통해서 양분을 만들지 못한다

고 했습니다. 이를 통해 균류와 식물의 다른 점을 알 수 있습니다. **4**문단에 따르면 버섯은 바람, 물, 동물이나 동물의 배설물 등을 통해서 포자를 퍼뜨린다고 했으므로 버섯이 포자를 퍼뜨리는 방법을 알 수 있습니다.

4 이 글에 독이 있는 버섯에 대한 내용은 없으므로 ㉑는 이해를 돕기 위해 활용할 수 있는 자료가 아닙니다.

5 **1**문단에서는 몸 전체가 균사로 이루어져 포자를 통해 번식하는 균류의 개념과 특징, 예를, **2**문단에서는 갓, 주름살, 턱받이, 대 등으로 이루어져 포자를 퍼뜨려 번식하는 버섯의 자실체 부분의 구조와 역할을 설명하고 있습니다. 또한 **3**문단에서는 균사로 이루어져 양분을 빨아들이는 버섯의 균사체 부분의 구조와 역할을, **4**문단에서는 버섯이 바람, 물, 동물 등을 통해 포자를 퍼뜨려 번식하는 방법을 설명하고 있습니다.

6 버섯은 자실체와 균사체로 나누어져 있습니다. 버섯의 자실체는 갓, 주름살, 턱받이, 대 등으로 이루어져 있고, 주름살에서 포자를 만들고 퍼뜨려 번식하는 역할을 합니다. 버섯의 균사체는 균사가 뭉치고 얽혀 만들어진 것이며, 죽은 생물이나 다른 생물의 양분을 빨아들입니다.

7 (1) '번식'은 '붇고 늘어서 많이 퍼짐.'이라는 뜻입니다.
(2) '습지'는 '습기가 많은 축축한 땅.'이라는 뜻입니다.
(3) '광합성'은 '식물 등이 빛을 이용하여 이산화 탄소와 물로부터 스스로 양분을 만들어 내는 것.'이라는 뜻입니다.
(4) '양분'은 '생물이 자라거나 살기 위해 영양이 되는 성분.'이라는 뜻입니다.
(5) '유인'은 '주의나 흥미를 일으켜 꾐.'이라는 뜻입니다.

비주얼 과학 교과서 개념　**053쪽**

(1) 균류　　(2) 곰팡이

(1) '실 모양의 균사를 이용하여 다른 생물의 양분을 흡수하여 살아가고, 포자를 멀리 날려서 번식하는 버섯, 곰팡이와 같은 생물을 통틀어 이르는 말.'을 '균류'라고 합니다.
(2) '몸의 구조가 간단한 균류로, 양분이 있는 것의 표면에 돋아나는 미생물. 또는 그것이 모여 생긴 덩어리.'를 '곰팡이'라고 합니다.

• **글의 종류** 설명하는 글
• **글의 특징** 이 글은 일상생활과 생태계에서 다양한 역할을 하는 미세 조류를 소개하고 있습니다. 미세 조류는 생태계를 유지하고 기후 변화를 막는 데에 도움을 줄 뿐만 아니라 친환경 연료와 화장품의 성분으로 활용되는 등 그 역할과 쓰임이 아주 다양합니다.
• **주제** 미세 조류의 다양한 역할

055~056 쪽

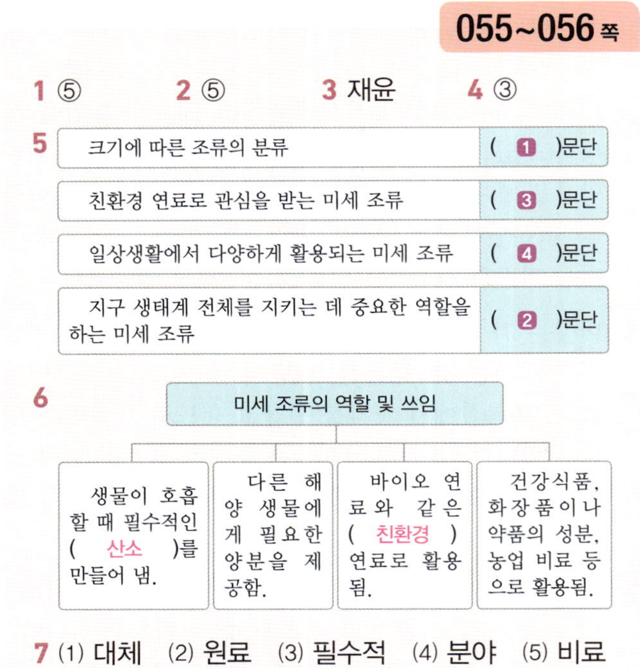

1 이 글은 미세 조류가 생태계에서 하는 역할과 일상생활에서의 다양한 쓰임을 설명하고 있습니다.

2 2문단에 따르면 미세 조류는 광합성을 하며 지구 대기의 절반이 넘는 양의 산소를 만든다고 했습니다.

> **오답 풀이**
> ① 1문단에 따르면 미역과 다시마는 대형 조류에 속한다고 했습니다.
> ② 4문단에 따르면 미세 조류는 일상생활에서 다양하게 쓰이는데, 화장품이나 약품의 성분, 농업 비료 등으로 활용된다고 했습니다.
> ③ 1문단에 따르면 조류는 동물이나 식물보다 구조가 단순한 생물이라고 했습니다.
> ④ 2문단에 따르면 미세 조류는 광합성을 하면서 이산화 탄소를 흡수하고 산소를 만들어 낸다고 했습니다.

3 3문단에 따르면 미세 조류를 이용한 바이오 연료는 석유 연료보다 이산화 탄소 배출량이 적다고 했습니다.

4 이 글에서 미세 조류가 생태계에서 중요한 역할을 할 뿐만 아니라 우리 일상생활의 여러 분야에서 쓸모가 있어 다양하게 활용된다는 것을 알 수 있습니다. 따라서 ㉠에 들어갈 알맞은 말은 '쓸모가 있는.'이라는 뜻을 지닌 '유용한'입니다.

5 1문단은 조류를 크기에 따라 대형 조류와 미세 조류로 분류하여 설명하고, 2문단은 미세 조류가 광합성을 하는 과정에서 산소를 만들어 내는 등 지구의 생태계를 유지하는 미세 조류의 역할을 설명하고 있습니다. 3문단은 미세 조류가 친환경 연료로 관심을 받고 있음을 설명하고, 4문단은 미세 조류가 건강식품이나 화장품의 성분으로 일상생활에서 다양하게 활용되고 있음을 설명하고 있습니다.

6 이 글은 미세 조류의 다양한 역할을 설명하고 있습니다. 2문단에서는 생물이 호흡하는 데 필요한 산소를 공급하고, 해양 생물에게는 필요한 양분을 제공하는 미세 조류에 대해, 3문단에서는 친환경적인 연료로 활용되는 미세 조류에 대해, 4문단에서는 건강식품, 화장품이나 약품의 성분 등으로 쓰이는 미세 조류에 대해 설명하고 있습니다.

7 (1) '대체'는 '다른 것으로 대신함.'이라는 뜻입니다.
(2) '원료'는 '어떤 물건을 만드는 데 들어가는 재료.'라는 뜻입니다.
(3) '필수적'은 '꼭 있어야 하거나 하여야 하는 것.'이라는 뜻입니다.
(4) '분야'는 '여러 갈래로 나누어진 범위나 부분.'이라는 뜻입니다.
(5) '비료'는 '농사를 지을 때 땅을 기름지게 만들어 식물이 잘 자라게 하려고 뿌리는 물질.'이라는 뜻입니다.

비주얼 과학 교과서 개념   **057 쪽**

(1) 원생생물   (2) 핵

(1) '동물이나 식물로 분류하기 어려운 생김새가 단순한 생물.'을 '원생생물'이라고 합니다.
(2) '세포의 중심에 있는 공 모양의 작은 기관.'을 '핵'이라고 합니다.

- **글의 종류** 설명하는 글
- **글의 특징** 이 글은 병원균에 감염되지 않기 위해 손 씻는 습관을 지녀야 함을 설명하고 있습니다.
- **주제** 올바른 손 씻기의 중요성

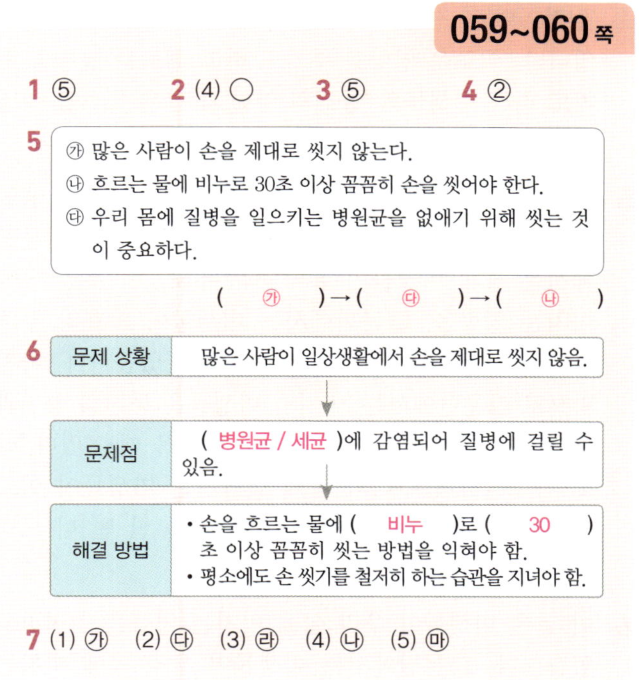

059~060 쪽

1 ⑤　　**2** ⑷ ○　　**3** ⑤　　**4** ②

5
㉮ 많은 사람이 손을 제대로 씻지 않는다.
㉯ 흐르는 물에 비누로 30초 이상 꼼꼼히 손을 씻어야 한다.
㉰ 우리 몸에 질병을 일으키는 병원균을 없애기 위해 씻는 것이 중요하다.

(　㉮　) → (　㉰　) → (　㉯　)

6

문제 상황	많은 사람이 일상생활에서 손을 제대로 씻지 않음.
문제점	(　병원균 / 세균　)에 감염되어 질병에 걸릴 수 있음.
해결 방법	• 손을 흐르는 물에 (　비누　)로 (　30　) 초 이상 꼼꼼히 씻는 방법을 익혀야 함. • 평소에도 손 씻기를 철저히 하는 습관을 지녀야 함.

7 ⑴ ㉮　⑵ ㉰　⑶ ㉱　⑷ ㉯　⑸ ㉲

1 이 글에서는 병원균에 감염이 되었을 때 나타나는 증상을 제시하며, 손 씻기의 중요성과 올바른 손 씻기 방법을 설명하고 있습니다.

2 씻지 않은 손으로 코나 입 등 얼굴을 직접 만지거나 음식을 먹으면 질병을 일으키는 세균에 감염될 수 있다고 했으므로 병원균은 손이나 코, 입 등을 통해 몸 안으로 들어와 질병을 일으킨다는 것을 짐작할 수 있습니다.

> **오답 풀이**
> ⑴ 세균 중에서는 우리 몸에 좋은 영향을 미치는 세균도 있다고 했습니다.
> ⑵ 병원균은 우리 몸속에 들어와 질병을 일으킨다고 했습니다. 그러므로 병원균은 우리 몸에 해로운 영향을 미치는 세균임을 알 수 있습니다.
> ⑶ 여러 사람이 이용하는 공간에서는 병원균에 감염되기 쉬우므로, 공공시설을 이용한 후에는 반드시 손을 씻어 병원균을 없애야 한다고 했습니다. 세균의 감염을 막기 위해 공공시설을 이용하지 말아야 한다는 것은 아닙니다.

3 손을 닦을 때 거품을 물로 깨끗이 헹구어 마무리해야 합니다.

4 ㉠은 '버릇이 되어 익숙해지지.'라는 뜻이므로, ②가

같은 뜻으로 쓰였습니다.

> **오답 풀이**
> ① 땀이 스며 나왔다는 뜻이므로, '스며들거나 스며 나오다.'라는 뜻으로 쓰였습니다.
> ③ 옷에 흙냄새가 스며들어 남아 있다는 뜻이므로, '냄새가 스며들어 오래도록 남아 있다.'라는 뜻으로 쓰였습니다.
> ④ 종이에 기름이 스며들었다는 뜻이므로, '스며들거나 스며 나오다.'라는 뜻으로 쓰였습니다.
> ⑤ 동생의 얼굴에서 웃음이 스며 나왔다는 뜻이므로, '스며들거나 스며 나오다.'라는 뜻으로 쓰였습니다.

5 ❶문단에서는 많은 사람이 공중화장실을 이용한 후 손을 제대로 씻지 않는 실태를 제시하고, ❷문단에서는 우리 몸에 질병을 일으키는 세균인 병원균을 없애기 위해 손을 씻어야 한다는 것을 설명하며 손 씻기의 중요성을 설명하고 있습니다. ❸문단에서는 올바른 손 씻기 방법을 제시하며 흐르는 물에 비누로 30초 이상 꼼꼼히 씻는 것이 중요함을 설명하고 있습니다.

6 이 글은 자료의 구체적인 수치와 주요 개념의 의미 등을 제시하며 많은 사람들이 손을 씻지 않는 실태와 손을 올바르게 씻는 것이 중요한 까닭, 그리고 올바르게 손 씻는 방법을 설명하고 있습니다.

7 ⑴ '고열'은 '몸의 높은 열.'이라는 뜻입니다.
⑵ '용변'은 '대변이나 소변을 봄. 또는 그 대소변.'이라는 뜻입니다.
⑶ '증상'은 '병을 앓을 때 나타나는 여러 가지 상태나 모양.'이라는 뜻입니다.
⑷ '질병'은 '몸의 온갖 병.'이라는 뜻입니다.
⑸ '공공시설'은 '사회의 모든 사람이 이용할 수 있게 만든 시설.'이라는 뜻입니다.

비주얼 과학 교과서 개념　　**061 쪽**

⑴ 세균　　⑵ 대장균

⑴ '눈으로 볼 수 없을 만큼 크기가 작고 생김새가 단순한 생물.'을 '세균'이라고 합니다.
⑵ '사람이나 동물의 장 속에서 살아가는 세균.'을 '대장균'이라 고합니다.

- **글의 종류** 설명하는 글
- **글의 특징** 이 글은 우리 몸속에 사는 미생물과 음식에 여러 작용을 하는 미생물에 대해 설명하고 있습니다. 미생물이 우리에게 이롭거나 해로운 영향을 주는 사례를 들어 우리 삶에 많은 영향을 미친다는 것을 설명하고 있습니다.
- **주제** 우리 삶에 많은 영향을 미치는 미생물

063~064 쪽

1 ③　　**2** (3) ✕　　**3** 발효　　**4** ⑤

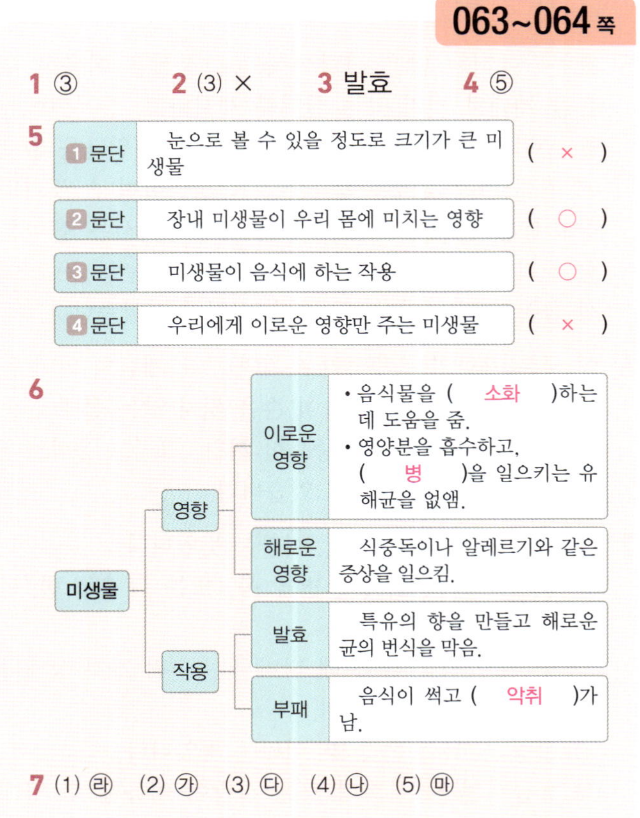

7 (1) ㉣　(2) ㉮　(3) ㉰　(4) ㉯　(5) ㉱

1 이 글은 우리 몸속에 사는 미생물과 음식에 작용하는 미생물에 대해 설명하며 미생물이 우리 삶에 많은 영향을 미친다는 것을 설명하고 있습니다.

> **오답 풀이**
> ① 미생물이 생기고 자라는 과정은 나타나 있지 않습니다.
> ② 3문단에 발효가 음식에 작용하는 영향은 나타나 있지만, 이는 미생물의 작용을 설명하는 내용이므로 사람들에게 발효 식품을 먹도록 설득하기 위한 목적은 아닙니다.
> ④ 2문단에 우리 몸에 해로운 영향을 미치는 미생물에 대한 설명은 제시되어 있지만, 해로운 미생물의 종류에 무엇이 있는지는 나타나 있지 않습니다.
> ⑤ 이 글에 환경 파괴로 인해 미생물 수가 줄어들고 있다는 내용은 나타나 있지 않습니다.

2 2문단에 따르면 우리 몸속에 사는 장내 미생물에는 이로운 영향을 주는 미생물도 있고 해로운 영향을 주는 미생물도 있다고 했습니다. 따라서 미생물의 수가 무조건 많은 것이 중요한 게 아니라, 유해균의 수가

유익균보다 많아지지 않도록 하는 것이 중요한 것임을 알 수 있습니다.

3 3문단에 따르면, 음식에 작용하는 미생물로 인해 생긴 물질이 우리 생활에 이로우면 '발효', 해로우면 '부패'라고 했습니다. 따라서 빈칸에 공통으로 들어갈 말은 '발효'가 알맞습니다.

4 '일장일단'은 장점과 단점이 있음을 뜻하는 한자 성어입니다. 이로운 영향을 주기도 하고 해로운 영향을 주기도 하는 미생물의 '동전의 양면'과 같은 특성을 설명하기에 알맞습니다.

5 1문단에서는 눈으로 보기 어려울 정도로 작은 생물을 뜻하는 미생물에 대해 설명하고 있습니다. 2문단에서는 장내 미생물인 유익균과 유해균이 우리 몸에 미치는 영향을, 3문단에서는 미생물이 발효와 부패와 같이 음식에 하는 작용을 설명하고 있습니다. 마지막으로 4문단에서는 '이처럼 미생물은 동전의 양면과 같아 우리에게 이로울 때도 있고 해로울 때도 있다.'라고 마무리하며 우리와 함께 살아가는 미생물이 이로운 영향과 해로운 영향을 준다는 것을 한 번 더 드러내고 있습니다.

6 이 글은 미생물이 우리 삶에 미치는 영향을 설명하고 있습니다. 2문단에서는 미생물이 우리 몸에 미치는 이로운 영향과 해로운 영향을, 3문단에서는 음식이 발효가 되거나 부패하도록 하는 미생물의 작용을 각각 설명하고 있습니다.

7 (1) '배출'은 '동물이 섭취한 음식물을 소화하여 항문으로 내보냄.'이라는 뜻입니다.
(2) '악취'는 '나쁜 냄새.'라는 뜻입니다.
(3) '작용'은 '어떠한 현상을 일으키거나 영향을 미침.'이라는 뜻입니다.
(4) '특유'는 '일정한 사물만이 특별히 갖추고 있음.'이라는 뜻입니다.
(5) '노폐물'은 '생물의 몸에 들어온 여러 물질 중 필요한 것을 흡수하여 쓰고 남은 찌꺼기.'라는 뜻입니다.

비주얼 과학 교과서 개념　　**065 쪽**

(1) 발효　　(2) 적조 현상

(1) '세균이나 곰팡이 등을 이용하여 우리 생활에 유익한 물질이나 식품을 만드는 과정.'을 '발효'라고 합니다.
(2) '바다에 사는 특정한 원생생물이 급격하게 늘어나 바닷물이 붉은색을 띠는 현상.'을 '적조 현상'이라고 합니다.

- **글의 종류** 설명하는 글
- **글의 특징** 이 글은 생태계에서 꿀벌이 하는 역할을 설명한 뒤, 꿀벌이 사라지고 있는 현상을 제시하여 꿀벌을 지키기 위한 대책 마련의 필요성을 제시하고 있습니다.
- **주제** 생태계에서 꿀벌의 역할과 중요성

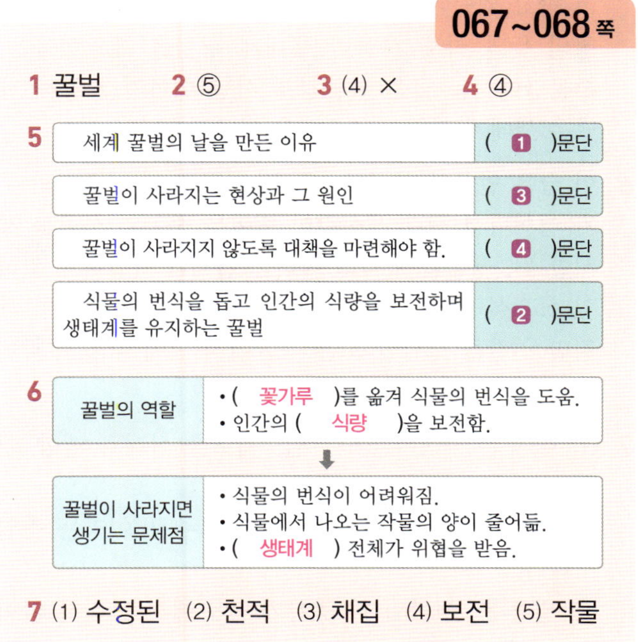

067~068쪽

1 꿀벌　　**2** ⑤　　**3** (4) ×　　**4** ④

5

세계 꿀벌의 날을 만든 이유	(**1**)문단
꿀벌이 사라지는 현상과 그 원인	(**3**)문단
꿀벌이 사라지지 않도록 대책을 마련해야 함.	(**4**)문단
식물의 번식을 돕고 인간의 식량을 보전하며 생태계를 유지하는 꿀벌	(**2**)문단

6

꿀벌의 역할	• (꽃가루)를 옮겨 식물의 번식을 도움. • 인간의 (식량)을 보전함.
꿀벌이 사라지면 생기는 문제점	• 식물의 번식이 어려워짐. • 식물에서 나오는 작물의 양이 줄어듦. • (생태계) 전체가 위협을 받음.

7 (1) 수정된　(2) 천적　(3) 채집　(4) 보전　(5) 작물

1 이 글은 꿀벌이 생태계에서 중요한 역할을 하고 있다는 것을 설명하고 있습니다. 따라서 제목의 빈칸에는 '꿀벌'이 들어가는 것이 가장 적절합니다.

2 ②문단에 따르면 인간의 식량으로 쓰이는 작물의 약 70퍼센트는 꿀벌의 활동을 통해 만들어진다고 했습니다.

> **오답 풀이**
> ① ③문단에 따르면 말벌 등과 같은 천적이 공격하여 꿀벌의 생존이 위협받는다고 했습니다.
> ② ②문단에 따르면 인간이 먹는 꿀은 꿀벌이 직접 꽃에서 꿀을 채집하고 저장하는 과정을 거친다고 했습니다.
> ③ ②문단에 따르면 꿀벌은 꽃가루를 묻혀 다른 꽃에 전달한다고 했으므로, 식물의 꽃가루를 만드는 역할을 한 것은 아닙니다.
> ④ ②문단에 따르면 꿀벌은 식물에 있는 꿀과 꽃가루를 먹어 양분을 얻는다고 했습니다.

3 이 글에서 꿀벌이 꿀과 꽃가루를 먹는 활동이 꽃이 자라는 데 방해가 되는 곤충을 없앤다는 내용은 나타나 있지 않습니다.

4 ③문단에 따르면 기후 변화로 꽃이 피고 지는 시기가 급격히 바뀌어 꿀벌이 양분을 얻기 어려워진다고 했습니다.

5 이 글의 ①문단에서는 '세계 꿀벌의 날'을 만든 이유를, ②문단에서는 식물의 번식을 돕고 인간의 식량을 보전하며 생태계를 유지하는 꿀벌의 역할을 설명하고 있습니다. ③문단에서는 꿀벌이 사라지는 현상과 그 원인을, ④문단에서는 꽃과 나무를 심는 등 환경을 보전하여 꿀벌이 사라지지 않도록 대책을 마련할 필요성을 설명하고 있습니다.

6 ②문단에 따르면 꿀벌은 양분을 얻는 과정에서 꽃가루를 옮겨 식물이 번식하는 것을 돕고, 인간의 식량을 보전하며 생태계를 유지한다고 했습니다. ④문단에 따르면 이러한 역할을 하는 꿀벌이 사라지면 식물의 번식이 어려워지고, 식량이 되는 작물의 양이 줄어들어 인간을 포함한 생태계 전체가 위협을 받을 것이라고 했습니다.

7 (1) '수정된'은 '암과 수의 생식 세포가 서로 합쳐져서 새 개체를 이루는 작용을 하게 된.'이라는 뜻입니다.
(2) '천적'은 '어떤 생물을 잡아먹거나 해를 미쳐 그 생물의 적이 되는 생물.'이라는 뜻입니다.
(3) '채집'은 '널리 찾아서 얻거나 캐거나 잡아 모음.'이라는 뜻입니다.
(4) '보전'은 '온전하게 잘 지키고 유지함.'이라는 뜻입니다.
(5) '작물'은 '논밭에서 심어 가꾸는 곡식이나 식물.'이라는 뜻입니다.

비주얼 과학 교과서 개념　　**069쪽**

(1) 생태계　　(2) 생물　　(3) 비생물

(1) '어떤 장소에서 서로 영향을 주고받는 생물과 생물 주변의 환경 전체.'를 '생태계'라고 합니다.
(2) '생태계를 구성하는 요소 중에서 동물이나 식물처럼 살아 있는 것.'을 '생물 요소'라고 합니다.
(3) '생태계를 구성하는 요소 중에서 햇빛, 공기, 물, 온도, 흙 등과 같이 살아 있지 않은 것.'을 '비생물 요소'라고 합니다.

- **글의 종류** 생활문
- **글의 특징** 이 글은 선생님께 들은 이야기를 통해 생태계를 이루는 하나의 생명이라도 인간이 임의로 파괴할 경우에 생길 수 있는 문제점과 함께 생태계 평형의 중요성에 대한 깨달음을 설명하고 있습니다.
- **주제** 생태계 평형의 중요성

071~072 쪽

1 ③　**2** ④　**3** (1) ○　(2) ○　**4** 수민

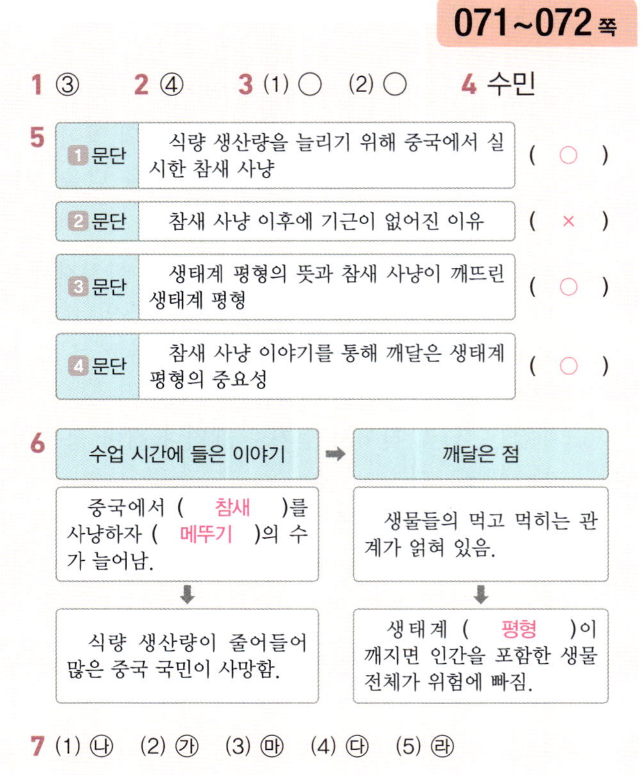

7 (1) ㉯　(2) ㉮　(3) ㉰　(4) ㉱　(5) ㉲

1 이 글은 글쓴이가 선생님께 들은 이야기를 통해 인간으로 인해 생태계의 평형이 깨질 경우 결국 생태계 전체의 위험을 불러올 수 있을 것이라는 깨달음을 얻었다는 내용이므로 생태계 평형의 중요성을 이야기하고 있는 것임을 알 수 있습니다.

2 2문단에 따르면, 메뚜기를 먹이로 삼는 참새가 사라지자 메뚜기의 수가 엄청나게 늘어났습니다.

3 2문단에 따르면 참새가 사라지면 메뚜기의 수가 늘어나 메뚜기가 곡식을 마구 먹어 식량 생산량이 줄고, 3문단에 따르면 인간도 생태계의 먹이 관계에 포함되어 있기 때문에, 생태계 평형이 깨지면 인간도 영향을 받을 것임을 알 수 있습니다.

오답 풀이

(3), (4) 중국에서 참새를 너무 많이 잡아 식량 생산량이 줄었다는 내용은 나타나 있지만, 그 이후에 기근을 해결하기 위해 한 일이나 참새를 잡지 않고 식량 생산량을 늘리는 방법은 나타나 있지 않습니다.

4 이 글에 나온 사례를 통해 생물들의 먹고 먹히는 관계가 복잡하게 얽혀 있으므로 생태계를 구성하는 곤충이 사라지면 그것을 먹는 생물들이 사라져 생태계 평형이 깨지게 될 것임을 짐작할 수 있습니다.

5 1문단에서는 1950년대 후반에 중국에서 식량 생산량을 늘리기 위해 참새를 사냥했음을, 2문단에서는 참새 사냥으로 인해 메뚜기의 수가 늘어 식량 생산량이 줄고 기근이 심해졌음을, 3문단에서는 생태계 평형의 뜻과 참새 사냥이 생태계 평형을 깨뜨렸음을, 4문단에서는 글쓴이가 참새 사냥 이야기를 통해 깨달은 생태계 평형의 중요성을 언급했습니다.

6 이 글은 인간이 참새를 사냥한 일로 인해 메뚜기의 수가 늘어나서 식량 생산량이 줄어든 중국의 사례를 제시한 뒤, 생물들의 먹고 먹히는 관계가 복잡하게 얽혀 있다고 설명하고 있습니다. 결국 생태계의 평형이 깨지면 인간을 포함한 모든 생물이 위험에 빠질 수밖에 없음을 이야기하고 있습니다.

7 (1) '실시'는 '어떤 일이나 법, 제도를 실제로 행함.'이라는 뜻입니다.
(2) '기근'은 '먹을 양식이 모자라 굶주림.'이라는 뜻입니다.
(3) '멸종'은 '생물의 한 종류가 지구에서 완전히 없어짐.'이라는 뜻입니다.
(4) '식량'은 '생존을 위하여 필요한 사람의 먹을거리.'라는 뜻입니다.
(5) '평형'은 '사물이 한쪽으로 기울거나 치우치지 않음.'이라는 뜻입니다.

비주얼 과학 교과서 개념　**073 쪽**

(1) 먹이 사슬　　(2) 먹이 그물

(1) '생태계에서 먹고 먹히는 관계가 사슬과 같이 연결되어 있는 것.'을 '먹이 사슬'이라고 합니다.

(2) '생태계에서 여러 개의 먹이 사슬이 서로 얽혀서, 그물처럼 복잡하게 이루어져 있는 것.'을 '먹이 그물'이라고 합니다.

- **글의 종류** 주장하는 글
- **글의 특징** 플라스틱 쓰레기 문제의 심각성을 제시한 뒤 미세 플라스틱으로 인한 환경 오염을 해결하기 위해 모두가 노력해야 함을 주장하고 있습니다.
- **주제** 플라스틱 쓰레기로 인한 환경 오염 문제 해결 방안

075~076 쪽

1 ⑤ **2** ③ **3** (2) ✕ **4** ③

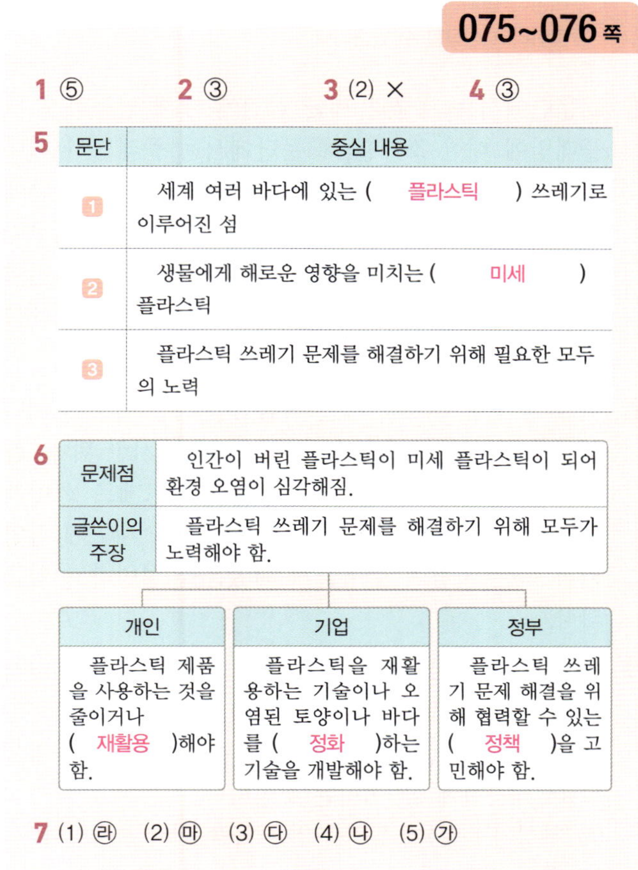

5

문단	중심 내용
1	세계 여러 바다에 있는 (플라스틱) 쓰레기로 이루어진 섬
2	생물에게 해로운 영향을 미치는 (미세) 플라스틱
3	플라스틱 쓰레기 문제를 해결하기 위해 필요한 모두의 노력

6

문제점	인간이 버린 플라스틱이 미세 플라스틱이 되어 환경 오염이 심각해짐.
글쓴이의 주장	플라스틱 쓰레기 문제를 해결하기 위해 모두가 노력해야 함.

개인	기업	정부
플라스틱 제품을 사용하는 것을 줄이거나 (재활용)해야 함.	플라스틱을 재활용하는 기술이나 오염된 토양이나 바다를 (정화)하는 기술을 개발해야 함.	플라스틱 쓰레기 문제 해결을 위해 협력할 수 있는 (정책)을 고민해야 함.

7 (1) ㉣ (2) ㉤ (3) ㉢ (4) ㉡ (5) ㉠

1 이 글은 플라스틱 쓰레기로 인한 환경 오염 사례를 통해 플라스틱으로 인한 환경 문제를 해결해야 한다고 주장하고 있습니다.

2 이 글에서 플라스틱으로 인한 문제를 해결하는 방법으로 버려지는 플라스틱을 재활용하는 것을 제시하고 있지만, 플라스틱 쓰레기를 재활용하는 방법은 나와 있지 않습니다.

오답 풀이

① 1문단에 따르면 플라스틱 섬은 전 세계에서 바다로 흘러 들어온 플라스틱 쓰레기가 해류를 따라 흐르다가 모여 섬을 이룬 것이라고 했습니다.
②, ④ 2문단에 따르면 미세 플라스틱을 동물이 먹거나 작물이 흡수하고, 그 생물을 인간이 섭취하면 미세 플라스틱이 몸속까지 들어와 건강을 해칠 수 있다고 했습니다.
⑤ 3문단에 플라스틱으로 인한 문제를 해결하기 위해 할 수 있는 방법에 대한 내용이 나타나 있습니다.

3 3문단에서 플라스틱으로 인한 환경 문제를 해결하는 방법으로 기업에서는 플라스틱으로 오염된 토양이나 바다를 정화하는 기술 등을 개발해야 한다고 했습니다. 따라서 오염된 환경을 그대로 두어야 한다는 내용은 알맞지 않습니다.

4 ㉠은 플라스틱 환경 문제를 해결하기 위해서는 여러 사람이 힘을 합쳐서 노력해야 한다는 것을 설명하고 있습니다. 따라서 '여러 집단이나 사람이 어떤 목적을 이루려고 하나로 뭉침.'이라는 뜻을 지닌 '대동단결'이 어울립니다.

5 1문단에서는 태평양, 대서양, 인도양에 존재하는 플라스틱 쓰레기 섬에 대해 설명하고, 2문단에서는 버려진 플라스틱이 미세 플라스틱이 되어 동식물과 인간에게 해로운 영향을 미친다는 것을 설명하고 있습니다. 3문단에서는 플라스틱 쓰레기로 인한 문제를 해결하기 위해 모두가 노력해야 한다는 것을 주장하고 있습니다.

6 1문단과 2문단에서 인간이 버린 플라스틱 쓰레기로 인해 미세 플라스틱이 생겨 발생하는 문제점을 설명하고 있습니다. 3문단에서는 이러한 플라스틱 쓰레기로 인한 문제를 해결하기 위해 모두가 노력해야 함을 주장하면서 개인과 기업, 정부가 각각 해야 할 일을 제시하고 있습니다.

7 (1) '섭취'는 '생물체가 양분 따위를 몸속에 빨아들임.'이라는 뜻입니다.
(2) '정책'은 '사회적인 문제를 해결하거나 정치적 목적을 이루기 위한 방법.'이라는 뜻입니다.
(3) '정화'는 '불순하거나 더러운 것을 깨끗하게 함.'이라는 뜻입니다.
(4) '해류'는 '일정한 방향으로 흐르는 바닷물.'이라는 뜻입니다.
(5) '협력'은 '힘을 합쳐 서로 도움.'이라는 뜻입니다.

비주얼 과학 교과서 개념 **077 쪽**

(1) 생태계 보전 (2) 생태계 복원

(1) '생태계의 형태나 기능이 훼손되지 않도록 보호하여 유지하는 일.'을 '생태계 보전'이라고 합니다.
(2) '인간의 개발이나 자연재해 등에 의해 파괴된 생태계를 원래대로 되돌리는 일.'을 '생태계 복원'이라고 합니다.

- **글의 종류** 설명하는 글
- **글의 특징** 이 글은 플레밍이 페니실린을 발견한 일을 중심으로, 페니실린이 플로리와 체인에 의해 실제 치료제로 쓰이게 되기까지의 과정을 시간의 흐름에 따라 제시하고 있습니다.
- **주제** 인류 최초의 항생제인 페니실린이 치료제로 개발된 과정과 그 영향

079~080 쪽

1 페니실린　**2** ④　**3** ⑤　**4** (3) ×

5
- **1문단** — 플레밍에 대한 소개
- **2문단** — 수많은 사람의 생명을 구한 페니실린
- **3문단** — 플로리와 체인을 통해 치료제로 개발된 페니실린
- **4문단** — 포도상 구균 접시에 자란 푸른곰팡이에서 페니실린을 발견한 플레밍

6
- 세균과 세균 감염에 대한 연구를 함. → 푸른곰팡이를 통해 우연히 (페니실린)을 발견함. → 페니실린을 정제하는 데 성공함.
- 세균에 (감염)되어 죽는 사람이 줄어듦. ← (세균)의 번식을 막음. ← 페니실린이 (치료제 / 항생제)로 쓰임.

7 (1) 항생제　(2) 정제　(3) 부상자　(4) 치명적
(5) 악화

1 이 글에서 플레밍이 인류 최초로 페니실린이라는 항생제를 발견했다는 것을 알 수 있습니다.

2 **1**문단에서는 플레밍에 대한 소개를, **2**문단에서는 플레밍이 페니실린을 발견한 과정을 제시하고 있습니다. **3**문단에서는 페니실린이 플로리와 체인에 의해 치료제로 쓰일 수 있게 되었음을, **4**문단에서는 치료제로 쓰인 페니실린의 영향력을 설명하고 있습니다. 따라서 이 글은 페니실린이 발견되고 치료제로 쓰이기까지의 과정을 시간 순서대로 설명하고 있음을 알 수 있습니다.

3 **2**문단에 따르면 플레밍은 푸른곰팡이가 세균 번식을 막는 물질을 만들어 낸다는 것을 발견하고, 이 물질을 '페니실린'이라고 불렀다고 했습니다.

4 **2**문단을 통해 푸른곰팡이가 포도상 구균의 번식을 돕는 것이 아니라 포도상 구균의 번식을 막는다는 것

을 알 수 있습니다.

> **오답 풀이**
> (1) 페니실린이 발견된 지 몇 년 후에 플로리와 체인이 페니실린을 정제하여 치료제로 쓰이게 되었다고 했습니다. 이를 통해 두 과학자의 연구가 없었다면 페니실린을 이용한 항생제의 개발이 늦어졌을 것임을 짐작할 수 있습니다.
> (2) 플레밍이 포도상 구균을 기르던 접시의 변화를 그냥 지나치지 않아서 푸른곰팡이에서 페니실린을 발견했습니다. 따라서 플레밍이 접시에 뚜껑을 덮었다면 페니실린을 발견하지 못했을 것이라고 짐작할 수 있습니다.

5 **1**문단에서는 세균과 세균 감염에 대해 연구하게 된 플레밍에 대한 소개를, **2**문단에서는 플레밍이 페니실린을 발견한 과정을 제시하고 있습니다. **3**문단에서는 페니실린이 치료제로 사용될 수 있도록 연구한 플로리와 체인의 업적을, **4**문단에서는 페니실린이 치료제로 쓰이면서 수많은 사람의 생명을 구했음을 설명하고 있습니다.

6 이 글은 인류 최초로 세균의 감염을 막는 물질인 페니실린을 발견한 플레밍의 업적을 먼저 제시한 뒤에, 플로리와 체인의 연구로 페니실린이 치료제로 쓰이게 되었고, 페니실린이 세균의 번식을 막아 세균에 감염되어 죽는 사람이 줄어들게 되었음을 설명하고 있습니다.

7 (1) '항생제'는 '몸에 들어온 세균 같은 미생물의 번식을 막는 약품.'이라는 뜻입니다.
(2) '정제'는 '물질에 섞인 더러운 것을 없애 그 물질을 더 깨끗하게 함.'이라는 뜻입니다.
(3) '부상자'는 '몸에 상처를 입은 사람.'이라는 뜻입니다.
(4) '치명적'은 '병, 상처, 피해 등이 생명을 잃게 할 만큼 큼.'이라는 뜻입니다.
(5) '악화'는 '병의 증세가 나빠짐.'이라는 뜻입니다.

비주얼 과학 교과서 개념　　**081 쪽**

(1) 생명 과학　　(2) 생물 연료

(1) '생명 과학 기술이나 연구 결과를 활용하여 일상의 다양한 문제를 해결하는 학문.'을 '생명 과학'이라고 합니다.

(2) '생물체나 동물의 배설물 등을 활용해서 만든 연료.'를 '생물 연료'라고 합니다.

01 '이그노벨상'은 어떤 상일까?

- **글의 종류** 설명하는 글
- **글의 특징** 이 글은 노벨상을 익살스럽게 흉내 낸 이그노벨상을 제시하여 자유롭고 창의적인 생각의 중요성을 설명하고 있습니다.
- **주제** 이그노벨상의 특징 및 의의

085~086 쪽

1 이그노벨상 **2** (1) ◯ (3) ◯ (4) ◯

3 (1) ㉮ (2) ㉯ (3) ㉯ **4** ⑤

5
- ㉮ 노벨상을 익살스럽게 흉내 낸 이그노벨상
- ㉯ 창의적인 생각에 대한 깨달음을 주는 이그노벨상
- ㉰ 흑연에서 그래핀을 분리하여 노벨상을 받은 안드레 가임
- ㉱ 자석으로 개구리를 공중 부양시키는 실험으로 이그노벨상을 받은 안드레 가임
- ㉲ 황당한 연구일지라도 실험 과정은 과학적이어야 한다는 원칙을 따르는 이그노벨상

(㉮) → (㉲) → (㉱) → (㉰) → (㉯)

6

	대상	안드레 가임의 연구
이그노벨상	황당한 연구를 한 사람에게 줌.	자석으로 (개구리)를 공중에 부양시키는 연구를 함.
(노벨)상	인류의 삶에 이바지한 사람이나 단체에게 줌.	'꿈의 신소재'인 (그래핀)을 발견함.

↓

이그노벨상의 의의	자유롭고 창의적인 생각을 지녀야 한다는 깨달음을 줌.

7 (1) **익살스럽게** (2) **신소재** (3) **공식적** (4) **권위**

(5) **이바지**

1 **1**문단에서는 이그노벨상의 목적을, **2**문단에서는 이그노벨상이 따르는 원칙을, **3**문단과 **4**문단에서는 이그노벨상과 노벨상을 모두 받은 과학자의 사례를 설명하고 있습니다. **5**문단에서는 안드레 가임의 말을 인용하며 과학자는 기존의 틀에서 벗어나는 생각을 할 수 있어야 한다는 의미와 사람들에게 자유롭고 창의적인 생각을 지녀야 한다는 깨달음을 준다는 내용을 제시하고 있습니다. 따라서 이 글은 '이그노벨상'에 대해 알려 주는 글임을 알 수 있습니다.

2 (1) **1**문단과 **2**문단을 통해 노벨상과 이그노벨상은 상을 주는 대상과 상의 권위가 다르다는 것을 알 수 있습니다. (3) **3**문단에 따르면 러시아의 물리학자 안드레 가임은 이그노벨상과 노벨상을 모두 받았다고 했습니다. (4) **4**문단에 따르면 그래핀은 매우 얇으면서도 많은 양의 전기를 바르게 전달할 수 있어서 '꿈의

신소재'라고 불린다고 했습니다.

3 **2**문단에서 동전 던지기 확률에 대해 제시한 연구팀이 이그노벨상을 받았다고 했습니다. 또한 **3**문단에서 안드레 가임이 자석으로 개구리를 공중에 부양시켜 이그노벨상을 받은 이후 그래핀이라는 새로운 물질을 발견해 노벨 물리학상을 받았다고 했습니다.

4 ㉠에서 안드레 가임은 과학자들에게 자유롭고 창의적인 생각을 지녀야 한다는 깨달음을 주고 있습니다. 이를 통해 ㉠은 자유롭고 창의적으로 생각하는 것이 과학자가 갖춰야 할 태도라는 의미임을 알 수 있습니다.

5 **1**문단에서는 노벨상을 익살스럽게 흉내 낸 이그노벨상을 소개하고, **2**문단에서는 이그노벨상을 받은 사례를 통해 황당한 연구일지라도 실험 과정은 과학적이어야 한다는 이그노벨상을 설명하고 있습니다. **3**문단에서는 자석으로 개구리를 공중 부양시켜 이그노벨상을 받은 안드레 가임을, **4**문단에서는 처음으로 흑연에서 그래핀을 분리하는 데 성공하여 노벨상을 받은 안드레 가임을, **5**문단에서는 기존의 틀에 얽매이지 않는 창의적인 생각의 필요성을 강조하는 이그노벨상의 의의를 설명하고 있습니다.

6 이 글은 널리 알려진 노벨상과 비교하여 이그노벨상을 소개하고 있습니다. 그리고 노벨상과 이그노벨상을 모두 받은 안드레 가임의 사례를 제시하여 이그노벨상의 의의를 뒷받침하고 있습니다.

7 (1) '익살스럽게'는 '남을 웃기려고 이루러 우스운 말이나 행동을 하는 데가 있게.'라는 뜻입니다.
(2) '신소재'는 '이전에 없던 뛰어난 특성을 지닌 재료.'라는 뜻입니다.
(3) '공식적'은 '국가적으로 규정되었거나 사회적으로 인정된 것.'이라는 뜻입니다.
(4) '권위'는 '남이 떠받들 만한 뛰어난 지식, 기술 또는 실력.'이라는 뜻입니다.
(5) '이바지'는 '도움이 되게 함.'이라는 뜻입니다.

비주얼 과학 교과서 개념 **087 쪽**

(1) **자석** (2) **철**

(1) '철을 끌어당기는 성질이 있는 물체.'를 '자석'이라고 합니다.

(2) '백색 광택이 나고, 물기가 묻으면 뻘건 녹이 슬며, 자석에 붙는 쇠붙이.'를 '철'이라고 합니다.

- **글의 종류** 설명하는 글
- **글의 특징** 이 글은 자석의 이름의 유래와 철이 자석에 붙는 원리를 설명하고 있습니다.
- **주제** 자석의 이름에 얽힌 유래와 자석에 작용하는 힘의 원리

089~090쪽

1 자석　　**2** ②　　**3** (1) ○　　**4** 아영

5

문단	중심 내용
1	자석을 뜻하는 '마그넷'이라는 말의 유래와 마그네시아 섬의 전설
2	(　철　)이 자석에 달라붙는 원리
3	(　자석　)의 종류와 활용 사례

6

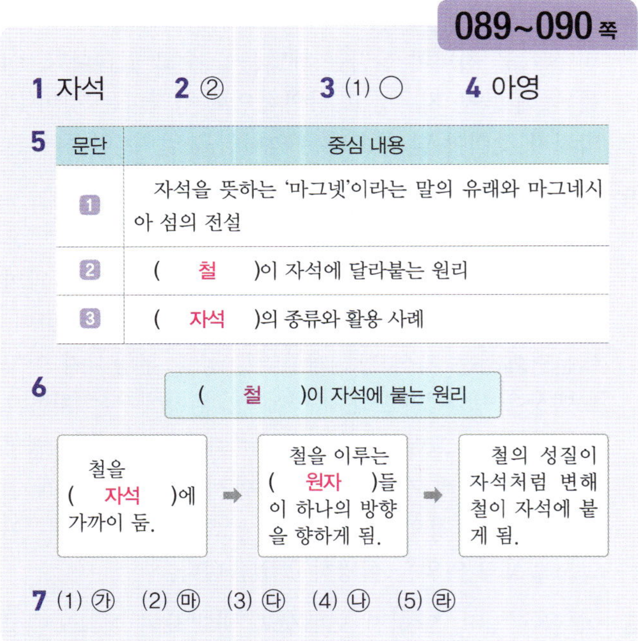

7 (1) ㉮　(2) ㉱　(3) ㉰　(4) ㉯　(5) ㉲

1 이 글은 자석의 이름의 유래에 얽힌 이야기와 자석이 지닌 성질 및 쓰임에 대해 설명하고 있습니다. 따라서 가장 중심이 되는 낱말은 '자석'입니다.

2 **2**문단을 통해 자석은 각각 다른 방향을 하고 있는 원자들로 이루어진 철과 달리 평소에도 원자들이 한 방향으로 늘어서 있음을 알 수 있습니다.

3 **1**문단에 따르면 섬 전체가 철을 끌어당기는 성질을 지닌 돌로 이루어졌다고 했으므로, 섬을 이루는 돌은 자석의 성질을 지녔음을 알 수 있습니다.

　(2) 자석은 철을 끌어당기는 성질이 있으므로 배에 나무만 실려 있다면 배는 섬으로 끌려가지 않았을 것입니다.
　(3) 철을 실은 배가 섬과 멀어질수록 자석의 힘은 약하게 작용하므로 자기장의 세기는 약해졌을 것입니다.
　(4) **2**문단에 따르면 철은 자석을 가까이 두면 자석의 영향을 받아 원자들이 한 방향으로 늘어서면서 순간적으로 자석의 성질이 생깁니다. 따라서 마그네시아 섬으로 끌려간 배에 실린 철들은 자석의 성질이 생기면서 원자들이 모두 한 방향으로 늘어섰을 것입니다.

4 이 글에서 자석은 철을 밀어내는 성질이 아니라 끌어당기는 성질이 있다고 했습니다. 따라서 드라이버 끝에 자석을 달면 철로 된 나사를 끌어당겨 나사가 드라이버에서 떨어지지 않도록 고정할 수 있습니다.

　경원: 가방의 입구에 자석 단추를 달아 가방을 쉽게 여닫게 할 수 있게 한 것, 냉장고 문에 자석을 달아 냉장고 문이 저절로 닫힐 수 있게 한 것은 (다른 극의) 자석끼리 끌어당기는 성질을 이용한 예입니다.

5 **1**문단에서는 마그네시아 섬의 이야기를 통해 '마그넷'이라는 말의 유래를 설명하고, **2**문단에서는 자석과 철을 이루는 원자에 대해 설명하며 철이 자석에 달라붙는 원리를 제시하고 있습니다. **3**문단에서는 천연 자석과 인공 자석으로 나뉘는 자석의 종류와 자석이 일상생활에서 다양하게 쓰이는 사례를 설명하고 있습니다.

6 **2**문단을 통해 철이 자석에 달라붙는 원리를 알 수 있습니다. 철을 자석에 가까이 두면 철을 이루는 원자들이 한 방향으로 늘어서게 되면서 철의 성질이 자석처럼 변한다고 했습니다.

7 (1) '선원'은 '배에서 일하는 사람.'이라는 뜻입니다.
　(2) '원자'는 '물질을 이루며 그 물질의 성질을 나타내는 가장 작은 단위.'라는 뜻입니다.
　(3) '부품'은 '기계 등의 전체 중 어느 한 부분을 이루는 물건.'이라는 뜻입니다.
　(4) '인공적'은 '사람의 힘으로 만든 것.'이라는 뜻입니다.
　(5) '자연적'은 '사람의 손길이 가지 않은 자연 그대로의 모습을 지닌 것.'이라는 뜻입니다.

비주얼 과학 교과서 개념　　**091쪽**

　(1) **자기력**　(2) **자기장**

(1) '자석이 서로 끌어당기거나 미는 힘.'을 '자기력'이라고 합니다.

(2) '자기력이 작용하는 자석 주위의 공간.'을 '자기장'이라고 합니다.

- **글의 종류** 신문 기사
- **글의 특징** 이 글은 자기 부상 열차의 과학적 원리와 장점 및 전망을 보도하고 있습니다.
- **주제** 초고속 자기 부상 열차의 과학적 원리와 전망

093~094 쪽

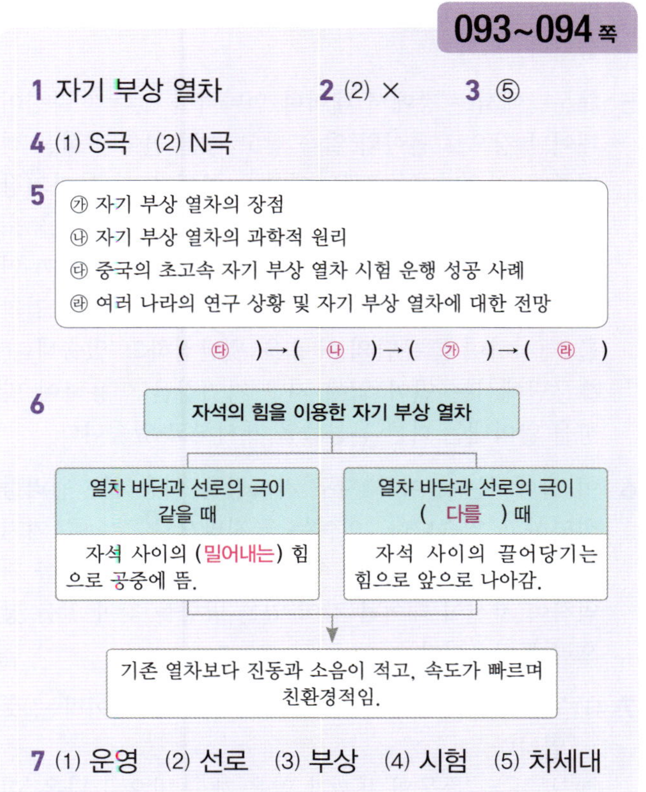

1 이 글은 ①문단과 ④문단에서 자기 부상 열차의 개발 상황을 소개하고 있으며, ②문단에서 자기 부상 열차가 작동하는 원리를, ③문단에서는 자기 부상 열차의 장점을 설명하고 있습니다. 따라서 제목에 들어갈 알맞은 말은 '자기 부상 열차'입니다.

2 ②문단에 따르면 자기 부상 열차는 자석의 밀어내는 힘을 이용하여 선로 위에 뜬다고 했습니다.

3 ③문단에 따르면 자기 부상 열차는 기존 열차보다 진동이나 소음이 매우 적고, 속도가 매우 빠르며 이산화 탄소나 미세 먼지가 생기지 않아 친환경적이라고 했습니다. ④문단에 따르면 이로 인해 세계 여러 나라에서 차세대 교통수단으로 연구하고 있다고 했으므로 이러한 내용을 통해 자기 부상 열차가 차세대 교통수단으로 주목받는 까닭을 알 수 있습니다.

4 ②문단에 따르면 열차와 선로를 같은 극으로 만들면 서로 밀어내는 힘이 작용하여 열차가 선로 위로 뜨게 되고, 열차의 바로 앞 선로를 열차와 다른 극으로 바꾸면 열차가 앞으로 나아갑니다. 제시된 글에서 열차

의 바닥이 S극이므로 선로도 같은 S극이어야 서로 밀어내는 힘이 작용하여 열차가 공중에 뜨게 됩니다. 그리고 열차 바로 앞의 선로가 N극이어야 서로 끌어당기는 힘이 작용하여 열차가 앞으로 나아가게 됩니다. 따라서 (1)에는 S극이, (2)에는 N극이 들어가야 알맞습니다.

5 ①문단에서는 중국이 시속 1,000킬로미터 이상으로 달리는 자기 부상 열차의 시험 운행에 성공했다는 소식을 언급하고, ②문단에서는 자기 부상 열차의 과학적 원리를, ③문단에서는 자기 부상 열차의 장점을 설명하고 있습니다. ④문단에서는 자기 부상 열차에 대한 여러 나라의 연구 상황을 제시하여 자기 부상 열차의 미래를 전망하고 있습니다.

6 ②문단을 통해 자석의 힘을 이용한 자기 부상 열차의 과학적 원리를 알 수 있습니다. ②문단에 따르면 열차와 선로의 극을 같게 하여 자석 사이의 밀어내는 힘으로 열차가 부상합니다. 그리고 열차와 선로의 극을 다르게 하여 자석 사이의 끌어당기는 힘으로 선로가 열차를 끌어 열차가 앞으로 나아갑니다. ③문단을 통해 자석을 이용한 자기 부상 열차가 지닌 장점을 알 수 있습니다.

7 (1) '운영'은 '조직이나 기구 등을 관리하고 이끌어 나감.'이라는 뜻입니다.
(2) '선로'는 '기차나 전차 등이 다니도록 깐 철길.'이라는 뜻입니다.
(3) '부상'은 '밑에서 위로, 또는 물속에서 물 위로 떠오름.'이라는 뜻입니다.
(4) '시험'은 '어떤 계획이나 방법을 시행하기 전에 실제로 행하여 그 결과가 어찌 되는지를 미리 알아봄.'이라는 뜻입니다.
(5) '차세대'는 '지금 세대가 지난 다음 세대.'라는 뜻입니다.

비주얼 과학 교과서 개념 **095 쪽**

(1) 인력 (2) 척력

(1) '물체끼리 서로 끌어당기는 힘.'을 '인력'이라고 합니다.
(2) '물체끼리 서로 밀어내는 힘.'을 '척력'이라고 합니다.

04 지구 자기장을 이용해 길을 찾는 연어

- **글의 종류** 설명하는 글
- **글의 특징** 이 글은 강에서 태어나 바다에서 자란 연어가 지구 자기장을 이용하여 자신이 태어난 강을 찾아온다는 학설을 설명하고 있습니다.
- **주제** 지구 자기장을 이용해 자신이 태어난 강을 찾아오는 연어

097~098 쪽

1 ⑤　　2 (2) ×　　3 ②　　4 ③

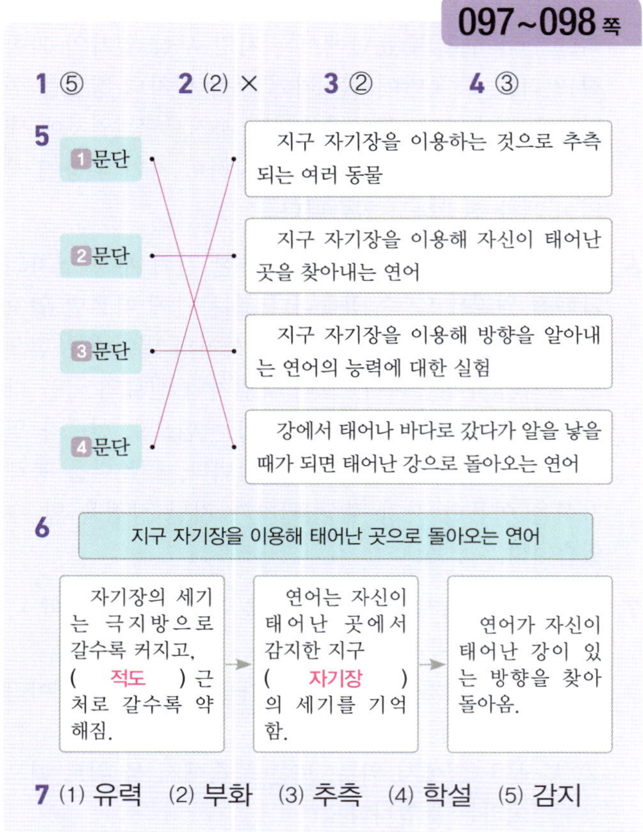

7 (1) 유력　(2) 부화　(3) 추측　(4) 학설　(5) 감지

1 이 글은 연어가 먼바다에서 자신이 태어난 강으로 정확하게 돌아올 수 있는 이유를 과학적인 원리를 통해 설명하고 있습니다.

2 1문단에 따르면 강에서 태어난 새끼 연어들은 수백에서 수천 킬로미터 떨어진 먼바다에서 약 삼사 년 동안 자란 다음 자신이 태어난 강으로 다시 돌아온다고 했습니다.

> **오답 풀이**
> (1) 2문단에서 연어는 지구 자기장을 이용하여 자신이 태어난 강으로 돌아온다고 설명했습니다.
> (3) 1문단에서 연어는 자신이 태어난 강으로 돌아와 알을 낳고, 4문단에서 바다거북은 자신이 태어난 해변으로 돌아와서 알을 낳는다고 했습니다.
> (4) 3문단에서 한 번도 바다에서 헤엄쳐 본 적 없는 새끼 연어들을 대상으로 한 실험을 통해 연어가 지구 자기장을 이용해 방향을 감지했음을 알 수 있습니다.

3 ㉠'감지하는'은 '느끼어 아는.'이라는 뜻이므로, '느끼

는'과 바꾸어 쓸 수 있습니다.

4 3문단에 따르면 실험에서 실제 지구 자기장보다 북쪽의 자기장을 세게 하면 연어가 남쪽을 향해 움직이고, 남쪽의 자기장을 세게 하면 반대로 북쪽을 향해 움직였다고 했으므로, 이는 연어가 지구 자기장의 영향을 받는다는 것을 의미합니다. 따라서 연어가 지구 자기장을 감지할 수 있다는 것을 의미한다고 볼 수 있습니다.

5 1문단에서는 강에서 태어나 먼바다를 갔다가 자신이 태어난 강으로 돌아와 알을 낳고 죽는 연어의 삶을 설명하고 있습니다. 2문단에서는 연어가 지구 자기장을 이용해 자신이 태어난 곳을 찾아온다는 학설을 소개한 뒤, 3문단에서 바다에 가 본 적이 없는 새끼 연어도 자기장을 감지하고 방향을 찾는다는 실험 결과를 제시하여 2문단의 내용을 뒷받침하고 있습니다. 4문단에서는 연어 외에 지구 자기장을 이용하여 방향을 알아내는 다른 동물들을 제시하고 있습니다.

6 이 글에서는 연어가 지구 자기장을 이용하는 원리를 설명하고 있습니다. 연어는 극지방으로 갈수록 커지고, 적도 근처로 갈수록 약해지는 자기장의 세기를 기억하여 자신이 태어난 강이 있는 방향을 찾아 알을 낳으려 돌아옵니다.

7 (1) '유력'은 '가능성이 있거나 기대할 만함.'이라는 뜻입니다.
(2) '부화'는 '동물의 새끼가 알을 깨고 밖으로 나옴.'이라는 뜻입니다.
(3) '추측'은 '미루어 생각하여 헤아림.'이라는 뜻입니다.
(4) '학설'은 '학문적 문제에 대하여 주장하는 이론.'이라는 뜻입니다.
(5) '감지'는 '느끼어 앎.'이라는 뜻입니다.

비주얼 과학 교과서 개념　　**099 쪽**

(1) 자기장　(2) 나침반

(1) '지구의 자석으로서의 성질이 영향을 미치는 공간.'을 '지구 자기장'이라고 합니다.
(2) '남북을 가리키는 자석의 성질을 이용해 동서남북의 방향을 알려 주는 기구.'를 '나침반'이라고 합니다.

01 강이 만든 터전, 메콩강 삼각주

- **글의 종류** 설명하는 글
- **글의 특징** 이 글은 메콩강 삼각주 주변에 많은 사람이 모여 살게 된 까닭과 메콩강 삼각주를 보존해야 하는 필요성에 대해 설명하고 있습니다.
- **주제** 사람들의 터전이 되는 메콩강 삼각주를 보존해야 하는 필요성

103~104쪽

1 삼각주 **2** ⑤ **3** (1) ○ (4) ○ **4** 민수

5
㉮ 농사짓기에 좋은 삼각주
㉯ 메콩강 삼각주를 보전해야 할 필요성
㉰ 많은 사람이 모여 사는 메콩강 삼각주
㉱ 풍부한 수산물을 얻을 수 있는 삼각주
㉲ 물길을 통해 여러 나라와 교류하며 발전한 삼각주

(㉰) → (㉲) → (㉮) → (㉱) → (㉯)

6

(삼각주)의 뜻	삼각주에 사람들이 모여 사는 까닭
강을 따라 아래로 운반된 모래나 흙이 쌓여서 생긴 편평한 지형.	• 옛날부터 물길을 이용하여 배를 타고 여러 나라와 교류해 왔음. • 삼각주를 이루는 흙과 모래에 많은 영양분이 있어 (농사)를 짓기 좋은 환경이 됨. • 풍부한 수산물을 활용할 수 있음.

7 (1) 교역 (2) 해수면 (3) 활성화 (4) 터전 (5) 수확

1 이 글은 삼각주가 지닌 특성으로 인해 메콩강 삼각주와 그 주변에 많은 사람이 모여 사는 까닭을 제시하고, 메콩강 삼각주를 보존해야 함을 설명하고 있습니다.

2 ■문단에 따르면 삼각주는 강을 따라 아래로 운반된 모래나 흙이 쌓여서 생긴 편평한 지역이라고 했습니다.

오답 풀이
① ■문단에 따르면 메콩강은 전 세계에서 12번째로 긴 강입니다.
② ■문단에 따르면 메콩강 삼각주는 풍부해 여러 생물이 살기에 좋은 환경입니다.
③ ■문단에 따르면 메콩강 삼각주는 기후 변화로 인해 해수면이 높아지고 있어서 해수면 아래로 가라앉을 위기에 처해 있습니다.
④ ■문단에 따르면 베트남 쌀의 50퍼센트를 메콩강 삼각주에서 수확합니다.

3 ■문단에 따르면 메콩강은 중국, 티베트, 미얀마, 태국, 라오스, 캄보디아, 베트남 등을 흐릅니다. 또한 ■문단에 따르면 메콩강 삼각주는 모래와 흙에 많은 영양분이 포함되어 있어 기름진 땅이 되어 농사를 짓기 좋은 환경이라고 했습니다.

4 이 글에서 삼각주는 강을 따라 아래로 운반된 모래나 흙이 쌓여서 생긴 편평한 지형이라고 했으므로, 삼각주는 강의 위쪽이 아닌 아래쪽에 생긴다는 것을 알 수

있습니다.

5 ■문단은 삼각주의 뜻과 메콩강 삼각주 주변에 사는 사람들의 수를, ■문단은 옛날부터 물길을 통해 여러 나라와 교류해 온 삼각주를 설명하고 있습니다. ■문단은 기름진 땅으로 인해 농사짓기 좋은 삼각주를, ■문단은 풍부한 수산물을 얻을 수 있어 생계를 유지하고 경제를 활성화할 수 있는 삼각주를 설명하고 있습니다. 마지막으로 ■문단은 메콩강 삼각주를 보전해야 할 필요성을 설명하고 있습니다.

6 삼각주는 강을 따라 아래로 운반된 모래나 흙이 쌓여서 생긴 편평한 지형이라고 했습니다. 옛날에는 물길을 이용해 배를 타고 여러 나라와 교류해 왔으며, 운반된 흙과 모래 등에 많은 영양분이 포함되어 농사를 짓기 좋은 환경이 되었고, 사람들이 풍부한 수산물을 활용해 생계를 유지하고 경제를 활성화했다고 했습니다.

7 (1) '교역'은 '주로 나라와 나라 사이에서 물건을 사고팔고 하여 서로 바꿈.'이라는 뜻입니다.
(2) '해수면'은 '바닷물의 표면.'이라는 뜻입니다.
(3) '활성화'는 '사회나 조직 등의 기능을 활발하게 함.'이라는 뜻입니다.
(4) '터전'은 '생활의 근거지가 되는 곳.'이라는 뜻입니다.
(5) '수확'은 '익거나 다 자란 농수산물을 거두어들임.'이라는 뜻입니다.

비주얼 과학 교과서 개념 **105쪽**

(1) 침식 (2) 운반 (3) 퇴적

(1) '물이나 바람 등에 돌이나 흙이 깎여 나가는 것.'을 '침식 작용'이라고 합니다.
(2) '강물이나 바람이 흙, 모래, 자갈 등을 나르는 것.'을 '운반 작용'이라고 합니다.
(3) '자갈, 모래, 흙 등이 물이나 바람 등에 운반되어 일정한 곳에 쌓이는 것.'을 '퇴적 작용'이라고 합니다.

- **글의 종류** 설명하는 글
- **글의 특징** 이 글은 한강 상류 지역의 특징과 한강 상류의 환경을 보전하기 위한 한강 지역 주민들의 노력을 설명하고 있습니다.
- **주제** 한강 상류 지역의 특징과 한강 상류를 보전하기 위한 사람들의 노력

107~108쪽

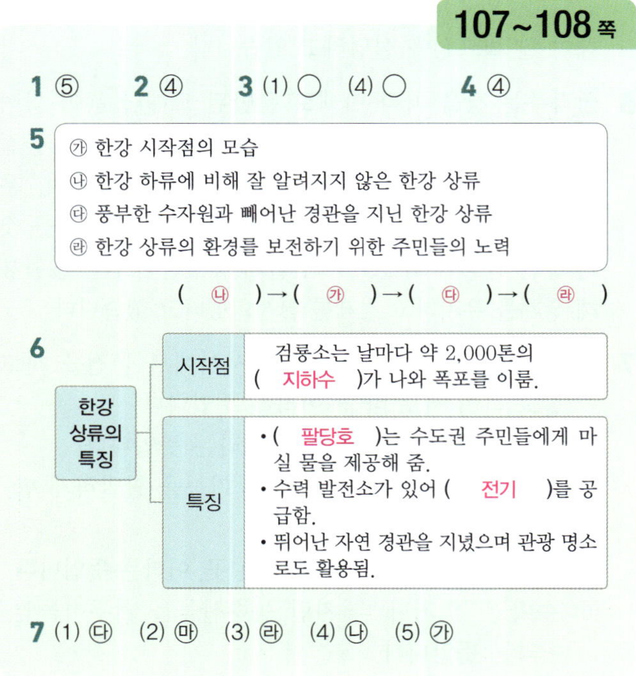

1 ⑤ **2** ④ **3** (1) ○ (4) ○ **4** ④

5
> ㉮ 한강 시작점의 모습
> ㉯ 한강 하류에 비해 잘 알려지지 않은 한강 상류
> ㉰ 풍부한 수자원과 빼어난 경관을 지닌 한강 상류
> ㉱ 한강 상류의 환경를 보전하기 위한 주민들의 노력

(㉯) → (㉮) → (㉰) → (㉱)

6

| 한강 상류의 특징 | 시작점 | 검룡소는 날마다 약 2,000톤의 (지하수)가 나와 폭포를 이룸. |
| | 특징 | • (팔당호)는 수도권 주민들에게 마실 물을 제공해 줌.
• 수력 발전소가 있어 (전기)를 공급함.
• 뛰어난 자연 경관을 지녔으며 관광 명소로도 활용됨. |

7 (1) ㉰ (2) ㉳ (3) ㉱ (4) ㉯ (5) ㉮

1 이 글은 한강의 시작점인 한강 상류 모습 및 특징과 한강 상류의 환경을 보전하기 위한 지역 주민들의 노력을 설명하고 있습니다.

2 ②문단에서 한강의 물줄기는 검룡소에서 시작된다고 했습니다.

> **오답 풀이**
> ① 검룡소는 지하수가 나와 폭포를 이룬다고 했습니다. 따라서 바닷물이 흐르는 곳이라는 내용은 알맞지 않습니다.
> ② 검룡소는 강원도 태백산맥에 위치해 있다고 했습니다. 북한강의 물줄기와 남한강의 물줄기가 만나는 지점은 '두물머리'입니다.
> ③ 검룡소에서는 날마다 약 2,000톤의 지하수가 나온다고 했습니다.
> ⑤ 검룡소는 한강의 물줄기가 처음 시작되는 곳으로, 한강이 마지막으로 도착하는 곳이 아닙니다.

3 ②문단에 따르면 한강의 길이는 약 497.5킬로미터에 이른다고 했습니다. ③문단에 따르면 한강 상류는 수도권 주민들에게 마실 물을 제공하고, 수력 발전소를 통해 전기를 공급하고 있다고 했습니다.

4 '요구나 필요에 따라 물품 따위를 제공함.'이라는 뜻을 지닌 '공급'과 비슷한말은 '무엇을 내주거나 갖다 바침.'이라는 뜻의 '제공'입니다.

> **오답 풀이**
> ① '공유'는 '두 사람 이상이 한 물건을 공동으로 소유하거나 이용함.'이라는 뜻입니다.
> ② '발굴'은 '땅속이나 큰 덩치의 흙, 돌 더미 따위에 묻혀 있는 것을 찾아서 파냄.'이라는 뜻입니다.
> ③ '발전'은 '더 낫고 좋은 상태나 더 높은 단계로 나아감.'이라는 뜻입니다.
> ⑤ '제시'는 '어떠한 의사를 말이나 글로 나타내어 보임.'이라는 뜻입니다.

5 ①문단에서는 한강 하류 지역에 비해 잘 알려지지 않은 한강 상류에 대한 사람들의 인식에 대해, ②문단은 한강의 시작점인 한강 상류의 모습을 설명하고 있습니다. 또한 ③문단은 한강 상류가 주민들에게 수자원을 제공하고, 자연 경관으로 관광 명소로 활용되고 있음을, ④문단은 한강 상류의 환경을 보전하기 위한 한강 지역 부근에 사는 주민들의 노력을 설명하고 있습니다.

6 이 글은 한강 상류의 모습과 한강 상류가 지닌 특징을 통해 우리에게 제공하는 것을 언급하며 한강 상류의 환경을 보전해야 하는 필요성을 설명하고 있습니다. 한강 상류 시작점의 모습은 ②문단의 내용을 통해, 한강 상류가 제공하는 것과 모습 등 한강 상류의 특징은 ③문단의 내용을 통해 알 수 있습니다.

7 (1) '경관'은 '산이나 들, 강, 바다 따위의 자연이나 지역의 풍경.'이라는 뜻입니다.
(2) '개선'은 '잘못된 것이나 부족한 것, 나쁜 것 따위를 고쳐 더 좋게 만듦.'이라는 뜻입니다.
(3) '명소'는 '아름다운 경치나 유적, 특산물 등으로 유명한 장소.'라는 뜻입니다.
(4) '수자원'은 '농업, 공업, 발전용으로 쓰일 수 있는 물.'이라는 뜻입니다.
(5) '수도권'은 '수도와 수도 근처의 지역.'이라는 뜻입니다.

비주얼 과학 교과서 개념 **109쪽**

(1) **상류** (2) **하류**

(1) '강이나 내의 시작점에 가까운 부분.'을 '상류'라고 합니다.
(2) '강이나 내의 아래쪽 부분.'을 '하류'라고 합니다.

- **글의 종류** 설명하는 글
- **글의 특징** 이 글은 화산 활동이 하와이의 지형에 미친 영향에 대해 설명하는 글입니다.
- **주제** 화산 활동으로 생긴 하와이의 다양한 지형

111~112쪽

1 화산 **2** ① **3** (1) ○ (4) ○ **4** ③

5

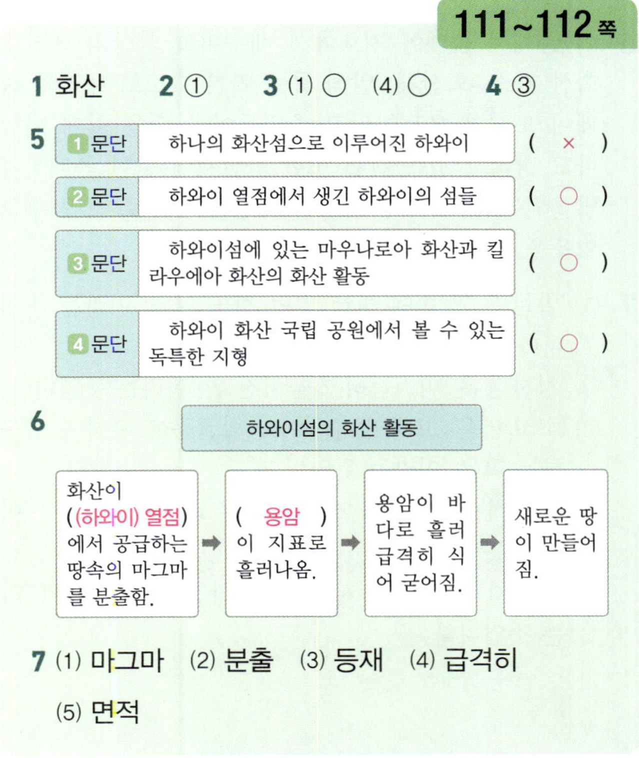

1문단	하나의 화산섬으로 이루어진 하와이	(×)
2문단	하와이 열점에서 생긴 하와이의 섬들	(○)
3문단	하와이섬에 있는 마우나로아 화산과 킬라우에아 화산의 화산 활동	(○)
4문단	하와이 화산 국립 공원에서 볼 수 있는 독특한 지형	(○)

6

하와이섬의 화산 활동

화산이 (하와이) 열점 에서 공급하는 땅속의 마그마를 분출함. → (용암)이 지표로 흘러나옴. → 용암이 바다로 흘러 급격히 식어 굳어짐. → 새로운 땅이 만들어짐.

7 (1) 마그마 (2) 분출 (3) 등재 (4) 급격히

(5) 면적

1 이 글은 화산 활동으로 생긴 하와이의 다양한 지형에 대해 설명하고 있습니다.

2 **1**문단에 따르면 열점의 위치는 고정되어 있고 지각판의 위치가 조금씩 움직입니다.

3 (2) **4**문단에 따르면 하와이 화산 국립 공원에서는 용암이 식으며 만들어진 동굴이나 검은색 모래가 가득한 해변 등 화산 활동으로 생긴 독특한 지형을 볼 수 있다고 했습니다.

(4) **2**문단에 따르면 열점은 고정되어 있지만, 계속 새로운 위치에 마그마를 분출하면서 하와이섬이 줄지어 만들어졌다고 했습니다.

> **오답 풀이**
> (2) 이 글에 현재 만들어지고 있는 섬의 이름은 나와 있지 않습니다.
> (3) 이 글에 화산 활동으로 인해 생긴 지형은 나타나 있지만, 화산 활동으로 인해 발생한 피해에 대한 내용은 나와 있지 않습니다.

4 **4**문단에서 '나후쿠 – 서스턴 용암 동굴'은 용암이 녹아서 흐르던 지하 통로가 식으면서 만들어진 동굴이라고 했습니다.

> **오답 풀이**
> ① **2**문단에 따르면 하와이를 이루는 섬들은 마그마가 열점을 통해 땅을 뚫고 분출되어 생겼다고 했습니다.
> ② **3**문단에 따르면 하와이의 빅 아일랜드에 있는 마우나로아 화산과 킬라우에아 화산은 지금도 화산 활동을 하고 있다고 했습니다.
> ④ **3**문단에 따르면 용암이 바다로 흘러 들어가 급격히 식어 굳어져 새로운 땅이 만들어진다고 했습니다.
> ⑤ **4**문단에 따르면 '푸날루우 검은 모래 해변'의 검은색 모래는 화산 활동으로 생긴 용암이 부서져 만들어진 것입니다.

5 **1**문단에서는 여러 개의 화산섬으로 이루어진 하와이를, **2**문단에서는 하와이 열점에 의해 하와이의 섬들이 만들어진 과정을, **3**문단에서는 마우나로아 화산과 킬라우에아 화산에 의해 화산 활동이 활발하게 이루어지는 하와이섬을 설명하고 있습니다. **4**문단에서는 하와이 화산 국립 공원에서 볼 수 있는 독특한 지형을 설명하고 있습니다.

6 **3**문단에 하와이섬의 화산은 열점에서 공급하는 마그마를 쏟아냅니다. 지표로 흘러나온 상태인 용암이 바다로 급격히 식어 굳어지면 새로운 땅이 만들어집니다.

7 (1) '마그마'는 '땅속 깊은 곳에서 암석이 녹아 액체 상태로 있는 것.'이라는 뜻입니다.

(2) '분출'은 '액체나 기체 상태의 물질이 솟구쳐서 뿜어져 나옴.'이라는 뜻입니다.

(3) '등재'는 '이름이나 어떤 내용을 장부에 적어 올림.'이라는 뜻입니다.

(4) '급격히'는 '변화의 속도가 매우 빠르게.'라는 뜻입니다.

(5) '면적'은 '일정한 평면이나 곡면이 차지하는 크기.'라는 뜻입니다.

비주얼 과학 교과서 개념 **113쪽**

(1) 화산 (2) 마그마 (3) 분화구

(1) '땅속 깊은 곳에서 높은 열에 의하여 암석이 녹은 마그마가 지표면으로 분출하여 생긴 지형.'을 '화산'이라고 합니다.

(2) '땅속 깊은 곳에서 암석이 녹아 액체 상태로 있는 것.'을 '마그마'라고 합니다.

(3) '땅속 마그마가 용암이나 화산 가스를 땅 위로 분출하는 구멍.'을 '분화구'라고 합니다.

- **글의 종류** 설명하는 글
- **글의 특징** 이 글은 폼페이 지역에 발생한 화산 폭발과 피해 원인에 대해 설명하는 글입니다.
- **주제** 폼페이의 화산 피해와 폼페이 지역의 고고학적 가치

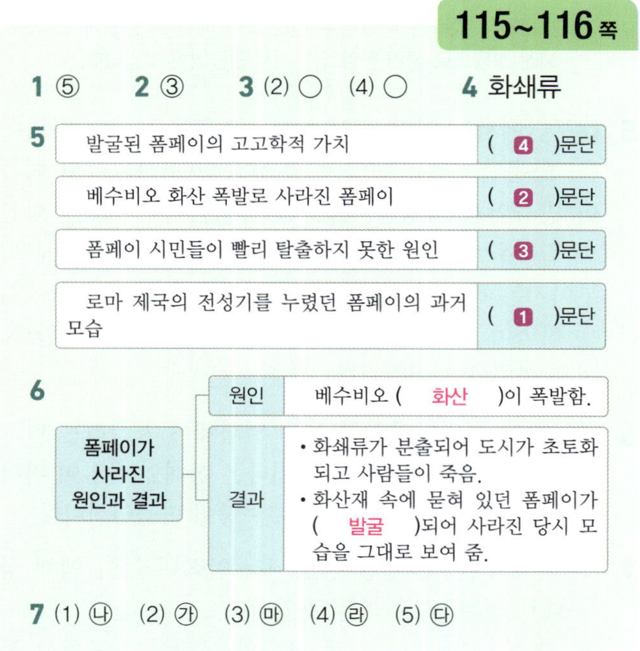

1 이 글은 폼페이 지역에 발생한 화산 피해와 발굴된 폼페이의 고고학적 가치에 대해 설명하고 있습니다.

2 4 문단에서 발굴된 폼페이에는 화산 폭발 당시 고통스러웠던 상황과 고대 로마 제국의 생활 모습도 남아 있다고 밝히고 있습니다.

> **오답 풀이**
>
> ① 2 문단에 따르면 베수비오 화산이 폭발하면서 용암과 화산재가 솟구쳐 폼페이가 흔적도 없이 사라졌습니다.
> ② 1 문단에 따르면 폼페이는 기후가 따뜻하며 기름지고 편평한 땅이 있어 농업과 상업이 발달한 곳이었습니다.
> ④ 1 문단에 따르면 폼페이는 고대 로마 제국의 전성기를 누렸던 곳입니다.
> ⑤ 4 문단에 따르면 폼페이는 발굴된 이후 고고학적 가치를 높게 인정받아 19097년 세계 유네스코 세계 문화유산에 등재되었다고 했습니다.

3 1 문단에서 고대 로마의 전성기를 맞이했던 도시인 폼페이의 다양한 문화 시설에 대해 설명하고 있습니다. 또한 3 문단에서 베수비오 화산 폭발 당시 화쇄류로 빨리 탈출하지 못했음을 밝히고 있습니다.

4 폼페이 지역의 화산 폭발 피해의 가장 큰 원인인 '화쇄류'에 대한 내용을 3 문단에서 밝히고 있습니다.

5 1 문단은 고대 로마 제국의 전성기를 누렸던 시기의

폼페이에 대해, 2 문단은 베수비오 화산 폭발로 인해 흔적도 없이 사라진 폼페이에 대해 설명하고 있습니다. 3 문단은 높은 온도로 빠르게 내려오는 화쇄류로 인해 시민들이 폼페이를 빨리 탈출하지 못했음을, 4 문단은 폼페이가 1748년부터 본격적으로 발굴되고 고고학적 가치를 인정받아 세계 문화유산으로 등재되었음을 설명하고 있습니다.

6 이 글에서 폼페이 지역에서 베수비오 화산의 폭발로 화산 가스, 화산재, 암석 등이 빠른 속도로 내려와 폼페이 도시가 초토화되고 주민들이 목숨을 잃게 되었다고 밝히고 있습니다. 또한 화산재에 묻힌 폼페이가 발굴되어 당시 고대 로마의 모습을 그대로 보여 주고 있음을 설명하고 있습니다.

7 (1) '발굴'은 '땅속에 묻혀 있던 것을 파냄.'이라는 뜻입니다.
(2) '경사면'은 '비스듬히 기울어진 면.'이라는 뜻입니다.
(3) '고고학'은 '고대의 유품이나 발굴품에 관하여 연구하는 학문.'이라는 뜻입니다.
(4) '본격적'은 '모습을 제대로 갖추고 적극적인 것.'이라는 뜻입니다.
(5) '전성기'는 '힘이나 세력 등이 한창 왕성한 시기.'라는 뜻입니다.

비주얼 과학 교과서 개념   **117 쪽**

(1) 분출물   (2) 용암   (3) 화산재

(1) '화산이 분출할 때 나오는 용암, 가스, 수증기와 같은 물질.'을 '화산 분출물'이라고 합니다.
(2) '마그마가 지표로 분출하면서 화산 가스 등의 기체 물질이 빠져나간 액체 상태의 물질.'을 '용암'이라고 합니다.
(3) '화산에서 분출된 용암의 부스러기 가운데 크기가 4밀리미터보다 작은 알갱이.'를 '화산재'라고 합니다.

- **글의 종류** 설명하는 글
- **글의 특징** 이 글은 제주도를 대표하는 돌하르방의 재료인 현무암의 특징에 대해 설명하고 있습니다.
- **주제** 돌하르방의 재료가 되는 현무암의 특징

119~120 쪽

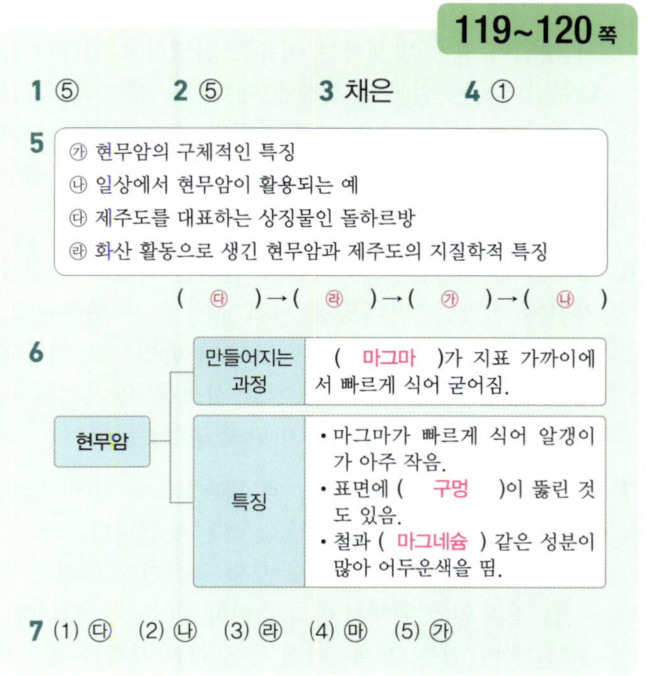

1 ⑤   2 ⑤   3 채은   4 ①

5 ㉮ 현무암의 구체적인 특징
  ㉯ 일상에서 현무암이 활용되는 예
  ㉰ 제주도를 대표하는 상징물인 돌하르방
  ㉱ 화산 활동으로 생긴 현무암과 제주도의 지질학적 특징

(㉰) → (㉱) → (㉮) → (㉯)

6 현무암
  만들어지는 과정: (마그마)가 지표 가까이에서 빠르게 식어 굳어짐.
  특징:
  • 마그마가 빠르게 식어 알갱이가 아주 작음.
  • 표면에 (구멍)이 뚫린 것도 있음.
  • 철과 (마그네슘) 같은 성분이 많아 어두운색을 띰.

7 (1) ㉰   (2) ㉯   (3) ㉱   (4) ㉲   (5) ㉮

1 이 글은 돌하르방에 사용된 현무암이 만들어지는 과정에서 나타난 특징과 일상에서의 현무암의 쓰임을 설명하고 있습니다.

오답 풀이

① 돌하르방을 만드는 구체적인 과정을 차례대로 설명하지는 않았습니다.
② 이 글은 제주도가 화산 활동으로 만들어진 섬이라는 것을 설명하면서 현무암이 만들어지는 과정을 제시하였습니다.
③ 이 글에 다른 지역의 석상은 나타나 있지 않습니다.
④ 제주도가 화산 활동으로 만들어진 것이라고 했지만, 화산 활동으로 만들어진 암석들을 비교하여 설명하지는 않았습니다.

2 ❶문단을 통해 돌하르방의 모습이 하나의 형태로 정해진 것이 아니라 다양하다는 것을 알 수 있습니다.

오답 풀이

① ❷문단을 통해 제주도의 지형 대부분이 현무암으로 이루어져 있기 때문에 현무암을 쉽게 구할 수 있음을 알 수 있습니다.
② ❶문단을 통해 돌하르방은 '돌'과 '할아버지'라는 뜻의 제주도 방언이 합쳐진 말로, '돌로 만든 할아버지'라는 뜻임을 알 수 있습니다.
③ ❸문단을 통해 현무암으로 만들어진 돌하르방에는 현무암의 독특한 특징이 드러나 있음을 알 수 있습니다.
④ ❶문단을 통해 돌하르방이 제주도를 상징한다는 것을 알 수 있습니다.

3 ❸문단에서 현무암은 마그마가 빠르게 식으면서 굳어져 만들어졌기 때문에 암석을 이루는 알갱이가 매우 작다고 했습니다. 따라서 마그마가 식는 시간에 따라 알갱이의 크기가 달라진다는 것을 짐작할 수 있습니다.

4 ㉠의 앞 내용은 ㉠의 뒷 내용인 제주도의 지형이 대부분 현무암으로 이루어진 것에 대한 이유를 설명하고 있습니다. 따라서 ㉠에는 원인과 결과의 관계를 나타내는 '그래서'와 같은 말이 들어가야 알맞습니다.

5 ❶문단은 제주도를 상징하는 돌하르방을, ❷문단은 화산 활동으로 만들어진 현무암과 제주도의 지질학적 특징을 설명하고 있습니다. 또한 ❸문단은 돌하르방의 재료인 현무암의 구체적인 특징을, ❹문단은 일상에서 현무암이 활용되는 사례를 설명하고 있습니다.

6 이 글의 내용에 따르면 현무암은 마그마가 지표 가까이에서 빠르게 식으면서 만들어집니다. 현무암은 여러 가지 특징이 있는데, 마그마가 빠르게 식어 아주 작은 알갱이로 구성되어 있으며, 표면에 구멍이 뚫려 있는 것이 있고, 철과 마그네슘 등의 성분이 많아 검은색과 짙은 회색 같은 어두운색을 띠고 있습니다.

7 (1) '방언'은 '어떤 지역이나 계층의 사람들만 쓰는 독특한 언어.'라는 뜻입니다.
  (2) '석상'은 '돌을 조각하여 만든 사람이나 동물의 형상.'이라는 뜻입니다.
  (3) '흔적'은 '사물이나 현상이 없어지거나 지나간 뒤에 남겨진 것.'이라는 뜻입니다.
  (4) '지질학'은 '지구의 거죽을 이루고 있는 물질들의 성질과 상태를 연구하는 학문.'이라는 뜻입니다.
  (5) '상징물'은 '추상적인 개념을 구체적으로 나타낸 물체.'라는 뜻입니다.

비주얼 과학 교과서 개념 **121 쪽**

(1) 화성암 (2) 현무암 (3) 화강암

(1) '마그마가 식거나 굳어서 만들어진 암석.'을 '화성암'이라고 합니다.

(2) '지표 가까이에서 마그마가 빠르게 굳어져 생긴 암석.'을 '현무암'이라고 합니다.

(3) '땅속 깊은 곳에서 마그마가 천천히 굳어져 생긴 암석.'을 '화강암'이라고 합니다.

- **글의 종류** 설명하는 글
- **글의 특징** 이 글은 일본에서 잦은 지진이 발생하는 이유와 지진 대비 방법을 설명하며, 우리나라도 지진 대비가 필요함을 알려 주는 글입니다.
- **주제** 일본의 잦은 지진 발생 원인과 지진 대비 방법

123~124 쪽

1 (1) ○　(2) ○　　**2** ①　　**3** (2) ×　　**4** ④

5
- ㉮ 지진을 자주 겪는 나라인 일본
- ㉯ 일본에서 지진이 자주 발생하는 이유
- ㉰ 우리나라에서 지진에 철저히 대비할 필요성
- ㉱ 일본이 지진에 대비하기 위해 마련한 다양한 방법

(㉮) → (㉯) → (㉱) → (㉰)

6

일본에서 (지진)이 자주 발생하는 원인	환태평양 (지진대)에 속해 있기 때문임.

일본의 지진 대비 방법	• 건물의 (내진) 설계 • 체계적인 지진 경보 시스템 • 정기적인 지진 대피 교육 및 훈련

7 (1) ㉰　(2) ㉲　(3) ㉯　(4) ㉮　(5) ㉱

1 ❶문단에서는 일본에 지진이 자주 발생한다는 것을 일본 기상청의 자료를 제시하며 설명하고 있습니다. ❷문단에서는 일본이 네 개의 판이 만나는 위치에 속해 있어 지진에 취약하다는 내용을 원인과 결과에 따라 밝히고 있습니다.

2 ❷문단에 따르면 지각판은 지구 내부의 열의 움직임을 따라 이동한다고 했습니다.

3 이 글에서는 일본이 우리나라보다 지진 발생 횟수가 더 많아 지진에 대해 대처하는 방법이 다양하다고 말하고 있으며, 일본의 지진 대비 방법을 참고할 필요성을 제시하고 있습니다.

오답 풀이
(1) 내진 설계란 지진을 견디어 낼 수 있도록 건물을 설계하는 것이라고 했으므로, 내진 설계로 지어진 건물은 그냥 지은 건물보다 지진이 일어났을 때 잘 견딘다는 것을 알 수 있습니다.
(3) 지진이 일어났을 때 일본의 여러 가지 대처 방법을 제시하면서, 우리나라도 이를 참고해 철저히 대비할 필요가 있음을 이야기하고 있습니다.
(4) 일본의 지진 경보 시스템은 지진이 발생하면 즉시 경보음을 울려 사람들에게 빠르게 정보를 제공한다고 했으므로, 지진이 났을 때 사람들이 빠르게 대처할 수 있도록 한다는 것을 알 수 있습니다.

4 글쓴이는 ❹문단에서 우리나라도 더 이상 지진에 안전

한 나라가 아니기 때문에, 지진의 위험성을 인지하고 미리 대비해야 할 필요성에 대해서 말하고 있습니다. 따라서 '평소에 준비를 철저히 해 놓으면 후에 근심이 없다는 말.'을 뜻하는 한자 성어인 '유비무환'이 ㉠에 어울립니다.

5 ❶문단에서는 일본이 지진을 자주 겪고 있음을 설명하고, ❷문단에서는 판 구조론을 바탕으로 일본에서 지진이 자주 발생하는 이유를 설명하고 있습니다. ❸문단에서는 일본이 지진에 대비하는 방법을, ❹문단에서는 일본의 잦은 지진 경험과 대비 방법을 참고하여 우리나라도 지진에 철저히 대비해야 함을 설명하고 있습니다.

6 ❷문단에 따르면 일본 지진의 원인은 지형적 특성상 지진에 취약한 '환태평양 지진대'에 있기 때문이고, ❸문단에 따르면 일본은 지진 대비 방법으로 건물의 내진 설계, 체계적인 지진 경보 시스템, 정기적인 지진 대피 교육 및 훈련 등을 마련해 놓았습니다.

7 (1) '경보'는 '위험이 닥쳐올 때 경계하도록 미리 알리는 일. 또는 그 보도나 신호.'라는 뜻입니다.
(2) '대비'는 '앞으로 있을지도 모를 힘들거나 어려운 일을 겪지 않기 위해서 미리 준비함.'이라는 뜻입니다.
(3) '설계'는 '건축, 토목, 기계 등에 관한 계획을 세우거나 그 계획을 그림 등으로 나타냄.'이라는 뜻입니다.
(4) '취약'은 '무르고 약함.'이라는 뜻입니다.
(5) '정기적'은 '기한이나 기간이 일정하게 정해져 있음.'이라는 뜻입니다.

비주얼 과학 교과서 개념　125 쪽

(1) **지진**　(2) **지진 피해**

(1) '땅이 흔들리거나 끊어지는 것.'을 '지진'이라고 합니다.
(2) '지진으로 입는 여러 가지 피해.'를 '지진 피해'라고 합니다.

07 작품에 나타난 달의 독특한 모양

- **글의 종류** 설명하는 글
- **글의 특징** 이 글은 한 천문학자가 달의 모양을 통해 「월하정인」이라는 작품의 제작 날짜를 추정한 과정을 설명하는 글입니다.
- **주제** 그림 속 달의 모양으로 추정한 작품의 제작 시기

127~128 쪽

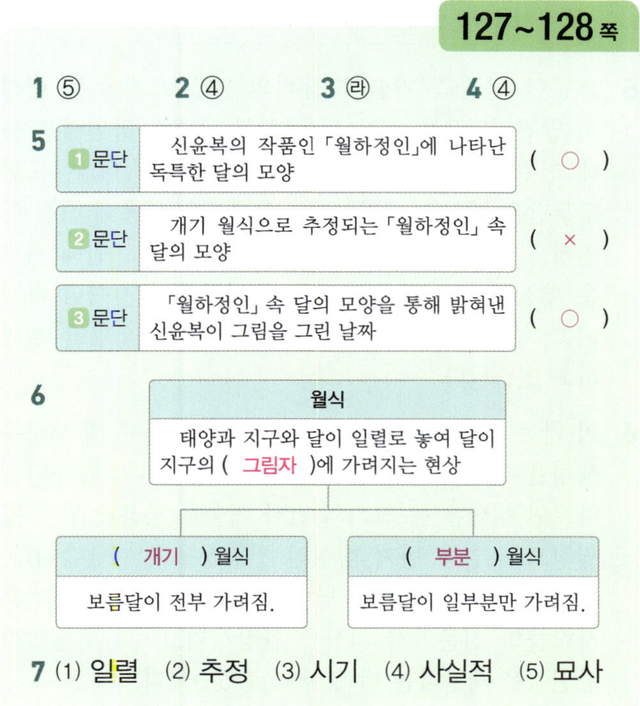

1 ⑤   2 ④   3 ㉣   4 ④

5
1 문단	신윤복의 작품인 「월하정인」에 나타난 독특한 달의 모양	(○)
2 문단	개기 월식으로 추정되는 「월하정인」 속 달의 모양	(×)
3 문단	「월하정인」 속 달의 모양을 통해 밝혀낸 신윤복이 그림을 그린 날짜	(○)

6
월식
태양과 지구와 달이 일렬로 놓여 달이 지구의 (그림자)에 가려지는 현상

(개기) 월식	(부분) 월식
보름달이 전부 가려짐.	보름달이 일부분만 가려짐.

7 (1) 일렬 (2) 추정 (3) 시기 (4) 사실적 (5) 묘사

1 이 글은 화가 신윤복이 작품 「월하정인」에서 그린 달의 모양을 통해 작품을 그린 날짜를 추정한 과정을 설명하고 있습니다.

2 2 문단에서 월식은 태양과 지구와 달이 모두 일렬로 놓이면서 달이 지구의 그림자에 가려지는 현상이라고 했습니다.

오답 풀이

① 1 문단에 따르면 초승달은 오른쪽이 둥근 눈썹 모양입니다.
② 2 문단에 따르면 월식은 보름달일 때만 나타납니다.
③ 3 문단에 따르면 그림과 같은 모양의 달이 나타났을 것으로 보이는 날짜 중 1784년 8월 30일은 비가 내린 기록이 있으므로, 작품이 제작된 시기는 1793년 8월 21일로 추정됩니다.
⑤ 2 문단에 따르면 작품 속 달의 모습은 보름달 일부만 가려진 모습이므로 부분 월식 때 볼 수 있는 것으로 추정됩니다.

3 2 문단에 따르면 개기 월식일 때는 보름달 전부가 가려진 모양이므로, ㉣가 알맞습니다.

오답 풀이

㉮는 보름달, ㉯는 오른쪽이 둥근 눈썹 모양인 초승달, ㉰는 왼쪽이 둥근 눈썹 모양인 그믐달입니다.

4 '추정'은 '미루어 생각하여 판단함.'이라는 뜻으로, '사정이나 형편 등을 어림잡아 헤아림.'이라는 뜻을 지닌 '짐작'과 비슷한말입니다.

오답 풀이

① '결정'은 '행동이나 태도를 분명하게 정함. 또는 그렇게 정해진 내용.'이라는 뜻입니다.
② '대비'는 '앞으로 일어날지도 모르는 어떠한 일에 대응하기 위하여 미리 준비함.'이라는 뜻입니다.
③ '선정'은 '여럿 가운데서 어떤 것을 뽑아 정함.'이라는 뜻입니다.
⑤ '추가'는 '나중에 더 보탬.'이라는 뜻입니다.

5 1 문단에서는 작품 「월하정인」에 나타난 위쪽만 눈썹처럼 둥근 달의 모양을, 2 문단은 작품에 그려진 달의 모양이 부분 월식이 발생했을 때의 모습이라는 것을 추정한 과정을 설명하고 있습니다. 또한 3 문단은 신윤복이 활동한 시기 동안 그림 속 달의 모양이 나타났을 것으로 예상되는 날짜를 짐작하며 작품의 제작 날짜를 추정한 과정에 대해 설명하고 있습니다.

6 2 문단에 따르면 월식은 태양과 지구와 달이 일렬로 놓여 달이 지구의 그림자에 가려지는 현상입니다. 또한 월식은 보름달이 그림자에 가려진 모습에 따라 개기 월식과 부분 월식으로 나뉩니다. 보름달 전체가 가려지는 현상을 '개기 월식', 보름달 일부가 가려지는 현상을 '부분 월식'이라고 합니다.

7 (1) '일렬'은 '하나로 벌인 줄.'이라는 뜻입니다.
(2) '추정'은 '미루어 생각하여 판정함.'이라는 뜻입니다.
(3) '시기'는 '어떠한 때로부터 다른 때까지의 동안.'이라는 뜻입니다.
(4) '사실적'은 '사물을 있는 그대로 그려 내는 것.'이라는 뜻입니다.
(5) '묘사'는 '어떤 대상이나 현상을 보이는 대로 서술하거나 그림.'이라는 뜻입니다.

비주얼 과학 교과서 개념   **129 쪽**

(1) 상현   (2) 하현   (3) 위상

(1) '오른쪽이 둥근 반원 모양의 달.'을 '상현달'이라고 합니다.
(2) '왼쪽이 둥근 반원 모양의 달.'을 '하현달'이라고 합니다.
(3) '지구에서 볼 때 달의 표면이 빛을 받아 여러 가지 모양으로 달라지는 것.'을 '달의 위상'이라고 합니다.

- **글의 종류** 설명하는 글
- **글의 특징** 이 글은 허셜 남매가 직접 만든 망원경으로 천왕성을 발견한 과정과 그 의의를 설명하고 있습니다.
- **주제** 허셜 남매의 천왕성 발견과 그 의의

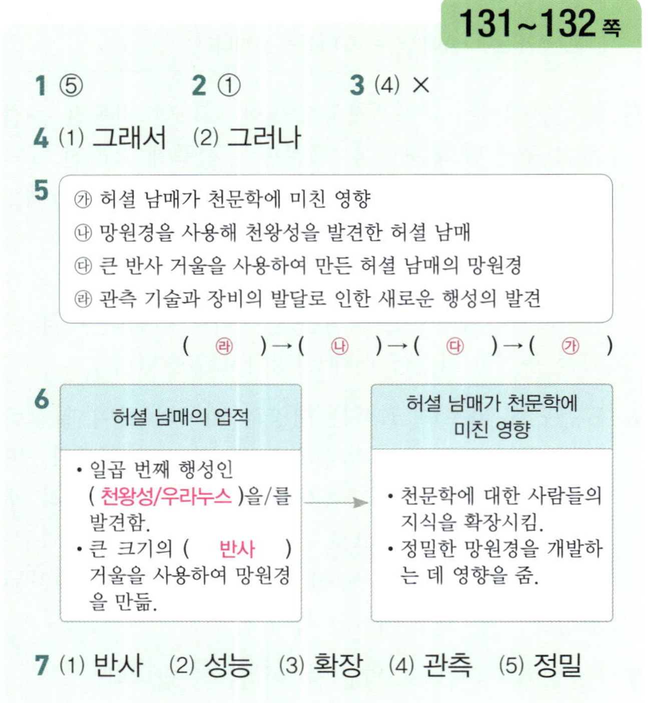

131~132 쪽

1 ⑤   **2** ①   **3** (4) ×

4 (1) 그래서   (2) 그러나

5
㉠ 허셜 남매가 천문학에 미친 영향
㉡ 망원경을 사용해 천왕성을 발견한 허셜 남매
㉢ 큰 반사 거울을 사용하여 만든 허셜 남매의 망원경
㉣ 관측 기술과 장비의 발달로 인한 새로운 행성의 발견

(㉣) → (㉡) → (㉢) → (㉠)

6

허셜 남매의 업적	허셜 남매가 천문학에 미친 영향
• 일곱 번째 행성인 (천왕성/우라누스)을/를 발견함. • 큰 크기의 (반사) 거울을 사용하여 망원경을 만듦.	• 천문학에 대한 사람들의 지식을 확장시킴. • 정밀한 망원경을 개발하는 데 영향을 줌.

7 (1) 반사   (2) 성능   (3) 확장   (4) 관측   (5) 정밀

1 이 글은 허셜 남매가 망원경으로 천왕성을 발견한 과정과 그것이 천문학에 미친 영향에 대해 설명하고 있습니다.

2 ❸문단에 따르면 허셜 남매가 만든 망원경은 다른 망원경에 비해 큰 크기의 반사 거울을 사용하여 어두운 별도 선명하게 볼 수 있었습니다.

> **오답 풀이**
> ② 허셜 남매가 발견한 행성은 태양계의 일곱 번째 행성이었습니다.
> ③ 허셜 남매는 직접 만든 망원경으로 밤하늘을 관측했습니다.
> ④ 허셜 남매는 망원경을 통해 최초로 천왕성을 발견했습니다.
> ⑤ 사람들은 오랫동안 행성의 개수가 지구를 포함해 여섯 개인 것으로 알고 있었습니다.

3 ❶문단에 따르면 수성, 금성, 화성, 목성, 토성은 지구와 비교적 가까이 있어 맨눈으로 쉽게 관측되었다고 했습니다. 천왕성은 허셜이 만든 망원경을 통해 발견되었으며, 허셜의 망원경은 어두운 별도 선명하게 볼 수 있었다고 했으므로 천왕성이 밝아서 관측되지 않았다는 내용은 알맞지 않습니다.

4 ㉠의 앞뒤 문장은 서로 원인과 결과의 관계로 이어져 있습니다. 따라서 ㉠에는 '그래서'와 같은 말이 들어가

야 알맞습니다. ㉡의 앞뒤 문장은 서로 반대되는 내용이므로 '그러나', '하지만', '그렇지만'과 같은 말이 들어가야 알맞습니다.

> **오답 풀이**
> '또한'은 뒤에 나오는 문장이 앞 내용에 더하여 말할 때 사용하는 말, '예컨대'는 뒤에 나오는 문장이 앞 내용의 예시를 들 때 사용하는 말, '왜냐하면'은 뒤에 나오는 문장이 앞 내용의 까닭을 말할 때 사용하는 말입니다.

5 ❶문단은 관측 기술과 장비의 발달로 새로운 행성이 발견되었음을, ❷문단은 허셜 남매가 망원경을 통해 천왕성을 발견하였음을 설명하고 있습니다. 또한 ❸문단은 허셜 남매가 큰 반사 거울을 사용해 직접 망원경을 만들었음을, ❹문단은 허셜 남매로 인해 새로운 행성이 발견되어 사람들의 천문학적 지식이 확장되고, 망원경의 성능이 더욱 발달하게 되었음을 설명하고 있습니다.

6 이 글은 허셜 남매가 직접 만든 망원경을 통해 새로운 행성을 발견한 내용을 설명하고 있습니다. ❸문단에 따르면 허셜은 큰 크기의 반사 거울을 사용해 만든 망원경으로 일곱 번째 행성인 천왕성을 발견했습니다. ❹문단에 따르면 허셜 남매의 새로운 행성의 발견은 사람들의 천문학적 지식을 확장시키고, 이후 정밀한 망원경을 개발하는 데 영향을 주었습니다.

7 (1) '반사'는 '빛이나 전파 등이 다른 물체의 표면에 부딪혀서 나아가던 방향이 반대 방향으로 바뀌는 현상.'이라는 뜻입니다.
(2) '성능'은 '기계 등이 지닌 성질이나 기능.'이라는 뜻입니다.
(3) '확장'은 '범위, 규모, 세력 따위를 늘려서 넓힘.'이라는 뜻입니다.
(4) '관측'은 '눈이나 기계로 자연 현상을 관찰하고 측정함.'이라는 뜻입니다.
(5) '정밀'은 '아주 정교하고 치밀하여 빈틈이 없고 자세함.'이라는 뜻입니다.

비주얼 과학 교과서 개념   **133 쪽**

(1) 태양계   (2) 행성

(1) '태양과 태양의 영향을 받는 천체들. 그리고 그 공간.'을 '태양계'라고 합니다.
(2) '스스로 빛을 내지 못하고 태양의 주위를 도는 둥근 천체.'를 '행성'이라고 합니다.

09 밤하늘의 나침반, 북극성

- **글의 종류** 설명하는 글
- **글의 특징** 이 글은 북쪽 하늘에서 일 년 내내 볼 수 있어 위치를 확인하는 데 중요한 역할을 했던 북극성을 설명하는 글입니다.
- **주제** 길잡이 역할을 한 북극성

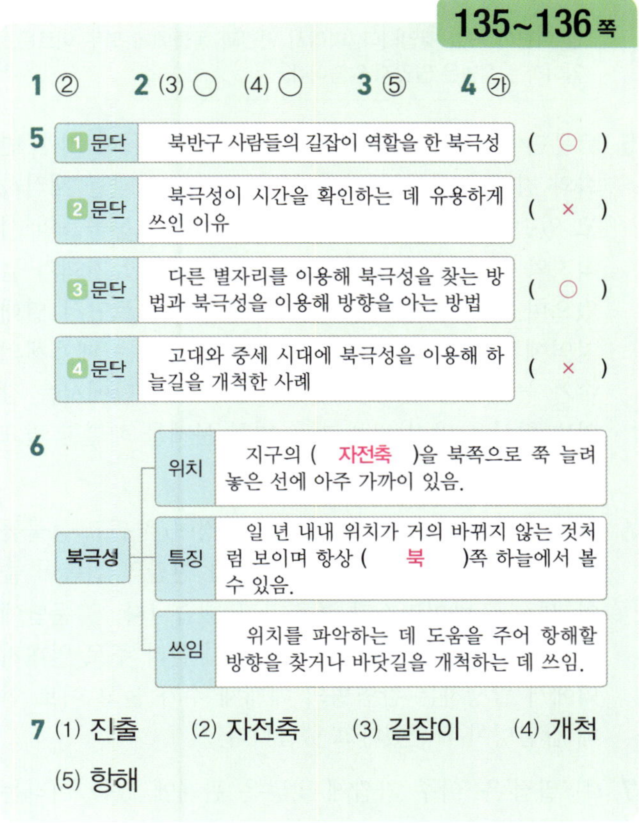

1 이 글은 일 년 내내 위치가 바뀌지 않아 나침반이나 지도처럼 방향을 파악하는 데 도움을 주었던 북극성에 대해 설명하고 있습니다.

2 2문단은 북극성의 위치가 변하지 않는 것처럼 보이는 까닭을, 3문단은 북두칠성과 카시오페이아자리를 이용해 위치를 파악하는 방법을 설명하고 있습니다.

3 북극성은 지구의 자전축을 북쪽으로 늘려 놓은 선과 가까이 있기 때문에 지구에서는 거의 움직이지 않는 것처럼 보입니다.

오답 풀이

① 북극성은 북쪽 밤하늘에서 가장 밝게 보이는 별은 아닙니다.
② 이 글에 북극성을 보기 위해 망원경을 사용해야 한다는 내용은 나타나 있지 않습니다.
③ 북극성은 일 년 내내 위치가 거의 바뀌지 않고 항상 북쪽 하늘에 더 있습니다. 따라서 계절에 따라 위치가 달라진다는 설명은 알맞지 않습니다.
④ 북극성을 바라보면서 팔을 벌렸을 때 오른팔이 가리키는 방향이 동쪽입니다.

4 이 글에서는 북극성을 보고 북쪽을 알 수 있다고 했습니다. ㉮의 남십자성 또한 남반구 사람들이 방향을 파악하는 데 도움을 주므로 북극성과 비슷하게 활용되었음을 알 수 있습니다.

오답 풀이

㉯ 사람들이 오리온자리를 이루는 별들을 통해 길을 찾는 것이 아니라 다른 별들의 위치를 찾을 수 있었던 것이므로 북극성과는 다르게 활용되었음을 알 수 있습니다.
㉰ 북두칠성은 특정한 계절에 볼 수 있는 별자리여서 사람들이 북두칠성을 보고 농사할 시기를 알 수 있었던 것입니다. 따라서 북두칠성이 일 년 내내 위치가 바뀌지 않아 길잡이 역할을 했던 북극성과는 다르게 활용되었음을 알 수 있습니다.

5 1문단에서는 북극성이 북반구 사람들에게 길잡이 역할을 했음을, 2문단에서는 북극성의 위치가 바뀌지 않는 것처럼 보이는 까닭을 설명하였습니다. 3문단에서는 다른 별자리를 이용해 북극성을 찾는 방법과 북극성을 이용해 방향을 아는 방법을, 4문단에서는 고대와 중세 시대에 사람들이 북극성을 이용해 위치를 파악하여 항해하고 바닷길을 개척한 사례를 설명하고 있습니다.

6 2문단에 따르면, 북극성은 지구 자전축을 북쪽으로 쭉 늘려 놓은 선과 아주 가까이 있다고 했습니다. 따라서 북극성은 지구에서 봤을 때 거의 움직이지 않는 것처럼 보이고, 항상 북쪽 하늘에서 볼 수 있습니다.

7 (1) '진출'은 '어떤 방면으로 활동 범위나 세력을 넓혀 나아감.'이라는 뜻입니다.
(2) '자전축'은 '천체가 자전할 때 중심이 되는 축.'이라는 뜻입니다.
(3) '길잡이'는 '길을 인도해 주는 사람이나 사물.'이라는 뜻입니다.
(4) '개척'은 '새로운 길, 방법, 활동 분야 등을 찾음.'이라는 뜻입니다.
(5) '항해'는 '배를 타고 바다 위를 다님.'이라는 뜻입니다.

비주얼 과학 교과서 개념 **137쪽**

(1) 천체   (2) 별자리   (3) 북극성

(1) '우주에 존재하는 모든 물체, 즉 항성, 행성, 위성, 혜성, 인공위성 등을 통틀어 이르는 말.'을 '천체'라고 합니다.

(2) '하늘의 별을 무리 지어 동물, 물건, 신화 속 인물을 떠올려 이름을 붙인 것.'을 '별자리'라고 합니다.

(3) '작은곰자리에서 가장 밝은 별.'을 '북극성'이라고 합니다.

• **글의 종류** 설명하는 글
• **글의 특징** 이 글은 기후 변화로 감염병 발생 및 확산 위험성이 높아졌음을 설명하는 글입니다.
• **주제** 기후 변화와 감염병 확산의 연관성

139~140 쪽

1 ⑤　　**2** ③　　**3** (2) ○　(3) ○　　**4** 신애

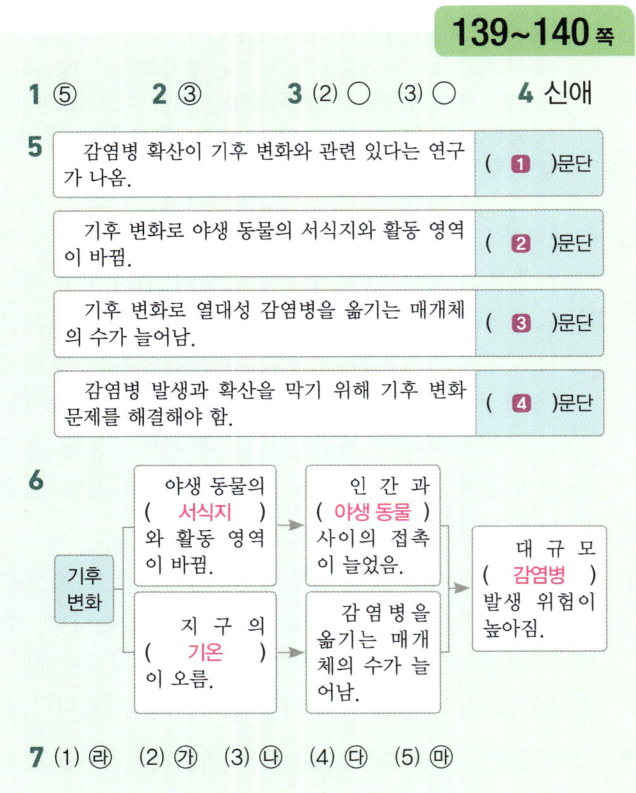

5
감염병 확산이 기후 변화와 관련 있다는 연구가 나옴.	(**1**)문단
기후 변화로 야생 동물의 서식지와 활동 영역이 바뀜.	(**2**)문단
기후 변화로 열대성 감염병을 옮기는 매개체의 수가 늘어남.	(**3**)문단
감염병 발생과 확산을 막기 위해 기후 변화 문제를 해결해야 함.	(**4**)문단

6

기후 변화 →
- 야생 동물의 (서식지)와 활동 영역이 바뀜.
- 지구의 (기온)이 오름.
→ 인간과 (야생 동물) 사이의 접촉이 늘었음.
→ 감염병을 옮기는 매개체의 수가 늘어남.
→ 대규모 (감염병) 발생 위험이 높아짐.

7 (1) ㉘　(2) ㉓　(3) ㉑　(4) ㉒　(5) ㉙

1 1문단에서는 기후 변화와 감염병의 발생이 서로 관련 있다고 보는 연구가 있음을, 2문단과 3문단에서는 기후 변화와 감염병 발생의 관련성을 설명하고 있습니다. 마지막으로 4문단에서는 감염병 확산을 막기 위해 기후 변화 문제에 대한 해결책을 찾아야 할 필요성을 제시하고 있습니다. 따라서 이 글은 기후 변화와 감염병의 발생이 서로 어떠한 관련이 있는지 설명하려는 목적을 지녔다고 볼 수 있습니다.

2 3문단에서 기후 변화로 지구의 기온이 오르면서 뎅기열을 옮기는 매개체인 모기의 수가 늘어난 사례를 제시했습니다.

3 2문단과 3문단을 통해 박쥐와 모기가 감염병을 옮기는 매개체임을 알 수 있고, 2문단을 통해 동물들의 서식지와 활동 범위가 바뀌면서 인간과 접촉할 기회가 늘었기 때문에 감염병이 확산될 가능성이 높아졌음을 알 수 있습니다.

4 2문단에서 야생 동물과 인간의 접촉이 늘어나면서 감염병이 확산하고 있다고 설명하였으므로, 감염병

확산을 막으려면 인간과 야생 동물이 접촉하지 말아야 한다는 것을 알 수 있습니다.

오답 풀이

민규: 야생 동물과 인간의 접촉이 늘어나면 감염병이 인간에게 옮겨질 가능성이 커질 것입니다. 따라서 야생 동물을 집으로 데려오려는 행동은 알맞지 않습니다.
희수: 인간이 사는 지역을 야생 동물이 활동하기 좋은 환경으로 바꾸면 야생 동물과 인간의 생활 지역이 겹치면서 감염병이 발생할 위험이 커질 것입니다. 따라서 인간과 동물에게 모두 이로운 일이라는 설명은 알맞지 않습니다.

5 1문단에서는 코로나바이러스를 사례로 들어 기후 변화와 감염병 확산이 관련 있다는 연구 결과를 제시하고 있습니다. 2문단에서는 기후 변화로 동물들의 서식지와 활동 영역이 바뀌고 인간과 접촉할 기회가 늘었으며, 3문단에서는 지구의 기온이 오르면서 열대 지역에서 주로 발생하는 감염병을 옮기는 매개체의 수가 늘었음을 설명하고 있습니다. 4문단에서는 감염병 확산을 막기 위해 기후 변화 문제를 해결할 필요성을 제시하고 있습니다.

6 2문단에 따르면, 기후 변화로 환경이 바뀌고 동물들의 서식지가 바뀌면서 야생 동물과 인간의 접촉이 늘어 새로운 바이러스가 퍼졌다고 했습니다. 3문단에 따르면, 기후 변화로 지구의 기온이 올라 주로 열대지역에서 발생하는 감염병의 매개체 수가 늘고 이로 인해 감염병이 확산했다고 했습니다.

7 (1) '밀접'은 '아주 가깝게 맞닿은 관계에 있음.'이라는 뜻입니다.
(2) '변온'은 '온도가 변함.'이라는 뜻입니다.
(3) '확산'은 '흩어져 널리 퍼짐.'이라는 뜻입니다.
(4) '대규모'는 '넓고 큰 범위나 크기.'라는 뜻입니다.
(5) '서식지'는 '야생 동물이 자연 상태로 사는 곳.'이라는 뜻입니다.

비주얼 과학 교과서 개념　　**141 쪽**

(1) 기후 변화　　　(2) 온난화

(1) '기후가 오랜 시간에 걸쳐서 변화하는 현상.'을 '기후 변화'라고 합니다.
(2) '지구의 기온이 높아지는 현상.'을 '지구 온난화'라고 합니다.

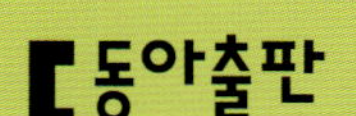

실수를 줄이는 한 끗 차이!

빈틈없는 연산서

•교과서 전단원 연산 구성　•하루 4쪽, 4단계 학습　•실수 방지 팁 제공

수학의 기본 큐브

개념 이해가 실력의 차이!

대체불가 개념서

•교과서 개념 시각화 구성
•수학익힘 교과서 완벽 학습
•기본 강화책 제공

실력이 완성되는 강력한 차이!

새로워진 유형서

•기본부터 응용까지 모든 유형 구성
•대표 예제로 유형 해결 방법 학습
•서술형 강화책 제공

정답과 해설

빠작

초등 비문학 독해 **통합과학**

믿고 보는 동아출판
초등 교재
기초학습서부터 교과서 개념 다지기, 과목별 전문서까지!
초등학교 입학 전부터, 예비 중등까지!
초등학생에게 꼭 필요한 영역을 빠짐없이! 동아출판 초등 교재 라인업
2022 개정 교육과정
BEST
초등 1·2학년 공부 단짝
초능력
맞춤법 + 받아쓰기
초등 국어 1·2
쉽고 빠른 맞춤법 학습
받아쓰기 단계별 연습
국어 교과서 어휘 학습
초능력 비주얼씽킹 과학
초능력 비주얼씽킹 초등한국사
초능력 수학 연산
초능력 국어 독해
초능력 급수 한자
초등 영역별 기초학습서
초능력 국어 / 수학 / 과학 / 한국사 / 한자
초고필 비문학 독해 1
5-6학년 예비 중등
초고필 유리수의 사칙연산
초고필 지금, 국어 문법을 해야 할 때
초고필 국어 어휘
초고필 한국사
반편성 배치고사 + 진단평가
예비 중등
초고필 국어 / 수학 / 한국사
적중 반편성 배치고사 + 진단평가